集人文社科之思 **刊**专业学术之声

集 刊 名：中国社会心理学评论
主　　编：杨宜音
副主编：王俊秀　刘　力
主办单位：中国社会科学院社会学研究所

(Vol.22) Chinese　Social　Psychological　Review

编辑部

联系电话：86-10-85195562
电子邮箱：chinesespr@cass.org.cn
通信地址：北京市东城区建国门内大街 5 号中国社会科学院社会学研究所

第22辑

集刊序列号：PIJ-2005-005
中国集刊网：www.jikan.com.cn
集刊投约稿平台：www.iedol.cn

中国
社会心理学
评论

第22辑

Chinese Social Psychological Review

(Vol.22)

○ 杨宜音 / 主　编
　张晓辉 / 本辑特约主编
　王俊秀　刘　力 / 副主编

 社会科学文献出版社　SOCIAL SCIENCES ACADEMIC PRESS (CHINA)

主编简介

杨宜音 博士，中国社会科学院社会学研究所社会心理学研究中心研究员、博士生导师，中国社会心理学会会长（2010~2014年）。从2016年起任哈尔滨工程大学人文社会科学学院教授、博士生导师，中国传媒大学传播心理研究所教授、博士生导师。主要研究领域为社会心理学，包括人际关系、群己关系与群际关系、社会心态、价值观及其变迁等。在学术期刊发表论文130余篇。代表作有：《自己人：一项有关中国人关系分类的个案研究》[（台北）《本土心理学研究》2001年总第13期]、《个人与宏观社会的心理联系：社会心态概念的界定》（《社会学研究》2006年第4期）、《关系化还是类别化：中国人"我们"概念形成的社会心理机制探讨》（《中国社会科学》2008年第4期）。主编 *Social Mentality in Contemporary China*（Singapore：Springer Singapore，2019）。

电子信箱：cassyiyinyang@ 126. com。

本辑特约主编简介

张晓辉 博士，2005 年于中国人民大学新闻学院获博士学位，中国传媒大学新闻学院教授，中国社会心理学会传播心理专业委员会秘书长，主要研究领域为传播心理学，包括社会变迁与媒体隐私话语实践、社会心态与新闻媒体舆论引导、社会心理与文化传播等。在《国际新闻界》《现代传播》等学术期刊上发表多篇论文，代表作有：《大众媒介变迁中隐私公开现象研究》（中国传媒大学出版社 2012 年版）、《以传播心理学视角解读广播夜谈节目》（《国际新闻界》，2010 年第 11 期）、《切实关注媒体从业者的心理健康——对媒体高管自杀的思考》（《新闻战线》，2014 年第 6 期）。

中国社会心理学评论　第 22 辑

传播心理与社会变迁

2022 年 6 月出版

《中国社会心理学评论》　第 22 辑
第 1~23 页
© SSAP，2022

社会变迁视野下传播心理学研究的探索与进展

（代卷首语）

张晓辉　杨宜音[*]

摘　要： 传播学和心理学从各自学科视角出发不断对传播活动中的诸多心理现象进行研究，心理学为传播学提供知识训练与范式解释，传播学则为心理学提出所要研究的问题，并提供应用场景。在二者的交错推进、相互影响中，形成了传播心理学这一交叉学科。本文从传播心理学研究的历史、现状和未来三个方面勾勒出这个研究领域的发展和变化脉络，以此线索介绍本辑收录的 9 篇论文及其在推动传播心理学发展中做出的努力和贡献。这些研究或在新媒体语境下继承和发扬了传统主题，或体现了当前传播心理学研究的新主题，即社交媒体用户心理和情绪情感。可以看出，社会变迁，尤其是媒介技术变革所带来的传媒形态的变化以及由此产生的传播活动的实践需要是传播心理学发展的基本动力，个体、媒体和社会的相互关系在这些变化中具有多元性和可塑性，这为传播心理学更好地服务于传媒实践和社会心理生活提供了令人期待的可能性。

关键词： 传播心理学　社会变迁　传播学研究取向　心理学研究取向

---

* 张晓辉，中国传媒大学新闻学院教授；杨宜音，中国社会科学院社会学研究所社会心理学研究中心研究员。

显而易见，我们正身处于高度媒介化的社会。广播电视的黄金时期、互联网时代、融媒体潮流诸如此类的名词或已成为过往，或正在被频繁使用，成为时间长河中的记忆标记。伴随数字技术影响成长起来的第一代人——"数字原住民"（Marc Prensky，2001）也意味着新时代的开始。媒介技术的变革不仅嵌入了人们的生活方式、交流方式、娱乐方式、思维方式等，也推动着传播行业出现结构性的转变。传播内容、传播渠道、传播过程、传播者与受众的关系等，这些构成信息传播活动的要素都在发生着巨变。个体、媒体、社会三者交错互动，呈现前所未有的局面，也为传播心理学的发展提供了极为难得的契机。

传播活动中存在着诸多的心理现象，传播学（communication）、心理学（psychology）两个领域从各自学科视角出发，对此都有研究，也积累了不少有意思的发现，为叙述方便，我们将二者的交集统称为"传播心理学"（psychology of communication）（刘晓红、卜卫，2001：345）。本辑的内容将聚焦点选择在"传播心理与社会变迁"上，所收录的 9 篇文章虽不能展现目前传播心理研究的全貌，但也能记录学科发展的脚步。多年来，学者们身处社会变迁的巨流之中，他们的研究尽管触及的是细微或局部的问题，但是，将它们串联和拼接起来，则可以看到这些学者正在凭借各自擅长的学科训练对传播心理现象进行着解读、对人们以新媒体引领社会各方面变迁的心理机制进行着探索，而这对人们伴随着媒体使用及媒体参与过程所发生的心理变化和适应的研究都是极有意义的。正是因为这些努力，媒介在社会变迁与人的变迁的互动过程中扮演的角色及其发生机制与特点正在逐渐浮出水面。它使传播媒介在研究发现的指导下，更好地发挥监测环境、联系社会、传承文化的基本社会功能。这就是传播心理学在展示和解释我们这个媒体、个体与社会相互嵌入、相互推动的时代的全新面貌时所发挥出的作用。

英英黄金花，采撷贵及时。相信关注传播心理学主题的读者会有兴趣了解该领域的前沿成果。为了更好地了解这些论文的可贵之处，让我们对传播心理学的学科发展脉络做一个简要回顾。

一 传播心理学研究溯源

传播心理学发展的动力明显来自社会变迁背景下传播活动的实践需要。其中，心理学为传播学提供知识训练、范式解释，传播学则为心理学提出所要研究的问题，并提供应用场景。最初，传播心理学往往被看作心理学的应用领域或分支学科，但二者的不断交错推进，构成了传播心理学不可或缺的两个母体学科。因此，可将传播心理学的学科性质界定为交叉学科，即传播心理学是传播学（新闻学）与心理学的交叉学科（刘京林，2015）；从知识的生产和效用上看，传播心理学属于人文心理学（张建新，2021）。从研究范围来看，新闻心理学、广告心理学等针对特定传播业务领域的心理问题，也应属于传播心理学的研究范围（刘晓红、卜卫，2001：355）。此外，人际传播（包括言语与非言语传播）、大众传播、媒介舆论、谣言、流言传播等虽然与语言学、社会心理学、社会学、文化人类学等都有交集，但也被视为传播心理学研究的内容，可统称为传播心理学。

（一）国内：由新闻实践中来，向传播扩展

在我国，根据已有资料，传播活动中最早有心理研究介入的是新闻领域，谓之新闻心理学。邓绍根在《新闻心理学在中国研究发展历史的再考察》一文中，以史料为依据，说明我国新闻心理学研究始于民国时期。从1918 年开始，徐宝璜尝试将心理学运用到采访对象和受众心理研究之中，邵飘萍积极探讨记者采访心理，袁殊和任白涛先后翻译日本学者杉山荣的著作《新闻心理学》（转引自邓绍根，2014），该书通过心理过程的不同方面对新闻活动进行分析，并强调心理学之于新闻的重要意义，指出新闻的心理学研究几乎为空白。任白涛也引介了小野秀雄受众心理的研究成果（邓绍根，2014）。这一时期学者对新闻心理学的研究也促进了学界对广告心理的重视，并开展广告心理学的教学活动。

民国时期开启的新闻心理研究逐渐得到学者关注，中国科学心理学的诞生，特别是社会心理学在中国的兴起，为新闻心理学发展奠定了学理基础（邓绍根，2014：36）。从当时的社会变化方面来看，五四时期是中国文化的大变革时期（王娟娟、吴汉全，2018：41），是一个风云际会的大时代（王笛，2021：48）。国际上，第一次世界大战刚刚结束，国际形势变化莫测；而中国社会正经历从传统到现代过程中的一次历史性跳跃，这也是中国社会心理变迁最为显著的时期之一，形成了使新闻心理学得以出现的深刻社会背景。整个社会对新闻的需求增多，新闻职业化运动兴起，这使新闻学者必须面对采访对象、读者（受众）和记者心理等问题（邓绍根，2014：36）。

"新中国成立后到'文革'前，读者心理依然是新闻工作者研究的重点，

'文革'前十年，新闻传播心理研究处于停滞状态。"（刘京林，2019：9）20 世纪 70 年代末，新闻业界呼吁：应重视新闻学与心理学的联系，并提出建立新闻心理学的必要性。至 20 世纪 80 年代中期，学界除了对读者心理和采访心理的研究，还出现了受众心理、编辑心理和播音员心理的研究成果。20 世纪 80 年代中期至 90 年代中期，随着广播和电视等电子媒介的迅猛发展，受众的媒介需求也发生了较大变化，新闻从业者"对听众、观众心理的探求兴趣也空前高涨，他们在理论和实践中从来没有像今天这样迫切地需要从'探索人类心灵世界'的心理学中汲取营养"（刘京林，2019：11）。20 世纪 70 年代末，传播学开始进入中国（郭庆光，2011：15），国内掀起了学习传播学的热潮（刘京林，2019：12），多部《传播心理学》专著出版，新闻心理学也逐渐靠近并被吸纳进传播心理学学科范畴。20 世纪 90 年代中期至今，新的媒介技术不断涌现，互联网以及移动互联网、社交媒体的出现使得信息接收终端多样化，同时中国社会也进入了媒体深度融合的时代，这促使传播心理学进入了快速发展的阶段。

（二）国外：心理学渗入传播学和媒介影响的研究中

传播学的发展与心理学渊源颇深。在传播学研究中，存在着大量的与心理学有关的内容。传播学和心理学在美国均比较发达，因此美国的情况可在一定程度上说明传播心理学的发展状况（刘晓红，1995：343）。

首先，我们可以从研究者学科背景来看。传播学形成于 20 世纪初至 40 年代的美国（郭庆光，2011：248），20 世纪 20 年代以后，传播学四大奠基人对传播学的建立产生了直接影响。其中两位是心理学家：一位是卢因（Kurt Lewin，又译勒温），他提出信息传播中的"把关人"概念；另一位是霍夫兰（Carl Hovland），他进行了一系列说服效果的实验（郭庆光，2011）。许多舆论和传播研究领域的先驱都接受过系统的心理学训练，如盖洛普、拉斯韦尔、拉扎斯菲尔德。特别是，很多从事传播和舆论研究的学者是社会心理学家，如 F. 奥尔波特和 G. 奥尔波特、卡特赖特、海曼、卡茨、利克特、纽科姆等。社会心理学、舆论研究、传播研究及调查研究的共生关系从 20 世纪 20 年代开始一直持续到 50 年代中期（刘晓红、卜卫，2001：295~296）。

其次，心理学原理被广泛运用到传播学理论及大众传播现象的解释中。在传播效果的研究中，早期的"子弹论"或"皮下注射论"（20 世纪初至 30 年代末）是建立在行为主义中的"S－R"（刺激－反应）基本假定之上的，但是行为主义运用实验法观察的外显行为考察的是即时的短期效果，具有局限性，也夸大了大众传播的力量和影响（郭庆光，2011：177）。20世纪40年代至60年代，传播的说服效果研究成为一个重要领域，霍夫兰最早开展了关于"说服与态度改变"的实证研究，心理实验法也成为传播效果研究的主要方法。同时期，学者对受众行为理论——"使用与满足"——的研究也在进行着，其针对印刷媒介和广播媒介的受众展开调查，讨论受众媒介接触行为的动机。延续至20世纪60年代，研究者对电视节目提供"需求满足"的共性特点也进行过深入的探讨。在对舆论和大众传播的关系研究中，"沉默的螺旋"理论强调个人意见的表明是一个社会心理过程。"沉默的螺旋"与同是20世纪80年代出现的"框架效果"和"第三人效果"都是以认知的信息加工过程为基础的，前者说明舆论的形成有一个影响因素是人们对"意见环境"的认知（郭庆光，2011：201），后两者重在信息接收者的判断和选择，反映出心理学的主流思想从行为主义到认知心理学的转向。自20世纪90年代以来，框架研究和第三人效果的研究分别成为传播心理学中最受关注的研究领域（Bryant & Miron，2004）和热门课题（郭庆光，2011：222）。

在美国还有一个专注于媒介发展与心理学关系的重要领域——媒介心理学（media psychology）。该领域除了跟进心理学者的媒介实践活动（如作为广播和电视节目的来宾或主持人向大众介绍心理健康方面的知识、为印刷媒介和电视节目制作提供咨询、为报纸和杂志撰写专栏文章、对大众进行媒介教育等），"更重要的是扎根于信息处理理论和媒介效果学术研究的社会科学传统"（Ramasubramanian，2012），研究各种形式和内容的媒介对受众心理的影响；研究媒介新技术环境下人机相互作用，特别是受众对新刺激的认知和情感反应；帮助人们开发新的媒介技术产品，例如，虚拟现实技术在心理治疗和心理研究领域的应用等（刘晓红，1997）。而这些都已经纳入了传播心理学研究的内容。

从心理学角度看，一些从事媒介活动的心理健康专业人员于1982年发起成立了媒介心理学协会（The Association of Media Psychology，AMP），随后于1985年成为美国心理学会（APA）第46分会——媒介心理学分会（Division of Media Psychology）（刘晓红，1997：93），现已更名为"媒介心理学与技术学会"（Society for Media Psychology and Technology）。美国心理学会将媒介心理学定义为以任何传播介质的影响与使用为基础的个体内水平（intra-perconal）与人际水平（interpersonal）的心理，而不管所传播的主题性质。从传播学的角度看，媒介心理学注重媒介效果，倾向用更新的理论来解释新媒体技术和当代媒介问题（Ramasubramanian，2012），其使命是在媒介传播和技术的实践，以及科学方面发展心理学。

俄罗斯的传播心理学是以承载信息的各种传播媒介为出发点的，故而也被表述为媒介心理学。从其缘起来看，心理学家吉洪米罗夫于 20 世纪七八十年代提出计算机化的心理学（psychology of computerization），探索作为媒介的计算机对人的认知、情绪、动机等的影响。2000 年以来，随着互联网的普及、赛博空间的日常化、自媒体的蓬勃发展，互联网心理学（psychology of internet）、赛博心理学（cyber-psychology）、媒介心理学（media psychology）等术语逐渐被俄罗斯学界所接受和使用（薛冉冉，2016）。俄罗斯学者叶琳娜·普罗宁娜认为，俄罗斯的媒介心理学是新闻业实际问题研究的一个新方向，其产生与俄罗斯的媒介现状紧密相连。信息技术的快速发展导致了人们心理的巨大转变，传统的制度化的大众传媒公信力下降且面临危机，而公众对网络及非官方新闻日益关注，博客、社交网络、在线社区等平台在人们的生活中发挥着越来越大的作用，在这种情况下，需要运用心理学理论来研究大众传播中集体心理和个体心理的自我组织和自我发展的过程。

媒介心理学有三个相互关联的应用方向，其中，媒介分析重视大众信息传播的心理学技巧及其后果，以及新闻活动的心理、法律和道德等方面的问题；媒介治疗研究大众传播帮助公众预防信息创伤或进行创伤康复，稳定心理状态，促进民族和个体的自我认同；媒介教育的主要任务则是增加受众关于大众传媒和当代传播技术的知识，以便提高其适应能力和对信息的心理防护能力（Pronina，2012）。

目前，从世界范围看，传播心理学学科日益发展，荷兰、德国、英国和新加坡等国家也正在提供优秀的研究生课程，特别是在媒介与儿童、新媒体和电影研究等领域（Ramasubramanian，2012）。随着传播心理学研究的勃兴，这门新兴的交叉学科在不断展现其现实的积极力量。

欧洲的传播心理学深受莫斯科维奇（Serge Moscovici）社会表征理论（theory of the social representation）以及社会心理学的影响，表现为三种可能的研究路径。一是新闻心理学路径，以记者或记者的职业行为及其实践规范为研究对象。二是新闻传播话语心理学研究，探讨新闻生产过程中，新闻文本如何能够呈现符号互动与意义分享。三是媒介心理学路径，即从事研究、描述、解释、预测与媒介相关的行为与体验的研究。德国媒介心理学奠基人皮特·温特霍夫 - 史普克（Peter Winterhoff - Spurk）指出，不少经验研究已经证明，大众传媒中的知识、文化信息对其受众具有不同程度的教化效果（Winterhoff – Spurk, 2005）。因此，德国的媒介心理学主张，应解析人们媒介使用过程以及由此而产生的操作、思考、感受等人类活动（Trepte & Reinecke, 2012），以了解信息、观念以及文化意识形态进入人类认知的过程（刘昶、陈文沁，2014：43）。

第31届国际心理学大会（2016年）将传播学（communication）以及媒介与心理学（media and psychology）单列为心理学领域中的两个独立学科（闫巩固，2016）。这表明传播、媒介与心理学交融的新领域在心理学学术交流中被接纳了。

二　社会变迁背景下传播心理学研究主题的继承与发展

遵循传播学的学科范畴，我们对于传播心理学研究问题范围的理解，可以借鉴由拉斯韦尔提出的传播过程模式——"5W"模式，此模式后经英国传播学家麦奎尔等具体化为谁（传播者）、说什么（讯息）、通过什么渠道（媒介）、对谁说（受传者）、有什么效果（效果），并依此相应形成大众传播学研究的五大领域，即"控制研究"、"内容分析"、"媒介分析"、"受众分析"和"效果分析"（转引自郭庆光，2011：50~51）。参照此思想，传播心理学的研究主题可以分为传播者心理、传播内容的心理学分析，传播媒介带来的社会心理及个体心理变化，受众心理以及传播心理效果。

从逻辑上说，只要是人的活动，就必然涉及心理现象。因此，在传媒领域，只要涉及媒体从业者的活动和受众的活动，都必然涉及心理问题，就可以被传播心理学囊括（刘晓红、卜卫，2001），具体分析时形成交叉学科中出现的两种研究取向。

（一）两种研究取向的传播心理学

传播心理学是所有与传播学有关的心理学研究的统称（或者是与心理学有关的传播学研究的统称）（刘晓红，1995）。由于交叉学科的性质形成了两种研究取向或路径，一种是传播学取向的传播心理学，另一种是心理学取向的传播心理学。前者是与传播学有关的心理学研究，落脚点是传播学（确切地说是心理传播学）；后者是与心理学有关的传播学研究，落脚点是心理学（确切地说是传播心理学）。

传播学取向的传播心理学讨论的是与传播现象有关的心理问题，即对传播学的某一应用领域做专门考察（刘晓红，1995：84），比如新闻心理学（psychology of journalism）、广告心理学（psychology of advertising）、宣传心理学（psychology of propaganda）、广播心理学（psychology of radio）、电视心理学（psychology of television）。另外，学者研究心理因素对传播活动的影响，主要是应用心理学理论解释传播现象，比如图式对信息接受的影响，用注意和短时记忆解释"看电视新闻过目即忘"等（刘晓红，1995：85）也属于传播学取向的传播心理学研究，而研究传播活动（比如接触媒介）对人的心理的影响（刘晓红，1995：85），属于效果研究，是心理学取向的传播心理学。

（二）当前传播心理学研究的取向和主题

为了纵观传播心理学研究之现状，我们通过对《新闻与传播心理研究动态》① 最近六年（2017~2022 年）选录的 404 篇论文（其中，传播学取向的论文 193 篇，心理学取向的论文 211 篇）进行文本分析后发现，两种取向的研究者对传播与心理结合点的关注存在明显差异。心理学学者注重媒介使用或接触带来的心理影响，传播学学者更重视传播过程中心理因素的参与、运用心理学理论解释传播现象，以及媒介使用或媒介社会化中的文化意义及心理意义。二者的共性是都关注效果研究，心理学取向的研究集中于媒介信息产生何种心理效果，传播学取向的研究看重的是哪些心理因素影响传播效果，其中的心理机制是什么。传播学取向的研究者有时想有更多的表达，一个研究主题既含有传播内容，又有接收者心理，还有传播结果，比如图像信息传播引发受众心理（情感激发与文化意象），导致舆论生成（王超群，2019）。

本研究结合前述的"5W"模式，以传播心理学的两种研究取向为分析维度，得出了如下研究主题的关键词（详见表1）。

---

① 《新闻与传播心理研究动态》是内部交流刊物，多年来由中国社会心理学会传播心理专业委员会秘书处所在地中国传媒大学新闻学院传播心理研究所编辑，面向国内新闻与传播心理研究者定期发布，每年刊发四期，主要从国内外新闻学、传播学和心理学核心刊物中遴选有关传播心理研究的论文。

表1 传播心理学两种研究取向关注的主题

	传播者	传播内容	媒介（包括渠道、平台、情境）	受众（用户）	传播效果
传播学取向的传播心理学	人工智能新闻主播以及新媒体用户（行为及行为意愿），涉及的心理因素有认知、风险感知、感知价值、情绪情感、满意度、偏好、沉浸体验、主观预期、信任、主观幸福感、群体压力、错失恐惧、社交媒体倦怠、身份认同、上行社会比较、自我呈现、准社会交往关系、人格特质等。	新闻报道（新闻文本）、农业节目、真人秀节目、电视剧、网友评论、网络信息、网络作品、微博文本、在线动漫、B站弹幕、短视频、心理服务类APP、谣言信息、错误信息、广告、社交媒体上的图片、图像信息等，涉及的心理因素有意识、有意注意、知觉、认知、刻板印象、情绪情感、共情、价值认同、民族认同、国家认同、家国想象、爱国情感、同情、动机、自我表露、神话原型、暗示等。	智能手机使用、社交媒体使用、互联网使用、媒介使用等，涉及的心理因素有网络隐私关注、感觉处理调节、价值感知、情感、孤独感、社交焦虑、人际困扰、生命意义感、情感认同、多元文化认同、归属感、动机、自我控制、自我呈现、预防行为等。	影视受众有社交媒体用户、网民、自媒体用户、网络用户、粉丝群体等，涉及的心理因素有信息加工与信任判断、城市形象感知、情绪情感、民族主义、错失焦虑、社交媒体倦怠、政治参与、媒体选择心理、群体心理等。	情绪、认知选择、卷入度、态度、准社会交往、认同等，心理因素影响有Facebook假新闻、疫苗接种健康传播策略、广告以及对媒介反英雄人物的喜爱等。
心理学取向的传播心理学	新闻从业者、媒介顾问、意见领袖、广告名人代言、新媒体用户、社交媒体用户等，探讨的心理因素是职业认同危机、主观幸福感、网络利他行为、准社会交往、自我呈现、身份重建动机、网络公共参与、对乡村社区认同等。	"神曲"模式、网络突发事件、短视频讲故事、网络情绪性事件、美图、八卦信息、反转新闻、网络语言、网络小说、学术云讲座、疫苗错误信息和反驳信息、建设性新闻、生造字广告等，关注的心理方面是注意、记忆、社会认知偏差、负面情绪、敬畏情绪、合作行为、自我概念、持续分享意愿、信任、幸福感、参与行动、传播魅力、集体悼念、身份认同、原型沉淀等。	互联网使用、社交网站使用、在线付费问答平台、运动健身类APP、弹幕观看情境、网络购物情境、媒介多任务在场等，带来的心理变化体现在道德认知、共情、主观幸福感、孤独感、抑郁、社会距离等方面。	网民群体、短视频用户、抖音APP用户、国际传播受众、偶像养成类节目受众等，讨论的心理主题是情感动力机制、自尊、主观幸福感、社会焦虑、羡慕、政治认同、准社会交往、网络过激行为、网络社会支持等。	新闻报道、语音新闻、亲社会电视、人工智能创作内容、朋友圈里的消极信息、反吸烟信息、公益广告等，对受众产生的心理影响包括神经反应、感知有效性、长时记忆、认知冲突、感知责任感、人格特质知觉、共情、网络初始人际信任、分享意向等。

当前传播心理学研究主题的特点表现为以下几个方面。

1. 情绪情感研究凸显

两种取向的传播心理研究者认为，在传播者、传播内容、传播媒介、受众以及传播效果五个环节上都有情绪情感因素的介入，比如，已有政务抖音号的情感、微博空间的情绪氛围、微媒介中的公众情绪、互联网与情绪传播等相关研究，而共情和情绪传播亦是近年来的研究热点。情绪传播是个体或群体的情绪及与其伴随信息的表达、感染和分享的行为（赵云泽、刘珍，2020：52）。2021年7月，鸿星尔克因向河南灾区捐赠五千万元救灾物资而进入国人视野，冲上微博热搜，后掀起消费热潮，鸿星尔克抖音直播间和线下门店销售异常火爆，与理性消费相对的"野性消费"也成为热词流行开来。据报道，数月后，鸿星尔克销售量锐减，消费者的购买率也低于李宁等国产体育品牌。本专辑中《情绪传播下的"野性消费"：场景生成、价值观共鸣与风险防控》即是在此背景下展开的研究。该研究基于供给端、平台端与消费端形成的野性消费场景，结合国产运动品牌所蕴含的中国文化的传播，选取鸿星尔克、李宁和安踏三个国产运动品牌进行多案例分析，探究中国消费者的价值观内容，品牌方如何对中华优秀传统文化进行解读和创新，又如何将品牌实现年轻化从而与青年消费群体产生情感共鸣（孟达，2022，见本辑）。研究发现，"野性消费"并非缘于产品本身，而是情绪传播导致野性消费场景的产生，社群情感的强连接氛围以及消费者强烈的文化自信与家国情怀的价值观共鸣，引发了消费者对国产品牌的关注和持续的购买行为。然而这种情绪传播下的野性消费具有风险性，如何防控是企业和政府相关管理部门需要思考的问题。

在数字传播时代，个体需求放大了情感传播在文化生产过程中的重要性，传播的"情感转向"为媒介消费带来了新的研究视角（喻国明、陈雪娇，2022：63~64）。

2. 社交媒体用户心理成为研究的中心

技术变迁带来了传媒业全方位的变革，社交媒体所带来的社会心理影响以及个体心理效果的研究成果丰富，社交媒体用户在研究中频繁出现。在上述论文数据库中，以新媒体，尤其是将社交媒体作为分析对象的论文有132篇，约占总量的33%。在心理学取向的研究中，社交媒体使用有不同程度的划分，即分为一般使用、被动性使用、依赖性使用和问题性使用（包括成瘾），其影响对象主要是青少年、大学生及其他青年群体。社交媒体－过度沉迷与社会适应的不良影响成为研究的热点。传播学取向的传播心理学对传播者行为的研究也是一个亮点，新媒体用户行为表现多样，包括社交网站"断交"行为、有声读物 APP 用户行为、微信朋友圈隐私管理/设置、抖音短视频 APP 用户使用行为、在线健康信息搜寻、网络阅读社区用户行为、网络信息搜寻、网络维权行动、朋友圈中辍行为、社交媒体交往活动、短视频网络社会排斥、视频平台准社会交往、网络攻击行为、朋友圈自我表露行为、朋友圈点赞行为、知识付费平台用户持续使用行为、社交网络信息冲动分享行为、信息寻求行为、网络直播用户的持续使用行为、自拍行为、在线交往、SNS 用户对父母屏蔽 SNS 内容行为、在线保护隐私行为、微信用户信息分享行为、"打榜投票"应援等；行为意愿表现为，视频用户持续使用意愿、网络购买意愿、微博话题参与意愿、投票态度（投票偏好）、在线社区脱离意向以及知识分享意愿。

　　本专辑中，《媒介环境学视域下移动互联网用户 APP 使用行为研究》（丁迈、罗佳，见本辑）考察了移动互联网用户 APP 使用行为的现状与特征，揭示移动互联网情境下，用户使用行为发生了何种变化以及这些变化带来的启发。此文数据来源于中国广视索福瑞（CSM）研发的全媒体视听同源测量体系，针对固定样组使用移动测量仪，每天 24 小时不间断记录用户的移动互联网接触行为、习惯和动向。论文通过对 43 个 APP 分类、总结后发现，APP 用户使用行为具有泛在化、个性化、互动性和部落化的特征，用户进行着全时间、全空间的媒介接触，"瞬间"已经取代"时段"成为常用的计量单位，"黄金时段"被无限分割，虚拟社交建立起多元共同体。根据聚类分析出的六类人群——潮流引领型、御宅玩家型、精明实用型、现实老铁型、宝爸宝妈型、随性大众型，显示了不同用户 APP 使用行为特点。新 APP 出现可能会促成新的组群样态，同时培育用户群体的新诉求，使其在媒介使用行为习惯和价值体验上都发生变化。移动互联网的特性实现了听觉、视觉、触觉等各种器官的全面延伸，并日益走向与人的融合。

　　社会变迁不仅体现在技术对传播业、传媒形态和传播实践的改变上，也体现在传播技术与社会环境对人的传播行为的合力影响上。经济发展和城市化进程产生了频繁的居住流动，不确定的人际交往环境切断了个体稳定的情感联结，而利用社交平台（如小红书、大众点评等）进行消费信息和消费体验的口碑分享过程可以适当缓解居住流动性对于关系的破坏，这对环境适应和社会联结具有积极效应。本专辑中《关系破冰：高居住流动性环境下的口碑传播及其心理功能》（李雅雯、杨婧洁、王芳，见本辑）一文集中探讨了这一问题，其研究的理论视角来自社会生态心理学，就社交媒体上的口碑传播对高居住流动性环境下的心理功能进行了探索。研究发现，居住流动性与分享可能性及线上分享意愿呈显著正相关关系，即个体的居住流动性越高，其口碑传播的意愿越强。同时关系不确定性在居住流动性与分享可能性间起到部分中介作用。研究揭示了口碑传播行为的积极心理功能，即降低高居住流动性所带来的关系不确定性。本研究发掘了高流动社会中口碑传播现象蕴含的特定心理意义，为理解驱动传播行为的社会生态环境动因提供了重要参照，也反映出社交媒体的正向价值。

《用户评论、信息论据形式和卷入度对伪健康信息误导纠正效果的影响》（毛良斌、陈平，见本辑）一文将健康传播领域"无痛分娩"的伪健康信息作为分析对象，从另一方面说明了社交媒体的两面性，错误信息、虚假信息、误导信息同样在不确定性的情境下被广泛传播，给社会带来了不利影响，表现出社交媒体相反的一面。"无痛分娩"尽管在欧美等发达国家十分普遍，但在中国的推广效果并不理想，直到 2017 年榆林产妇跳楼事件，才使"无痛分娩"进入了公众和政府管理部门的视野，并有各种促进分娩镇痛覆盖率的措施出台。然而，流传甚广的相关伪健康信息影响了产妇和家属的判断，纠正关于"无痛分娩"的伪健康信息误导效果，提高产妇及其亲属对"无痛分娩"的接受和认可程度，是当前迫切需要解决的现实问题。除对误导信息的技术干预和纠正干预两种策略外，如何提高纠正效果的研究仍需推进。研究将信息特征（信息论据形式）、接收者特征（用户卷入）和信息呈现环境（用户评论）三者结合起来讨论其共同影响效果作为研究框架，并将纠正性信息置于社交媒体环境下考察其纠正效果。研究发现，三种因素形成的匹配关系产生不同的"匹配效应"，即"最佳效应"、"倒退效应"和"防火墙效应"。此研究对网络管理部门的启示是，在其及时纠正误导信息时，需要关注到怎样提高信息接触者的卷入程度，同时使信息具有较好的可读性，以及相关信息得到其他网民支持等因素。

3. 传统研究主题在新媒体环境下展现出传承和发扬的脉络

自我表露原本是社会心理学的一个传统课题，因新媒体的出现，涌现出诸多网络社交平台上关于自我表露的研究。本次文献梳理发现，关于自我呈现和自我表露的研究集中在微信朋友圈，多探讨影响自我呈现和自我表露的心理因素及其心理影响，本专辑中《压力与社会支持利用：自我表露和忍式表达策略的作用》（王志云、蒲鹤引、赖颖冰，见本辑）一文把自我表露的研究扩展到文化心理的意义方面。此文的观点是，既然自我表露是人们获得社会支持的一个重要前提，那么提高自我表露水平可能有助于改善人们在压力情境下的社交互动，带来更高的社会支持利用。此研究选择面对面和在线两种方式的自我表露进行分析，因考虑到文化差异心理，预期在我国社会文化环境下，人们感受到压力时可能不太愿意进行自我表露，也可能不太愿意明确地利用社会支持来应对压力，所以，我们同时考察个体使用忍式的应对策略进行自我表露水平管理的结果。研究结果显示，当个体感知到高水平的压力时，他们会倾向于减少使用社会支持。除此负向直接效应外，压力还可以通过促进个体对抑郁、焦虑情绪的面对面表露深度，进而对社会支持利用产生显著的正向间接效应，同时，研究没有支持预期的文化影响，个体使用的忍式表达策略对压力影响社会支持利用的间接效应也未表现出调节作用。未来研究需要考察人际关系类型、自我表露策略等因素的影响，以更全面地理解集体主义文化下的个体在面对压力时如何进行自我表露，特别是间接的情绪表露可能对于改善人们的社会支持利用具有重要价值。

身份认同也是传播学和社会心理学关注的重要范畴。《流动的现代性视角下社交媒体用户的身份认同建构——基于侠客岛微信群组互动的考察》（陈梓鑫、闫玉荣，见本辑）一文在借鉴诸多社交媒体对身份认同建构影响研究的基础上，引入流动的现代性视角，以《人民日报》（海外版）运营的新媒体品牌"侠客岛"的微信组为分析对象，旨在探讨在社交媒体使用、信息消费的场景中，用户身份认同的建构是否兼有稳定与流动两种可能共存的形态？现实社会因素和社交媒体因素是否交叠而非对立地作用于身份认同的建构？倘若身份认同表现出交染、混杂的特征，媒体又如何引导、建构与之相适应的信息社会资源和基础？研究发现，专业的新闻信息生产者"侠客岛"，展现了媒体自身定位与受众信息消费之间的张力，即新闻生产时间的计划性与个体信息接触的随意性形成的反差。而流动性的媒介消费实践，以及由此建构身份认同的方式并未完全消解理性规则，情感累积对于个人的媒介信息的交流具有重要意义，这些因素使得身份认同出现交融、混杂的特征。此研究具有的启发性在于，新闻媒体如何使自己的新媒体品牌具有可持续发展的能力，除了专注于专业性，更要观照用户需求的变化和用户思维的多样性，打造形式不同的体验来黏系用户，并借助他们的使用示范、体验传递来影响更为广泛的人群。

对媒介从业人员的心理研究一直是传播心理学的传统主题，主要围绕媒介从业者的职业心理、职业技能、心理素质及心理健康等问题展开。目前学者的研究更集中在媒介技术冲击下的媒介从业者的心理变化，考察的是职业认同，也是一个群体的心理或心态（常江，2018），更是个体职业意识的确立与职业角色规范的内化。其中，新闻从业者的职业认同是一个核心问题。它是指新闻从业者将自己定义为新闻记者群体的成员并且将该群体的典型特征赋予自身的心理表现和过程，是个体关于新闻职业的认知、情感、动机、期望、意志、价值观、满意度、忠诚度等方面所形成的"认可""承认""接受"的基本判断（丁汉青、苗勃，2018：19），其建构随着社会过程的改变而不断变化（Melgosa，1987）。其中，互联网技术的影响更为凸显它影响着新闻从业者的"价值认同危机"、"专业认同危机"和"角色认同危机"（丁汉青、苗勃，2018：20～22）。同时，新闻从业者也在不断适应技术挑战和媒体转型，在互联网工作中使实践更有弹性，形成多元角色观（张伟伟，2018：64）。有学者也探讨了新闻编辑在算法新闻生产中体现出的群体心态，剖析算法和人工智能技术对新闻编辑可能具备的心理及文化影响（常江，2018：78）。此外，对准新闻从业者－新闻实习生的职业认同研究是另一个方向，从业体验与职业志向（韩晓宁、王军，2018：152）影响新闻学子的职业认同与职业选择。

　　研究媒介对儿童心理的影响是传播心理学的一个传统，尤其是探讨媒介的负面内容，比如暴力、性等负面信息对儿童的认知、态度和行为所产生的影响，近年来，研究者除了继续讨论传统媒体的内容如何影响儿童的心理，比如亲社会电视对学前儿童的道德判断和道德推理的影响（Coates et al.，2019），也探索着新媒体信息的影响，比如受儿童欢迎的社交媒体 YouTube 视频中的食品和饮料线索对儿童饮食的暗示（Cingel & Krcmar，2017），还有传统媒体和新媒体的对比研究，比如亲社会电视接触和移动应用的使用对学龄前儿童情感能力的促进作用的对比研究（Rasmussen et al.，2018）。

　　首因效应是社会心理学的重要概念，属于社会知觉的内容，是印象形成的规律之一。在信息表达方式对决定宣传效度起着重要作用的经典命题中，信息呈现的先后顺序是否会影响印象的形成效果？有实验表明，在其他条件相同的情况下，首先呈现的信息似乎"先入为主"，更加有效，即"首因效应"（阿伦森，2002：93）。本辑中的《传播行为中首因效应的社会性：基于格式塔的心物场理论》（郭庆光、肖爱丽，见本辑）一文将首因效应置于更广阔的理论视角下进行分析，强调首因效应的社会性特征，并尝试把传播学与社会心理学联系起来，这对提高传播心理学的研究水平具有启发性。此研究基于格式塔的心物场理论，在自我与环境构建起的心物场中对首因效应的社会性进行分析，传播作为自我和环境互动的张力形式是影响首因效应社会性的至关重要的存在。研究指出，传播行为中的首因效应和近因效应不是简单的信息接收先后顺序问题，也并非只涉及个体的认知反应，它具有整体性和社会性，是通过传播行为而产生的社会化认知。新闻舆论对首因效应的把握不可只关注报道的时效性，还应该考虑心物场中受众的自我状态、社会发展阶段和传播特性等因素的影响。从心物场的整体性来理解首因效应，有利于新闻媒体在舆论引导上适应日益复杂的传播环境，以实现对社会的精准化管理。

4. 越来越受到关注的其他主题

技术使用和幸福感之间的联系也受到研究者的关注，例如，讨论WhatsApp 这款交流软件对人际关系质量、社会能力与群体认同等社会心理的影响（Kaye & Quinn，2020）。还有社交媒体利用人们对主观幸福感的影响，涉及自我控制、社会比较、情绪传染、社会焦虑等心理因素分析；用户与社交机器人的准社会交往延续了受众与媒介人物——包括传统媒体和新媒体（比如网络直播受众与主播、短视频用户与博主之间等）——准社会交往现象的研究，探索了人工智能 - 社交机器人对用户心理的影响（韩秀、张洪忠、何康、马思源，2021）

三　传播心理学研究方向的深化与开拓

技术不仅有内部的演变规律，更是社会变迁的主要原因之一（波普诺，2007：672）。一方面，传媒技术的变革与社会产生结构性、关联性的动态关系，催生了更多新的社会需求，而这些新的社会需求又促使人类寻求更高层次的技术突破，从而带来社会关系的重塑以及社会心理的调整（张才刚，2021）；另一方面，技术与社会的交互作用又是媒介发展的根本动力（张才刚，2021：54），其促使传媒生存环境变化，并进一步影响传媒产业在社会系统中的功能定位（李华君、王沛佳，2020：204），以及媒体从业者的群体心理。传播心理学的研究在社会变迁、媒体与人的相互影响、互为推动的图景中不断前行。

（一）夯实基础，不断深化

我们在文献梳理中发现，有些主题意义重大，却鲜有研究或研究不够深入，包括以下几个方面。

1. 寻找共情和共识传播规律，运用文化心理学开展国际传播能力研究

新时代下，面对"百年未有之大变局"，如何增强国际传播能力、提升国际传播地位、提高国际话语权是当前中国面临的重要国际课题（张晓辉、陈锐、黄颖，2022：26）。这也是不同国家开展国际文化交流的需求，政府、民间组织和个人都可以运用新媒体进行有效的国际传播。

共通的情感是文化交流的重要心理基础。例如，有学者对日本驻华使馆利用文化接近性进行数字化公共外交引发中国网民媒介化共情进行了研究，该研究的启发性和参照性在于，我们在进行国际传播时，应遵循社交媒体的媒介逻辑影响规律，使数字化语境下共情的表达途径更为丰富。同时，我们需要注意的是，利用共情心理时需要考虑文化的接近性与文化距离以及历史上的群际关系，否则会适得其反，影响共情效果（彭修彬，2020：89）。

除了利用数字化平台进行国际传播，新闻报道中的情感研究也有助于正确看待文化距离对国际传播的影响。我们在研究"一带一路"倡议的英文新闻报道的情感特点时发现，一方面，对于过近的周边国家、文化距离较远的国家和非沿线国家，应该因症施策、一国一策。另一方面，我们也要用平易的视角拉近彼此的距离，用融通的情感共振彼此的心灵（宣长春、林升栋，2021：41；陈薇，2020）。

我们需要借助国际友人、爱国侨胞、海外爱国民间团体的传播力量进行国际传播（张晓辉、陈锐、黄颖，2022），对这些群体的传播心理研究也是值得重视的。

2. 在情绪和社会心态研究基础上推进舆论引导研究

目前舆情研究聚焦舆情事件，包括异国灾难事件、环境、中美贸易争端等，分析对象是微博文本、在线新闻跟帖评论与短视频用户评论，体现了社交媒体在舆情分析和舆论引导方面的重要性，这方面的研究多集中在情感机制的把握和情感资源的利用上，对社会心态的研究较少。社会心态是社会变迁研究的一个重要组成部分，对它的把握和调适，是社会变革无法忽视的社会心理资源与条件。当突发事件来临时，社会心态更是政府、社会组织、民间社会以及个人应对突发事件时的社会心理支持系统（杨宜音，2006）。社会心态是了解舆情、理解民意的重要社会心理基础，而网络加社会心态是舆论媒介环境的新态势，需要重视起来。主流媒体在舆论引导中需要把握社会心态，致力于在整合与连接当中实现社会各角色之间的分工协同，在不同圈层之间沟通互动的基础上找到社会的最大公约数，以此达成社会共识，重建社会信任，实现其从领导者角色转变为引领者的价值功能（喻国明、陈雪娇，2022：61）。

3. 新闻从业者（媒体从业者）的心理健康研究需要加强

记者日常工作的紧张度以及面对重大突发事件，甚至是报道和接触极端暴力的工作状态使他们面临着一系列的压力，这些压力会对他们的情绪产生消极影响（Feinstein et al. , 2015）。而媒介技术给传媒行业带来的巨大冲击和挑战也使记者及其他媒体从业者进行着心理调适，目前这类研究在传播心理范畴内并不显见。

4. 增加传播心理学研究的理论深度，拓展学术视野

传播心理的认知神经科学和神经生物学基础的相关研究逐渐进入学者视野，量表开发也成为研究者感兴趣的方向，比如，社交媒体中的身份泡沫强化量表（IBRS）的开发和验证。此外，研究者把社交媒体中的"情境崩溃"扩展到"时间崩溃"的理论尝试，超越了目前"情境崩溃"概念的空间维度，同时，重视时间维度的重要性的研究也颇具潜力。研究者通过引入"时间崩溃"的概念，可以解释社交媒体中的语境是如何混淆过去和现在的时间界限的，这反过来又会影响用户如何管理他们在社交媒体上的身份和表现（Brandtzaeg & Lüders, 2018），这又一次把媒介和时间联系起来。

在过去的十年里，媒体和时间的相关研究已经从传播研究中一个相对边缘化的话题发展成为一个充满活力的探索领域。学术界对媒介化时间的研究在很大程度上是由最近的技术变革，以及由数字和通信技术引起的日常生活普遍"加速"的感觉所推动的。媒体充满了时间的意义，即它们不仅告知人们其所处的时间，还通过不断地构建人们对生活时间的体验来塑造其对日常生活的体验（Keightley et al. , 2021），甚至，媒体推动着个人时间和社会时间的相互嵌入。媒体中的时间问题，即"时间是如何组织的。时间在媒体内容中的组织、表现和交流的方式"（Keightley, 2012：4），这是一个很有创新性的研究方向。本辑中的《从怀旧到媒介怀旧：传播心理学视角下的学术史分析》（李玲、杨宜音，见本辑）一文就是探讨媒介与时间问题的，该文集中讨论具有跨学科背景的怀旧范畴如何带有鲜明的媒介特征和传播特质，并指出怀旧的实质是一种基于自我的时间观，对外体现为重新体验过去的渴望之情，在新媒介参与到记忆中时，这种时间观因可选择而变得多元。研究者引入"代"的概念，以强化媒介怀旧的群体意义，使媒介怀旧的时间观选择具有代际差异和互动的内容，未来可用实证研究加以说明。

（二）保持前沿，取得突破

技术的价值并不在于技术本身，而在于人们利用技术所做的事情，即技术所带来的可能性（张才刚，2021：56）。互联网技术的不断提升增强了用户行为的数据可感性，人的空间位置、身体状态以及情绪变化都可以通过移动端智能传感设备被实时探测，这将带来一种新型"反馈"机制。它将受众的反馈信息拓展到了生理与心理层面，过去只有医学意义的数据被赋予了传播效果测量的潜在意义（李华君、王沛佳，2020：205）。传播心理学者在技术变迁中探研媒介使用的文化意义和心理价值。

1. 媒介技术动态改善个体心理和社会心理

有关年轻人对社交媒体和控制体重的移动应用程序的态度和动机研究（Nikolaou et al.，2019）给我们以启示，对老年群体在这方面的研究有待于丰富；在开发和设计移动应用程序时考虑到心理维度，比如基于情感而设计的两个情绪追踪应用程序——MoodScope 和 MoodPanda——对用户的社会性和自我塑造感具有强化作用。

在现实和未来的压力环境下，人们利用社交媒体提供心理援助和心理支持的研究可以产生实际效能。例如，通过智能手机上流行的社交媒体应用程序能够接受来自海外的同伴的心理支持和危机干预（Cheng et al.，2020）。在不确定的风险情境中，进行大数据的传播心理学应用研究也是新的探索，例如，通过5G使用大数据来缓解公众的心理压力。有研究调查了大数据在心理压力情况下的作用，即通过比较当前技术能力的现状和数字化程度规避或减轻对心理健康产生的不利影响。研究发现，大数据有助于对潜在的危机人员进行预先评估，这也是纾解隔离的负面心理影响的有效工具（Hassani et al.，2022）。

2. 把握人工智能发展的机遇

随着人工智能技术在新闻传播领域的全面渗透，AI 与相关技术的结合以及 AI 赋能，正在重塑整个新闻业和信息传播生态。人工智能创作的内容也越来越多地出现在人们的日常生活中。研究发现，作者的身份无论是 AI 还是人，受试者都给予了等同的认知和评价，而公众对 AI 的态度越正面，对 AI 创作能力与质量的评价也越高（苏涛、彭兰，2020）。基于认知科学视角探讨人工智能新闻主播的离身和具身的交互作用问题的研究也具有启发性。人工智能新闻主播源于离身认知，日益走向具身认知，并不断尝试两种认知的交互融合；人工智能新闻主播持续创新的关键因素包括：具身性、情境认知、认知发展与动力系统，这是优化人工智能新闻主播的可能进路，也有益于媒介进化视域中人工智能与人类智慧的未来共处（於春，2020），除了对传播者的研究，人工智能创作内容的心理效果，即信息加工与态度也受到了学者的关注（牟怡 et al.，2019）。

3. 挖掘媒介的文化意义和心理意义，充分认识新媒体带来的社会心理价值

用"短视频讲故事"能有效传播信息，增进情感，共享文化价值观，实现生活意义（陈先红、袁文霞，2021）。本辑中《新媒体时代的英雄形象塑造与价值观传播——以中国主流媒体的短视频传播实践为例》（陈锐、余小梅、柳润，见本辑）一文讨论了短视频中的英雄形象，以及英雄所反映的社会价值观。此研究选取《人民日报》、中央广播电视总台、新华社三家主流媒体在抖音、微信、微博上发布的短视频作品为分析对象，对"英雄"题材进行内容分析。研究发现，短视频中塑造的英雄形象，是受众社会观察和学习的榜样，英雄形象所反映出的价值观，是大众媒介所强调的社会规范，而榜样和规范，都是人们表现出亲社会行为的重要影响因素。短视频在塑造和呈现英雄形象时要注意强调英雄的可接近性，突出其视听化特征，使英雄行为更容易被模仿。研究者可以尝试使用符号分析或框架分析等方法做更深入的探讨，还可以从受众视角出发，运用社会表征理论探究英雄及其背后的价值观在个人层面和社会层面的传播心理效果。

这些研究主题以新媒体形式展现更多的人本主义价值观，其社会意义在于，既体现出媒体对生命和个体的尊重，更能增强社会黏合度，提升社会信任和团结感，对新闻传播实践也是有益的。

（三）展望未来：传播心理学的发展前景

人类传播历经口语传播、文字传播、印刷传播、电子传播和数字传播，可见技术是影响媒介形态变化以及使传播活动丰富多样的逻辑主线和重要力量，也推动着全新的生活与交往模式以及社会关系的到来（张才刚，2021）。根据鲍尔格曼（Albert Borgmann）的观点，在对未来媒体的研究范式中，媒介既不能被概括为对人的绝对统治，也不是之前被看作的一般的物质媒介，而是一个不断地与人类的价值规范进行互构的过程，是一种生态学视野下的有机整体（严三九，2019：15）。这一观点加深了我们对社会变迁、媒介与人的互嵌性的思考。

当前，主导性数字媒体（常江、何仁亿，2021）——互联网——的发展主要受到两方面技术的影响：一是移动通信技术，这是互联网发展的基础设施，3G 和 4G 的大规模商用给我们带来了移动互联网，而已经商用化的 5G 未来将给我们带来很大的想象空间；二是互联网技术，主要经历了PC 互联网、移动互联网、大数据和人工智能等阶段，下一步将是智能互联网时代（郭全中，2020：16），也是具有 Web 3.0 的高度智能和高度交互性特征的互联网时代（方凌智、沈煌南，2022：7）。随着智能媒体的出现，"万物皆媒"得以实现，媒介使用主体——人——也将完成媒介化，化身成为媒介本身。这将带来全新的信息关系和传播关系，即人与物、物与物之间新的传播关系。也就是说，物成为外化人的自我传播的中介；人 - 物新互动将赋予传播"物质性"新内涵；而物 - 物互联也将构建新传播形态（彭兰，2019）。人们的整个生活世界发生了彻底改变，媒介不仅仅是身体之外的某种工具，万物互联将使它们与人的身体及其外在环境融为一体，建构起高度协同的智能化传播场景（张才刚，2021：55）。在这种新的传播样态下，是否还有"线下"行为与"线上"行为的区隔，以及虚拟和现实的分辨？人的心理将发生怎样的变化，我们如何认识自己，认识人与媒介的关系？我们的传统认知是否会被颠覆？我们该怎样做研究？5G 环境下的数字化媒介由于链接了更多重的物理因素、社会因素、生理因素、心理因素，其一定是一个更为复杂的系统（喻国明、曲慧，2019），研究者不仅是传播心理研究者，都必须建立起新的思维方式或理解文化的范式（苏涛、彭兰，2020：58）。

　　本文尝试把传播心理学这一不断发展的交叉学科置于社会变迁、媒介与人的相互关系下进行讨论，以便更多人了解这门充满活力的学科。传播心理学的基本任务是通过解读相关主题，为提高传播活动效率和深入理解传播现象找到心理依据，更好地服务于传媒实践和社会心理生活。未来媒介和社会在技术推动下的无限可能又使这个领域的研究者对其前景充满了期待和想象。本辑《中国社会心理学评论》以"传播心理与社会变迁"为焦点，撷取了学者当前的研究成果，希望借此有更多的研究者受到启发和吸引，产生更多富有创见的新成果。

参考文献

埃利奥特·阿伦森，2002，《社会性动物》，新华出版社。

常江，2018，《生成新闻：自动化新闻时代编辑群体心态考察》，《编辑之友》第 4 期。

常江、何仁亿，2021，《数字新闻生产简史：媒介逻辑与生态变革》，《新闻大学》第 11 期。

陈薇，2020，《被"标识"的国家：撤侨话语中的国家认同与家国想象》，《国际新闻界》第 1 期。

陈先红、袁文霞，2021，《信息·情感·意义："短视频讲故事"的集体对话》，《新闻与写作》第 10 期。

戴维·波普诺，2007，《社会学（第十一版）》，中国人民大学出版社。

邓绍根，2014，《新闻心理学在中国研究发展历史的再考察》，《现代传播》第 7 期。

丁汉青、苗勃，2018，《网络时代新闻从业者职业认同危机研究》，《当代传播》第 4 期。

方凌智、沈煌南，2022，《技术和文明的变迁——元宇宙的概念研究》，《产业经济评论》第 1 期。

郭庆光，2011，《传播学教程（第二版）》，中国人民大学出版社。

郭全中，2020，《新兴传媒产业关键影响因素研究》，《中国出版》第 16 期。

韩晓宁、王军，2018，《从业体验与职业志向：新闻实习生的职业认同研究》，《现代传播》（中国传媒大学学报）第 5 期。

韩秀、张洪忠、何康、马思源，2021，《媒介依赖的遮掩效应：用户与社交机器人的准社会交往程度越高越感到孤独吗?》，《国际新闻界》第 9 期。

杭敏、张亦晨，2021，《2020 年全球传媒产业发展报告》，《传媒》第 19 期。

李华君、王沛佳，2020，《5G 技术背景下传媒领域的变革特征、演化趋势与延展路径》，《宁夏社会科学》第 6 期。

刘昶、陈文沁，2014，《欧洲新闻传播心理学批评：学术渊源与研究路径》，《现代传播》第 11 期。

刘京林，2015，《传播心理学理论与实践》，中国言实出版社。

刘京林，2019，《新闻心理学概论（第 6 版）》，中国传媒大学出版社。

刘晓红，1995，《试论传播心理学的研究内容》，《新闻与传播研究》第 1 期。

刘晓红，1996，《试论心理学在传播学研究中的作用》，《新闻与传播研究》第 3 期。

刘晓红，1997，《媒介心理学及美国心理学会第 46 分会：媒介心理学分会》，《新闻与传播研究》第 2 期。

刘晓红、卜卫，2001，《大众传播心理研究》，中国广播电视出版社。

牟怡、夏凯、Novozhilova, E.、许坤，2019，《人工智能创作内容的信息加工与态度认知——基于信息双重加工理论的实验研究》，《新闻大学》第 8 期。

彭兰，2019，《5G 时代"物"对传播的再塑造》，《探索与争鸣》第 9 期。

彭修彬，2020，《文化接近性与媒介化共情：新冠疫情中的数字公共外交探索》，《新闻大学》第 12 期。

苏涛、彭兰，2020，《热点与趋势：技术逻辑导向下的媒介生态变革——2019 年新媒体研究述评》，《国际新闻界》第 1 期。

王超群，2019，《情感激发与意象表达：新媒体事件图像传播的受众视觉框架研究》，《国际新闻界》第 10 期。

王笛，2021，《"摆脱传统的束缚"——美国媒体所反映的五四时期中西交流与新文化运动》，《中华文化论坛》第 5 期。

王娟娟、吴汉全，2018，《在时代变迁中探寻中国文化发展的道路——李大钊与五四时期先进文化的前进方向》，《宁夏师范学院学报》第 12 期。

王跃，2000，《变迁中的心态——五四时期的社会心理变迁》，湖南教育出版社。

宣长春、林升栋，2021，《文化距离视野下的"一带一路"倡议——基于 4918 篇英文新闻报道的情感分析（2013 - 2019 年）》，《新闻与传播研究》第 6 期。

薛冉冉，2016，《俄罗斯媒介心理学研究的源起与发展》，保定，第十届新闻与传播心理研讨会。

闫巩固，2016，《第 31 届国际心理学大会简报：传媒心理学研究启示》，保定，第十届新闻与传播心理研讨会。

严三九，2019，《融合生态、价值共创与深度赋能——未来媒体发展的核心逻辑》，《新闻与传播研究》第 6 期。

杨宜音，2006，《个体与宏观社会的心理关系：社会心态概念的界定》，《社会学研究》第 4 期。

於春，2020，《传播中的离身与具身：人工智能新闻主播的认知交互》，《国际新闻界》第 5 期。

喻国明、陈雪娇，2022，《中国传媒经济研究 2021 年文献分析：发展转向与未来趋势》，《全球传媒学刊》第 1 期。

喻国明、丁汉青、刘彧晗，2022，《媒介何往：媒介演进的逻辑、机制与未来可能——从 5G 时代到元宇宙的嬗变》，《新闻大学》第 1 期。

喻国明、曲慧，2019，《边界、要素与结构：论 5G 时代新闻传播学科的系统重构》，《新闻与传播研究》第 8 期。

张才刚，2021，《5G 时代传播媒介形态演进的双重动力：技术变革与社会需求》，《中国编辑》第 7 期。

张建新，2021，《再论我国心理学的分化现象》，《心理技术与应用》第 1 期。

张伟伟，2018，《传统媒体新闻工作者互联网工作性使用与职业角色认知研究——一项基于报纸和电视媒体的实证考察》，《现代传播》第 3 期。

张晓辉、陈锐、黄颖，2022，《重大突发事件中国际社交网络平台情绪传播研究》，《新闻爱好者》第 4 期。

赵云泽、刘珍，2020，《情绪传播：概念、原理及在新闻传播学研究中的地位思考》，《编辑之友》第 1 期。

Brandtzaeg, P. B. & Lüders, M. （2018）. Time Collapse in Social Media：Extending the Context Collapse. *Social Media + Society* 3, 1 – 10.

Bryant, J. & Miron, D. （2004）. Theory and Research in Mass Communication, *Journal of Communication*, 54 （4）, 662 – 704.

Cheng, P., Xia, G., Pang, P., Wu, B., Jiang, W. & Li, Y., et al. （2020）. COVID - 19 Epidemic Peer Support and Crisis Intervention Via Social Media. *Community Mental Health Journal*, 56 （5）, 786 – 792.

Cingel, D. P. & Krcmar, M. （2017）. Prosocial Television, Preschool Children's Moral Judgments, and Moral Reasoning：The Role of Social Moral Intuitions and Perspective - Taking. *Communication Research*, 46 （3）, 355 – 374.

Coates, A. E., Hardman, C. A., Halford, J. C. G., Christiansen, P. & Boyland, E. J. （2019）. Food and Beverage Cues Featured in YouTube Videos of Social Media Influencers Popular With Children：An Exploratory Study. *Frontiers in Psychology*, 9, 20 （10）, 2142.

Feinstein, A., Wanga, J. & Owen, J. （2015）. The Psychological Effects of Reporting Extreme Violence：A Study of Kenyan Journalists. *Journal of the Royal Society of Medicine Open*,

6（9），1-6.

Hassani, H. , Komendantova, N. , Unger, S. & Ghodsi, F. （2022）. The Use of Big Data via 5G to Alleviate Symptoms of Acute Stress Disorder Caused by Quarantine Measures. *Frontiers in Psychology*, 3, 23（12）, 569024.

Kaakinen, M. , Sirola, A. , Savolainen, L. & Oksanen, A. （2018）. Shared Identity and Shared Information in Social Media: Development and Validation of the Identity Bubble Reinforcement Scale. *Media Psychology*, 23（1）, 25-51.

Kaye, L. K. & Quinn, S. （2020）. Psychosocial Outcomes Associated with Engagement with On-line Chat Systems. *International Journal of Human-Computer Interaction*, 36（2）, 190-198.

Keightley, E. （2012）. *Time, Media, and Modernity*. London: Palgrave McMillan.

Keightley, E. , Mihelj, S. & Punathambekar, A. （2021）. Media and Time. *Media, Culture & Society*, 43（7）, 1177-1179

Kümpel, A. S. & Unkel, J. （2021）. （Why）Does Comment Presentation Order Matter for the Effects of User Comments? Assessing the Role of the Availability Heuristic and the Bandwagon Heuristic, *Communication Research Reports*, 38（4）, 1-11.

Melgosa, J. （1987）. Development and Validation of the Occupational Identity Scale. *Journal of Adolescence*, 10（4）, 385-397.

Nikolaou, C. K. , Tay, Z. , Leu, J. , Rebello, S. A. , Te Morenga, L. & Van Dam, R. M. , et al. （2019）. Young People's Attitudes and Motivations Toward Social Media and Mobile Apps for Weight Control: Mixed Methods Study. *JMIR mHealth and uHealth*, 7（10）, e11205.

Prensky, M. （2001）. Digital Natives, Digital Immigrants, Part 1. *On The Horizon*, 9（6）, 1-6.

Pronina, E. （2012）. Media-psychology: The Main Areas in the Study of the Actual Problems of Journalism, Keynote Speech, 8th Psychology on Journalism and Communication Conference, Changchun.

Ramasubramanian, S. （2012）. Media Psychology: Historical Overview and Emerging Trends, 8th Psychology on Journalism and Communication Conference, Changchun.

Rasmussen, E. E. , Strouse, G. A. , Colwell, M. J. , Colleen, R. J. , Steven, H. & Kristen, B. , et al. （2018）. Promoting Preschoolers' Emotional Competence Through Prosocial TV and Mobile App Use, *Media Psychology*, 22（1）, 1-22.

Stark, L. （2020）. The Emotive Politics of Digital Mood Tracking. *New Media & Society*, 22（11）, 2039-2057.

Trepte, S. & Reinecke, L. （2012）. *Medienpsychologie*. Stuttgart: Kohlhammer.

Winterhoff-Spurk, P. （2005）. *Kalte Herzen: Ber Die Allm Hlichen Vereisung Des Sozialcharakters Durch Das Fernsehen*. Stuttgart: Klett-Cotta.

《中国社会心理学评论》　第 22 辑
第 24~41 页
© SSAP，2022

传播行为中首因效应的社会性：
基于格式塔的心物场理论

郭庆光　肖爱丽[*]

摘　要：首因效应一直被认为是个体受最先收到的信息影响而产生印象的认知规律，在新闻传播领域被视为新闻舆论应追求先声夺人的社会心理学依据。本研究基于格式塔的心物场理论，通过分析心物场中自我、环境和传播行为对首因效应的影响，发现了首因效应的社会性特征。本研究提出，首因效应不单受信息顺序的影响，更重要的是个体在自我和行为环境的整体影响下，通过传播行为而产生的社会化认知。新闻舆论对首因效应的把握不可只关注报道的时效性，还应该考虑心物场中受众的自我状态、社会发展阶段和传播特性等因素的影响。从心物场的整体性把握首因效应，有利于新闻报道和舆论引导适应日益复杂的传播环境，实现对社会的精准化管理。

关键词：社会认知　传播行为　首因效应　心物场理论

一　问题的提出

互联网使信息大量快速传播成为可能。大众传播时代的工业化信息传播模式基于此开始向平台化转型，全方位参与人们的日常与公共生活。信息传播和接收的关系也从由单边化、供给侧主导转为由多边化、需求侧主

---

* 郭庆光，中国人民大学新闻学院教授、博士生导师；肖爱丽，中国人民大学新闻学院博士研究生。

导。这些关联变化提高了传播环境的复杂程度：信息通路的扩大在满足多边需求的同时也造成了信息过载，需求侧主导的传播模式使眼球经济甚嚣尘上，超负荷的信息接收和处理占据了人们大量精力，"后真相"式的新闻报道和舆论引导消耗着大众情绪。如何在多渠道的信息传播中把握舆论导向？如何避免新闻在过程化呈现中造成不必要的情绪消耗？新闻传播业界将时效性作为主攻点，通过新闻事件的第一时间报道"占领"受众的第一印象，为后续报道定下了基调。学界也认为第一印象会影响受众的认知，是受众面对舆情时的心理表征，同样也是提高舆论引导能力的对策（赵丹，2010；胡小川，2016；赵之泓，2017）。

新闻传播学之所以对第一印象十分重视是因为社会心理学在认知研究中发现的首因效应（primacy effect），即信息出现的先后顺序对印象形成的作用是不同的，人们比较重视最先得到的信息，并据此对他人做出判断（沙莲香，2011：92）。不管是社会心理学还是新闻传播学，对首因效应以及与其相关的近因效应（recency effect）的主流认知集中在个体的信息接收顺序上。但研究者通过对首因效应的社会心理学研究和新闻传播学实践的梳理发现，传播行为中的首因效应和近因效应不是简单的信息接收先后顺序问题，也并非只涉及个体的认知反应。首因效应与格式塔理论渊源颇深，但这一理论渊源并未在后期的研究中得以展现，导致人们单从信息加工整合的角度无法全面理解该效应产生的原因。此外，面对反转新闻频发的传播环境，新闻从业者仅追求新闻的时效性是对首因效应的直观理解，却忽视了新闻传播行为的社会性、整体性，这导致他们较难适应日益复杂的新闻传播需求。因此，本研究结合社会心理学和传播学的学科特长，从社会性的角度入手，梳理首因效应的相关理论知识并拓展首因效应的理论认知范畴，以期为新闻报道和舆论引导提供更为全面的视角和有效的方式。由于首因效应在新闻传播研究中占主体地位，本研究将以首因效应的分析为主，辅之以近因效应的阐述。

二　理论逻辑论述

（一）首因效应的格式塔渊源

在社会心理学研究中，首因效应和近因效应作为印象形成过程中信息加工整合的认知规律被提出，该研究起源于波兰社会心理学家 Solomon Asch。他发现印象的形成是所有人格要素综合作用的结果，但其中的核心要素会直接决定人格的判断，即"中心特质"效应（Asch，1946）。此研究引出了一个更为重要的问题，即印象形成的关键因素是什么？美国社会心理学家 Abraham Luchins 将此问题作为耶鲁大学人际关系研究所传播研究项目的一部分，在耶鲁大学心理学系教授卡尔·霍夫兰（Carl Hovland）的指导下展开了研究（Luchins，1957；Hovland，1957：129 - 157）。Luchins（1957）通过实验发现，一个人会对最初接收到的信息留有深刻印象，接受信息的顺序会影响他的印象或判断。基于此他提出了首因效应，并认为最先得到的信息对整体印象起着主要作用，即首因效应起主要作用。那么，这一效应的普遍性如何？它是否存在于所有的信息接收过程中？Luchins 在后续的实验中发现，当两部分信息之间的接收存在时间间隔时，被试者会受最近阅读的信息影响，他把这一现象称为近因效应（Luchins，1958；Luchins，A. S. & Luchins，E. H.，1986）。

首因效应的发现离不开 Asch 和 Luchins 的贡献，社会认知范畴下的印象研究成为学术界对二人的惯用标签。但通过对二者学术思想的梳理，笔者发现，印象研究并非 Asch 和 Luchins 唯一的学术联系，格式塔心理学家的身份反而更能体现二者的学术共同点。格式塔心理学强调整体取向（holistic approach），研究者将现象学的直接经验描述作为主要方法，聚焦于系统地描述人们的知觉和思维经验（Koffka，1935；Kohler，1976）。格式塔主张的整体结构思路引导了 Asch 的社会认知研究，他以两个模型来解释"中心特质"，即结构模型（configural model）和代数模型（algebraic model）。结构模型假设个体会对他人形成一个统一的整体印象，统一的力量重塑了单个元素，使其与整体印象保持一致，统一的压力改变了单个元素的意义，使其更符合情境。除了意义的改变，人们还会利用各种策略组织印象的各个成分。代数模型与结构模型形成了对比，强调对每一个特质单独评价，再将其组合成一个概括性评价。基于代数模型研究的印象的形成易于控制影响要素，结构模型则能够为印象的形成找到人格根源，发现其与人格的相互作用机制。Asch 将代数模型中单个特质以词组的形式融入结构模型中，提出印象的形成是一个组织的过程，这一过程在中心特质与外围特质的动态关系中得以体现，中心特质的基础是结构模型，即每一个特征都与其他特征有特定的关系，每一个关系的内容要根据它所属的关系结构来确定（Asch，1946）。这一研究丰富了社会认知研究的整体取向，相较于元素取向（elemental approach），整体取向是在其他部分或元素的背景下分析各个部分或元素，注重它们之间关系的整体结构（菲斯克、泰勒，2013/2020：5）。换句话说，Asch 研究的印象是一个由心理特质及特质间关系组成的心理活动，具有整体性。

相较于 Asch，Luchins 与格式塔研究的关系更为紧密。作为格式塔心理学创始人之一马克斯·韦特海默（Max Wertheimer）的学生，Luchins 是韦特海默从德国到美国后的亲密合作者，后期整理了大量韦特海默的学术著作。他以研究定势效应闻名，首因效应和近因效应是其中的分支内容。Luchins（1948）曾基于格式塔视角对 Asch 的印象研究提出批判，认为其结论证实了格式塔理论，但实验的部分设定无法完全支撑结论，例如，将"聪明""勤奋"等词组作为对一个人的描述会使实验中的印象特征脱离个体和社会因素，不能说明印象与自身结构的关联以及印象形成过程的社会性。Luchins 以现象学的描述方法，通过对 200 个对象长时间的观察和测试，进一步丰富了 Asch 的结论。由此可见，Luchins 的研究注重个人所在刺激场的实际结构对认知产生的影响，认为刺激场的外部条件和个体的内部结构都会作用于印象的产生，只关注个体无法理解社会如何影响知觉（Luchins，1945）。Luchins 对社会认知的研究是整体的、动态的，带有鲜明的格式塔色彩。但不可否认的是，后期在对首因效应和近因效应的研究中，Luchins 从信息接收顺序的角度考察认知的形成并未完全遵循格式塔的研究思路。其中有来自研究项目的实用主义影响。上文提到，两种效应的研究是耶鲁大学人际关系研究所传播研究项目的一部分，该项目的主要目的是辨别影响劝服性传播效果的条件。作为条件的筛选过程，对单一要素着重考察无可厚非，且当时正处于信息科学诞生发展的时代，作为新发现的、将传播和认知连接起来的中介物，信息顺序的确在认知过程中产生了质的影响。但这并不意味着对两种效应的研究仅能沿此路线前行。因此，通过回溯两位格式塔心理学家对印象形成过程中社会因素的考察，结合新闻传播同样具有的社会属性和结构功能，本研究将首因效应放回至格式塔的理论框架中，扩展理论的认识范畴，加深理论的应用程度。

（二）作为理论基础的心物场

格式塔不仅开创了社会认知研究的整体取向，而且引领欧洲社会心理学家形成了不同于美国以个人心理研究和实用理念为主的研究传统。格式塔强调经验和行为的整体性，既反对构造主义心理学的元素主义，也反对行为主义心理学的"刺激－反应"模式。其中，德裔美国心理学家库尔特·勒温（Kurt Lewin）将格式塔观点引入社会心理学（Lewin，1951），并最终将其引入社会认知研究中（Bronfenbrenner，1977）。他强调个体被知觉到的社会环境影响形成心理场，该场由各种力量构成，他提出的场域、心理场、生活空间等术语已成为社会心理学的一部分。与勒温同一时期的格式塔学者还有韦特海默、沃尔夫冈·柯勒（Wolfgang Kohler）和库尔特·考夫卡（Kurt Koffka）。本文选取的理论基础主要来源于考夫卡的心物场（psychophysical field）。

考夫卡（1936/2010：25～42）认为，经验世界和物理世界不一样，观察者通过知觉现实形成的观念是心理场（psychological field），被知觉的现实是物理场（physical field），二者组成了心物场。心物场包含自我（ego）和环境（environment）两个部分，每个部分有各自的组织（organization），组织之间又相互作用：环境是由一些彼此独立的物体和事件组成的，它们依靠组织之间的张力联系在一起。同样，自我不是一个由内驱力或本能加起来的总和，而是一个具有巨大复杂性的人格综合体（考夫卡，1936/2010：53～54）。自我和环境共同构成心物场中的格式塔，两者形成和发展的动力具有同一属性，即社会性。心物场的形成依靠社会因素的推动，新形成的心物场在和过往心物场的结合中产生新的动力，反过来推动社会的发展。自我和环境在这个过程中逐渐趋同，带有社会性特点。心物场理论从三个层面为认识传播行为中首因效应的社会性提供了理论支撑。第一，自我的人格综合体性质决定了认知和行为的产生不可能单一受信息顺序、情绪或动机等因素的影响。首因效应作为认知过程中的必要环节与自我的认知规律是一致的。第二，环境与自我是相互关联的整体。首因效应的产生离不开自我和环境的相互作用。传播作为自我和环境互动的张力形式是至关重要的存在。第三，心物场将自我和环境都视作社会条件下的产物，基于前两点的关系，首因效应的社会性不言自明。接下来，本文将具体阐述心物场理论为何能从以上三个层面提供首因效应社会性的理论支撑。

第一，考夫卡作为格式塔心理学的创始人之一，较为完善的对范围广阔的格式塔心理学做出了综合性的说明。他在1936年出版的《格式塔心理学原理》（*Principle of Gestalt Psychology*）一书中以心物场为核心概念全面探索了认知形成的各个环节。这一概念不仅将勒温的心理场与柯勒的物理格式塔结合在一起，而且进一步强调要将行为和心理以组织的形式带入相关环节和情境中，避免将其分解为不同的功能或要素。这种研究方式是格式塔一以贯之的，对整体理解首因效应已有的研究成果亦是有效的方式。目前学界对首因效应的研究仍以元素取向为主，重点考察单一要素对首因效应的影响，如信息顺序、动机、情绪等。这些因素在实验环境中可以决定两种效应的出现和程度，但无法完整呈现在现实环境中，而心物场的认知视角为其提供了可能。第二，考夫卡率先将环境引入心理学的研究中。他强调，行为是人与环境相互作用的函数结果，是有机体在行为环境中发生的运动。心理场运动的动力，除自我提供的以外，还有环境场提供的动力。新的行为为心物场的进一步发展带来了作用力，行为环境也因新行为的带动发生变化（考夫卡，1936/2010：22～32），这是理解传播行为中首因效应社会性的关键。传播行为是社会结构、场域结构和人的心理结构相互作用的产物（沙莲香，2011：234），是心物场理论中行为的典型代表。新闻传播作为典型的传播行为对环境场的塑造也起着至关重要的作用。这形成了传播行为与环境、环境与心理、心理与传播行为的动态循环关系，这一循环关系的内在逻辑与心物场理论是共通的。第三，心物场理论将社会作为理解行为的重要因素。在此之前的格式塔研究更注重整体性，并未点明社会和整体性的关系，但考夫卡明确指出，即便将心物场中自我和环境的问题说清楚，也不代表完全从格式塔的角度理解了社会认知，因为这其中还缺少了对社会因素的观察（考夫卡，1936/2010：531）。在他看来，不论从心理学还是生物学角度来讲，被隔离的个体不可能成为一个完整的组织，更无格式塔可言，也就无法形成自我并完成自我与环境间的互动。考夫卡将团体作为认知社会性的研究单位。在行为环境中，自我之外他人的出现是产生人际关系、形成团体和社会的前提。团体形成之后便产生了社会活动，其中最重要的活动成果是文明（civilization）。团体的动力依赖于个体的活动和态度，涉及多个场的动态联结（考夫卡，1936/2010：553）。经此过程人们才能理解个人心理的性质，并将社会心理认知系统阐述清楚。心物场理论对社会的强调打通了个体认知和社会之间的关联，为考察首因效应产生的原因提供了社会场的影响因素。

（三）心物场理论下的传播行为

传播是人类社会生活中最基本的行为，没有传播社会活动就无法进行，社会也不可能产生并延续至今，传播是人类社会活动的基础（沙莲香，2011：230）。作为心物场中重要的一环，从行为的角度来看，传播行为是形成自我的必要方式；从环境的角度来看，传播行为，尤其是新闻传播行为，是行为环境的建构力量。本研究中提到的传播行为，并非单从信息论的角度强调传播过程中信源、信宿和信息对首因效应的影响，而是强调社会及社会心理是其形成的必要条件。传播是一整套社会实践，它以概念、表达方式和社会关系为切入口建构了现实。通过这一实践，人们以互动的方式赋予这个世界充分的一致和秩序，并以此来支撑自己的意图（凯瑞，2009/2020：76~78）。从心物场理论的角度来看，传播参与建构了人们的行为环境，将个体连接在一起组成团体，继而产生上文提到的社会文明，本文主要探讨的新闻传播与舆论引导则是传播行为中大众传播的方式方法。大众传播作为现代社会中人们获得外界信息的主要渠道，是实现国家和社会目标的重要手段，更为社会现实的建构和人们社会关系的建立提供了一种史无前例的快速有效的方法，这对行为环境的影响是巨大的。

德国学者马莱兹克（Gerhard Maletzke）在 1963 年出版的《大众传播心理学》（*Psychologie der Massenkommunikation*）一书中提出了大众传播的系统模式（McQuail & Windahl，1993：46 - 53）。他将大众传播看作包括社会心理因素在内的各种社会影响力相互作用的"场"，场内每个主要环节都是各个因素或影响力的集结点。这一视角的切入将格式塔的研究取向带入了传播学，是本文将传播行为、社会认知（首因效应和近因效应）以及心物场理论三者纳入同一论述体系的另一条纽带。马莱兹克提出，在传播过程中对传播者和接收者的影响和制约因素分别是：就传播者而言，包括传播者的自我印象、人格结构、所属群体、社会环境、所属组织、信息内容、媒介机构、受众对信息的反馈所产生的约束力等；就接收者而言，包括接收者的自我印象、人格结构、所属群体、社会环境、信息内容的效果或影响，以及对媒介的约束力等。这些因素一类是人的社会心理因素，另一类是社会环境因素，传播者和接收者的行为都是各方因素作用下的函数结果。用整体的角度来看，两类因素之间的相互作用和影响会产生无数种可能性。当然，基于格式塔的角度理解，马莱兹克对传播者和接收者的区分以及从人格、认知、情感、动机的角度对传受二者的描述仍有元素取向的痕迹，不完全符合整体性的研究思路，但他的理论仍是将大众传播过程作为一个整体，即场的存在（同时也是分属于社会组织的场）来看待的，他强调了场内各组织之间的关联和张力。考夫卡提出，组织的产物是一个统一体，尽管在这一统一体内各个部分都有不同程度的独立性（考夫卡，1936/2010：285）。传播者和接收者作为传播场的亚系统，受到场内自我、环境以及二者之间力的影响，从而完成亚系统自身及亚系统间的组织活动。这一认知是符合心物场对亚系统的理解的。

本部分内容通过研究思路的回溯将首因效应放归至格式塔的研究取向中，以说明格式塔角度并非理论借鉴，而是溯源回归首因效应研究的初心。此外，鉴于格式塔心物场理论对社会要素的论述，将传播行为和首因效应作为一个整体分析传播、受众与社会的关系，强调传播行为与环境、环境与心理、心理与传播行为的动态循环过程，为接下来进一步论述传播行为中首因效应的社会性奠定了理论基础。本文的第三部分，将着重论述首因效应在心物场中的社会性表现，以及与传播行为产生的组织互动方式。

三　社会性在首因效应中的体现

在理论逻辑部分，本研究主要以心物场中的自我、环境和社会为切入点，创建了传播行为与环境、环境与心理、心理与传播行为的动态循环关系。本部分内容将以此为逻辑线，将首因效应带入其中，分析社会性在首因效应中的体现。

（一）自我的社会性对首因效应的影响

首先需要明确的是，在心物场的视角下，首因效应不同于元素取向的个体社会认知定位，即它不再是各个心理要素（如情绪、态度、动机）作用下的一个认知步骤，而是心物场中的一个作用过程。当然，这样的定义并非否定对首因效应已有的认识，毕竟将元素取向和整体取向对立起来是徒劳的（Ostrom，1977）。相反，正是在已有认识的基础上，人们才能用心物场中的自我逻辑论述首因效应的社会性。

从心物场的角度来看，心理的载体——自我是一个永久性的亚系统，其中的张力推动了系统的运行，且自我的张力要大于任何其他的亚系统（考夫卡，1936/2010：282）。此处的张力可以理解为自我的情绪、态度或动机在系统中的综合作用。首因效应之所以会产生，正是因为自我与所接触的物体或信息之间产生了张力的作用。以动机为例（考夫卡将其称为兴趣或需求），对于一个物体或事件来说，具有吸引力就意味着场内有一些力起始于物体，会缩短物体与个体之间的距离。相反，令人讨厌的事物也是一样，而无关紧要的则不会对个体施加力（考夫卡，1936/2010：291）。研究证明，当人们有动机处理所提供的信息（Brunel & Nelson，2003；Haugtvedt & Wegener，1994），以及手头的问题对他们来说是熟悉的、有争议的或有趣的时候（Lana，1961），首因效应就会被激活。相反，当人们对信息的关注较少（Brunel & Nelson，2003；Haugtvedt & Wegener，1994），或面对不太熟悉的问题时（Hovland，1957；Lana，1961）就会出现近因效应。以往这些情况分属于动机、认同、信息性质等不同的认知要素，但从心物场的角度来看，两种效应的产生源于自我和信息产生的张力联结，只是联结的程度有所不同。因为自我是心物场中的自我，物体也是心物场中可认知的组织或组织的一部分，二者同在心物场的社会属性中，也在各种力的磁化（联结）下带有社会属性，二者通过力产生关联是对社会属性的加强。因此，基于心物场理论，单独考虑场内的力（如上文提到的动机）并不能把握两种效应的影响因素和影响程度，深挖自我、物体与力的关联才能为理解两种效应提供帮助。

张力的引入解决了在首因效应中自我和接触信息的关联问题，这种关联是社会的。接下来，我们还要考虑关联后的结果，其在心理学取向中被称为印象，心物场理论称之为记忆痕迹。由首因效应和近因效应留下的印象通常被认为是接收信息的作用结果，但由于其对信息的强调忽略了场中其他社会性因素，导致效应产生的记忆痕迹变为了孤立的存在。在实验条件下研究者可以对接触的信息进行去社会化处理，但在现实环境中无法实现。因为所有新行为都是在一个由先前经验决定的场内进行的，过程受到先前记忆痕迹的影响。具体地说，当前过程的场是由先前过程的痕迹组成的。新过程又留下新记忆痕迹，为引起另一个新过程奠定基础。通过过程和记忆痕迹的相互作用，自我的场得到了发展（考夫卡，1936/2010：464）。这种理解在首因效应研究中曾有所涉及，只是研究的视角不同。例如，让驾驶员通过对危险驾驶的发生过程做出评价，被试者产生了明显的首因效应，即对最初出现的危险信息产生了更深的印象。但研究也表明，驾驶员的驾驶经验、对危险的预判能力等个人其他因素也参与到了对最初信息的判断中（Hennessy et al.，2016）。该研究将驾驶员的经验与新接触的信息做出了区分，认为是两种不同刺激的作用。但在心物场中，它们同属于记忆痕迹，拥有同一属性，只是产生的时间顺序有所不同。首因效应实际上是新旧记忆痕迹相互作用的结果，也是记忆痕迹的唤醒和再认过程。记忆痕迹产生的时间顺序仅是复杂的动力联结中的一个因素，因为新痕迹的可得性更依赖于它与较大环境系统的联结。这种联结为记忆痕迹提供了社会性来源，因此首因效应作为新记忆痕迹的产生过程也在场的影响下带有了社会性质。

张力和记忆痕迹分别是支撑起自我格式塔的骨架和核心组织，也是心物场观下首因效应产生的必要条件。张力的运动和发展来源于自我与环境中物体、信息的联结，联结后产生的痕迹作为心物场组织过程的阶段性结果和决定因素对下一次的认知行为产生影响。而这些都是在行为环境和社会场的范围内发生的。

（二）环境对首因效应的影响

心物场将环境分为地理环境（geographical environments）和行为环境（behavioral environments）。地理环境是现实的环境，行为环境是自我理解下的环境。对于社会中的个体来说，地理环境是基本统一的，但行为环境会有一定程度上的差异，因为行为环境受地理环境调节的同时，以自我为核心的心理场也会对其发挥作用。这表明人的心理活动是一个由自我到行为环境再到地理环境进行动力交互作用的场。同时这也说明，人在产生一个真正的心理活动之前，一定会对涉及的环境产生认知行为（考夫卡，1936/2010：21～32）。心物场理论指出，地理环境虽然是心物场中不可或缺的一部分，但行为环境与心物场有更直接的因果关系，从而也与行为产生直接的因果关系。加之在本文的论述逻辑中，传播更多地作用于行为环境的建构，因此本文的环境主要指行为环境。

行为环境是一个知觉场（field of perception），它由地理环境赋予的感觉刺激加上自我的组织认知构成，因此每个人的行为环境都带有一定的主观性，同时也因自我和环境之间的联结带有社会性。自我和环境同在一个心物场内，自我对环境产生的判断会直接参与到认知过程中，因此关于首因效应的影响因素我们应该考虑到行为环境的情况。Luchins 在 1962 年以种族隔离为主题对在校大学生进行了首因效应和近因效应的测试，用两组实验观察被试者对被描述人物产生的印象。不同之处在于第一组的人物在最初就表达出对种族融合鲜明的支持态度，第二组只是暗含了支持态度，没有进行直接的描述。实验结果表明，首因效应在第一组信息中占据了主导地位（Luchins & Luchins，1962）。Luchins 将这一实验结果的原因归结为信息的描述方式和偏见对认知的影响。但从心物场的角度来看，行为环境是直接经验的一部分，偏见只是心物场作用下产生的一个过程性的经验结果，被试者的行为环境是影响其认知形成的重要因素。实验中首因效应的产生是大学生的自我和当时行为环境共同作用的结果。同样的问题在脱离开大学生所在的家庭、社区或国家等对其行为环境产生的影响后，心物场会受到与实验中不同的环境张力，呈现的结果也会发生改变。

此外，环境除了直接作用于认知外，还会通过记忆痕迹和认知结构影响两种效应的产生。自我与行为环境的关联依靠记忆痕迹，自我的记忆痕迹系统和环境的记忆痕迹系统在动力上相互依存（考夫卡，1936/2010：428）。记忆痕迹与环境是相互影响的，环境能够塑造和改变自我的记忆系统，反之亦然。丰富的环境被证明，其可以通过提供更多的感官刺激、运动机会以及个体间社会交往的可能，使社会交往条件得到改善（Bondi et al.，2014）；其也被证明可以从生理上增强神经的可塑性、改善记忆能力（Diamond et al.，1966）。在上文的论述中，首因效应和近因效应受到记忆痕迹的影响，而记忆痕迹的发展离不开环境场中各种张力的推动。由于两种效应的作用原理相同，但接受的场的张力的不同，才产生了首因和近因这两种不同的结果，此处我们将基于心物场的视角加以论述。研究证明，认知结构复杂的人在接收前后相互矛盾的信息之后，会因后接收的信息与最初信息的不同呈现对信息疑惑的印象，说明其受到了首因效应的影响。而认知结构简单的人在同样情况下却形成了以最近接收到的信息为认知的单一印象，即产生了近因效应（Mayo & Crockett，1964）。这一实验的条件选择依据是认知结构的复杂与否，对它的评判标准来源于个体对环境的认知程度，即认知结构复杂指个体能够判断出环境中信息之间的较大的区别，认知结构简单的个体则相反。与认知复杂程度较低的人相比，认知复杂程度较高的人应该对判断对象的其他特征做出更多的推断，这些推断将支撑印象的形成。那么，决定认知结构复杂与简单的条件是什么？从社会性的角度来看，认知结构代表了对环境的感知（Bieri，1955），即个体对环境的感知力越强，说明心物场中自我与环境之间的张力越强，张力调动的组织就越多，程度也越深，使得认知结构的跨越性越大，复杂度高，其认知能力就在这个过程中越强。因此，将影响首因效应和近因效应产生的条件——认知结构——以心物场的视角回溯，依旧要落脚于自我和环境的相互联结，而社会性是对其性质的本质总结。

（三）传播过程对首因效应的影响

本文从传播的角度对首因效应进行论述的原因有如下三个方面。第一，上文从自我和环境——心物场的两大组成部分——阐述了认知过程的社会性对首因效应的影响，同时也是首因效应具有社会性的依据，这是从组织构成的角度进行的。但从心物场的动态性来看，组织运转起来除了依靠张力，还要依靠作为关联过程的传播，因为张力解决了组织间的联结和动力问题，而传播是对这一过程的表现。因此，必须从传播的角度分析首因效应产生的原因。第二，行为环境对首因效应的影响已经得到证明。传播作为一种社会实践参与建构了行为环境，传播如何通过行为环境作用于首因效应需要展开进一步论述。第三，从传播的角度论述首因效应是为传播的分支——新闻传播——奠定理论基础，以更好地进行理论指导实践。

马莱兹克提出的大众传播系统模式虽然将主题定在大众传播，但由于他从场的角度将场内涉及的所有组织囊括其中，没有受限于大众传播的特点，因此同样适用于传播系统。上文只对传播系统中各个组织和因素进行了介绍，但作为场的一部分，组织之间在媒介作用下产生的行为同样重要且多样。比如，在接收者收到传播者通过媒介传递信息的过程中，除了接收者对信息本身发生认知行为，由于力的相互性，传播者在向接收者释放张力的同时，接收者也会对媒介和传播者产生记忆痕迹和行为认知，并且这些记忆痕迹和行为认知会参与到下一次的信息传播过程中。这一影响作用于首因效应可以解释接下来的一个研究成果。该研究观察两种政治新闻节目是否对受众的政治认知产生首因效应。结果显示，两种节目都产生了首因效应，但同一信息的报道顺序并非影响的唯一要素，节目的政治信息渠道、新闻形式都会对首因效应产生影响（Holbert et al.，2007）。这是因为传播者、接收者和媒介同在一个行为环境内，场内的各个组织是相互作用的，且作用力产生的结果是多层次的。接收者不仅受信息的影响，还受对传播者和传播媒介定位的影响，这些都是影响首因效应产生的因素，也为上文提到的深挖自我、物体与力的关联提供了一个理解角度。

以上是从传播场内的组织及组织间作用过程的角度分析了传播对首因效应的影响，接下来，我们需要将传播作为行为环境的塑造方，论述二者的关系。在理论逻辑论述部分本文强调，传播不仅指信源、信宿和信息的作用过程，更重要的是社会建构作用。一系列传播研究都对此做出过证明。在大众传播方面，以美国记者李普曼（Walter Lippmann）提出的"拟态环境"（pseudo-environment）为例，人们认识到的环境并非客观存在的，而是传播媒介通过对象征事件或信息进行选择、加工、重新结构化后向人们提示的环境（Lippmann，1956：15）。大众传播形成的信息环境通过影响人的认知和行为进一步改变行为环境。虽然拟态环境的提出主要针对大众传播，但当下的网络时代，传播通过拟态环境对人的认知影响力只增不减，并在一定程度上使行为环境带有网络时代的特征。在人际传播方面，库利（Charles Cooley）的"镜中我"（the looking – glass self）表明人对自我的认知主要通过与他人的社会互动形成（Cooley，1902）。社会互动即传播，自我在此过程中与他人、团体产生的场的联结和影响是社会形成的重要方式，也是自我认知形成的重要过程。不管是大众传播还是人际传播，传播这一行为不仅影响信息的传递，还会影响行为环境的呈现和自我对行为环境的认知。换个角度思考，以自我和环境组成的心物场是从组织的角度影响两种效应的产生，那么传播则是在组织运动过程中作用于两种效应。虽然涉及的层面不完全相同，但其作用原理是一致的。因此，我们若以社会管理的角度考虑传播和首因效应的关联，不应像已有的研究成果一样，只将首因效应作为传播过程中的一个现象看待，还要考虑传播过程本身对首因效应的影响，这一视角对新闻传播的指导是至关重要的。

上文从自我、环境、传播三个层面，探讨了影响首因效应产生的因素。可以得知，首因效应和近因效应作为心物场运动过程中的一个认知环节时刻发挥着作用。这一环节是社会性的，因为它受到具有社会性的心物场中各类组织的影响。接下来我们将以这些影响因素为突破口，思考在具体的新闻传播中如何把握首因效应和近因效应，为日益复杂的新闻传播工作提供有效的方法指导。

四　首因效应的社会性对新闻传播的启示

（一）把握认知过程的先导环节

本文对首因效应社会性的强调并非否定其在认知形成顺序上的优势地位。从心物场的角度来看，首因效应产生于自我与具有强张力的物体或信息产生联结的阶段。相较于近因效应，首因效应并不需要为新记忆痕迹的产生调动太多其他组织以获得与物体更充分的张力吸引和更清晰的记忆痕迹，因而在这一过程中首因效应是占有认知程序优势的。所以，新闻业界注重把握新闻宣传时机、强调先声夺人，在受众对新闻事件的认知初始阶段建立起有利于社会发展的记忆痕迹是非常有必要的。

例如，突如其来的新冠肺炎疫情使新闻媒体的舆论引导功能被特别凸显出来。利用首因效应抢占舆论高地不仅能在社会内部建立认知取向一致的行为环境，也可在世界范围内巩固正面的国家形象。事实证明，公众在突发性危机事件面前，对主流媒体的权威资讯有着特殊的依赖。在危机初发时，尤其面对像新冠病毒这类从未出现在人类认知范围内的事物，人们更多地因为它与个体生命安全有关而产生强烈的张力，但对它的记忆痕迹仍处于空白状态。这要求新闻报道在第一时间提供简明而又易为公众接受的信息和价值判断标准，以填补其记忆痕迹的空白，给公众以适当引导，为舆论的发展框定正确的方向，确保理想的传播效果。

（二）注重认知与环境中的多种因素

首因效应的社会性决定了影响它的因素并非只有信息的顺序。本文理论逻辑部分详细论述了自我和环境中不同组织结构对首因效应的动态影响，接下来以"4.23 鸡西东北虎伤人"的新闻为例进行具体说明。

2021 年 4 月 23 日，野生东北虎在进入我国黑龙江省鸡西市的一个农村后伤人，相关部门将其捕获并计划进行为期 45 天的隔离检疫观察。相关新闻报道第一时间发出，但有关是否需要隔离检疫的舆情开始迅速发酵。舆情认为即刻放归自然才是正确的做法，并认为相关部门不是站在单纯保护动物的角度做出的以上决定。此类新闻报道的初衷一般是体现当地政府对人民安全的负责和对野生动物积极救治的态度，但这条新闻的效果却与初衷相悖，新闻报道对首因效应的重视并未得到理想的舆论引导效果。这说明仅关注信息顺序无法完全把握受众在首因效应下产生的第一记忆痕迹。根据首因效应的社会性特点，受众的认知受自我和行为环境的影响。从行为环境的角度来看，随着经济和社会发展水平的提高，我国对野生动物的保护措施逐渐完善，社会规范和相关知识经验对公众产生了正向影响，新闻宣传效果显著。政府和媒体共同塑造了以"社会应保护野生动物"为认知的行为环境，公众也因行为环境的磁化功能对野生动物的保护意愿高涨（张馨予等，2021）。正是在这样的行为环境中，当公众发现当地政府做出了有违认知的行为时，第一反应是质疑和反对。因此，新闻报道者在注重新闻时效性的同时要根据行为环境的性质预判舆情的发展方向，在发现新闻事件有违行为环境中力的发展方向时要进行适当的舆论引导，以达到首因效应的理想效果。

在日益复杂的传播环境中，信息量爆发式增长、传播平台的普及化使社会上任何一条新闻都有可能吸引大众的目光，新闻量的增长也使同一主题下的新闻更多地出现在大众视野中，相关主题的新闻事件形成的信息场成为行为环境中的一部分，影响人的首因效应。鸡西东北虎伤人事件与云南大象北迁的系列报道就呈现了这样的特点。

东北虎伤人的舆情表明在受众心物场中产生了对政府救助行为的质疑痕迹，这一记忆痕迹在 2021 年 5 月底新闻报道关注云南大象北迁的消息时发挥了作用。2021 年 5 月 29 日，新闻报道称，来自西双版纳的 15 头野生亚洲象一路北迁，距离昆明城区已不到 100 公里，随即引发了大众关注，关注点主要集中在政府将采取何种方式对待临近市中心的大象、所采取的方式是否会伤害大象等问题上。此处的舆情之所以会集中在政府的应对措施是否科学合理，是因为从认知规律来看，最近出现的或被频繁激活的认知更可能出现在脑海里，被用来解释社会事件（阿伦森，2004/2007：90）。对于关注过此前东北虎伤人事件的受众来说，之前形成的记忆痕迹第一时间影响了对北迁大象的新闻认知，大众对野生动物能否被科学对待的关注超越了对大象北迁原因以及大象北迁对城市居民安危的考虑，这成为新闻受众在首因效应作用下对此新闻产生的主要认知。自我的组织过程显示，两个性质相近的物体之间容易产生相对较强的张力，张力联结后产生的新记忆痕迹会作为组织的阶段性结果对新的认知行为产生影响。由此可以看出，相关新闻形成的信息场同样是心物场中的一部分，某一时刻的信息要素将相关的信息场与认知通过强张力联系在一起，共同作用于个体的自我认知中。因此，新闻报道要注意相近主题内容的相互影响。

（三）发挥近因效应的积极作用

网络传播时代，社交媒体开放的传播结构、即时的传播速度和人际的强联系，导致事件在发展的过程中就已经呈现在了信息接收者的面前。公众态度的即时表达使新闻报道的议程设置功能被削弱，新闻报道和舆论引导对受众首因效应的把控力逐渐让位给了发展方向未知的事件。但心物场中自我和环境的互动过程表明，记忆痕迹与心物场是紧密相连的。它不仅在特定的时间结构中产生交流，同样也会作用于后面产生的记忆痕迹（考夫卡，1936/2010：430）。因此，积极调动近因效应产生记忆痕迹在网络传播时代尤为重要。对新闻事件进行最新状况的报道实际上也是在利用近因效应完成心物场中认知的更新。

北迁大象的新闻事件在后期就因近因效应产生了理想的传播效果。媒体通过着重对北迁大象的现场状况、专业救护队的工作情况以及专家学者的有关解读进行报道跟进，使受众产生了近因效应，舆情由担心大象安危转变为对政府处理方式的赞扬，舆论逐渐往有利于社会稳定的方向过渡。新闻对有关北迁大象最新处理方式的快速跟进实际上发挥了新闻"事实核查"（fact-checking）的功能，即新闻机构对新闻报道中不准确信息进行的系统性识别、修正工作（Chandler & Munday，2020：154）。事实核查最初在报道刊发前进行，但随着网络时代新闻生产方式的改变，事实核查在新闻发展过程中亦发挥了重要作用。此处它纠正的不是错误信息，而是与事实有偏差的认知。研究证明，事实核查会积极影响观念认知，这种影响包含巩固先前已有的观念，建立全新观念，或是改变部分观念（Walter et al.，2020）。这是传播行为对近因效应的发生提供的动力。在新媒体技术使信息快速广泛传播的今天，新闻报道的方式已由"完成时"转变为"进行时"，事件极易在还未完整发生的状态下就已被作为新闻进行报道。一旦因首因效应在大众心中建立了相关图式，后续的舆情把控工作就会面临困难，进而增加社会管理的成本。因此，新闻工作只重视首因效应已不能较好地适应当前的社会环境，近因效应对舆论引导工作同样重要。

当然，北迁大象事件的新闻报道之所以能在短时间内实现舆论的扭转，离不开行为环境的作用。若政府和新闻媒体没有在日常的行为环境建设中注入社会重视保护野生动物的认知，新闻的事实核查功能便无法轻易改变公众因首因效应产生的观念，后期的舆论扭转亦不会如此顺利。从这个角度来看，新闻传播利用首因效应和近因效应达到理想的传播效果不是短时间内即可实现的，需要长期在各个方面对心物场进行塑造和维护。

五　结语

本文根据格式塔的心物场理论，以自我、行为环境和传播三个层面分析了首因效应的认知规律，论证了首因效应的社会性。从社会性的角度来看，首因效应并非只是个体与信息之间简单的刺激－反应结果，其背后包含个体与社会群体、组织之间相互作用的一整套复杂逻辑，是在心物场中自我、行为环境和传播行为共同作用下形成的认知规律。在以大众传播为主的新闻报道和舆论引导当中，首因效应带来的传播效果是一个系统过程，需要兼顾个人认知、行为环境和传播环境的相互影响，媒体只有对整个舆论场做出系统把握，兼顾首因效应和近因效应的作用，才能适应信息极易碎片化的新传播环境，制定出科学有效的传播战略和策略。

本文的内容虽有涉及自我与认知环境的动态关联，但并未系统论述，在接下来的研究中，应该进一步加强心物场的动态性对首因效应的影响。此外，由传播者自我认知、传播媒介更新带来的行为环境变化对新闻传播过程中首因效应的影响同样值得关注。

参考文献

埃利奥特·阿伦森，2004/2007，《社会性动物（第九版）》，邢占军译，华东师范大学出版社。

胡小川，2016，《新媒体时代主流舆论引导社会舆论模式的构建》，《传媒》第5期。

库尔特·考夫卡，1936/2010，《格式塔心理学原理》，李维译，北京大学出版社。

沙莲香，2011，《社会心理学（第三版）》，中国人民大学出版社。

苏珊·菲斯克、谢利·泰勒，2013/2020，《社会认知：从大脑到文化（第二版）》，周晓林、胡捷、杜伟等译，人民邮电出版社。

赵丹，2010，《网络舆论危机与"六种效应"化解》，《中州学刊》第5期。

赵之泓，2017，《"互联网+"背景下媒体人应具有的四种思维》，《新闻与写作》第 6 期。

詹姆斯·凯瑞，2009/2020，《作为文化的传播（修订版）》，丁未译，中国人民大学出版社。

张馨予、胡宇轩、张忠义、傅钰涵、谢屹，2021，《中国公众的国际野生动物保护意愿调查：以非洲象为例》，《生物多样性》第 10 期。

Asch, S. E. (1946). Forming Impressions of Personality. *Journal of Abnormal and Social Psychology*, 41, 258 – 90.

Bieri, J. (1955). Cognitive Complexity – Simplicity and Predictive Behavior. *The Journal of Abnormal and Social Psychology*, 51 (2), 263.

Bondi, C. O., Klitsch, K. C., Leary, J. B. & Kline, A. E. (2014). Environmental Enrichment as a Viable Neurorehabilitation Strategy for Experimental Traumatic Brain Injury. *Journal of neurotrauma*, 31 (10), 873 – 888.

Bronfenbrenner, U. (1977). Lewinian Space and Ecological Substance. *Journal of Social Issues*, 33, 199 – 212.

Brunel, F. F. & Nelson, M. R. (2003). Message Order Effects and Gender Differences in Advertising Persuasion. *Journal of Advertising Research*, 43 (3), 330 – 341.

Chandler, D. & Munday, R. (2020). *A dictionary of Media and Communication*. UK：Oxford University Press.

Cooley, C. H. (1902). *Human Nature and the Social Order*. New York, NY：Charles Scribners Sons.

Diamond, M. C., Law, F. A. Y., Rhodes, H., Lindner, B., Rosenzweig, M. R., Krech, D. & Bennett, E. L. (1966). Increases in Cortical Depth and Glia Numbers in Rats Subjected to Enriched Environment. *Journal of Comparative Neurology*, 128 (1), 117 – 125.

Haugtvedt, C. P. & Wegener, D. T. (1994). Message Order Effects in Persuasion：An Attitude Strength Perspective. *Journal of Consumer Research*, 21 (1), 205 – 218.

Hennessy, D. A., Jakubowski, R. D. & Leo, B. (2016). The Impact of Primacy/Recency Effects and Hazard Monitoring on Attributions of Other Drivers. *Transportation research part F：traffic psychology and behaviour*, 39, 43 – 53.

Holbert, R. L., Lambe, J. L., Dudo, A. D. & Carlton, K. A. (2007). Primacy Effects of the Daily Show and National TV News Viewing：Young Viewers, Political Gratifications, and Internal Political Self – Efficacy. *Journal of Broadcasting & Electronic Media*, 51 (1), 20 – 38.

Hovland, C. I. (1957). *The Order of Presentation in Persuasion*. New Haven, CT：Yale University Press.

Koffka. K. (1935). *Principles of Gestalt Psychology*. New York, NY：Harcourt, Brace & World.

Kohler, W. (1976). *The Place of Value in a World of Facts*. New York, NY：Liveright.

Lana, R. E. (1961). Familiarity and the Order of Presentation of Persuasive Communications. *The Journal of Abnormal and Social Psychology*, 62 (3), 573.

Lewin, K. (1951). *Field Theory in Social Science: Selected Theoretical Papers (Edited by Dorwin Cartwright.)*. New York, NY: Harper.

Lippmann, W. (1956). *Public Opinion.* New York, NY: Macmillan.

Luchins, A. S. (1945). Social Influences on Perception of Complex Drawings. *The Journal of Social Psychology*, 21 (2), 257 – 273.

Luchins, A. S. (1948). Forming Impressions of Personality: A Critique. *The Journal of Abnormal and Social Psychology*, 43 (3), 318 – 325.

Luchins, A. S. (1957). Primacy-recency in Impression Formation. *The order of presentation in persuasion*, 1, 33 – 61.

Luchins, A. S. (1958). Definitiveness of Impression and Primacy – Recency in Communications. *The Journal of Social Psychology*, 48 (2), 275 – 290.

Luchins, A. S. & Luchins, E. H. (1962). Primacy – recency in Communications Reflecting Attitudes Toward Segregation. *The Journal of Social Psychology*, 58 (2), 357 – 369.

Luchins, A. S. & Luchins, E. H. (1986). Primacy and Recency Effects With Descriptions of Moral and Immoral Behavior. *The Journal of General Psychology*, 113 (2), 159 – 177.

Mayo, C. W. & Crockett, W. H. (1964). Cognitive Complexity and Primacy – Recency Effects in Impression Formation. *The Journal of Abnormal and Social Psychology*, 68 (3), 335.

McQuail, D. & Windahl, S. (1993). *Communication Models for the Study of Mass Communications, Second Edition.* Essex, UK: Pearson Education Limited.

Ostrom, T. M. (1977). Between – Theory and Within – Theory Conflict in Explaining Context Effects in Impression Formation. *Journal of Experimental Social Psychology*, 13 (5), 492 – 503.

Walter, N., Cohen, J., Holbert, R. L. & Morag, Y. (2020). Fact-checking: A Meta-analysis of What Works and for Whom. *Political Communication*, 37 (3), 350 – 375.

《中国社会心理学评论》 第 22 辑
第 42～65 页
© SSAP，2022

媒介环境学视域下移动互联网用户 APP 使用行为研究

丁 迈 罗 佳*

摘 要：在移动互联网环境下，用户的媒介使用正在发生深刻变革。本文立足移动互联网发展实践，以媒介环境学为理论依据，通过对固定样组行为数据的深入挖掘与分析，探索移动互联网用户 APP 使用行为现状，并试图揭示移动互联网新媒介对用户使用行为的影响。研究发现，移动互联网用户 APP 使用行为整体上呈现泛在化、个人化、互动化、部落化等特征。同时，不同类型用户因个体属性、生活形态不同，对移动互联网的使用各有侧重，如个性化、从众性、娱乐性、情感性、实用性方面差异显著。一方面，移动互联网塑造的新时空平衡了"时间偏向"和"空间偏向"，改变了人们社会空间和场景的感知，从而促使社会与个人日常生活方式、媒介使用习惯发生转变。另一方面，随着移动互联网功能的全面化，它给人们带来感官功能的统合和丰富，并逐渐与人走向融合。本文希望进一步促进人们对移动互联网用户 APP 使用行为的理解，同时为媒介环境学在新媒介环境下的拓展提供一定参考。

关键词：媒介环境学 移动互联网 APP 使用行为

一 引言

当前，移动互联网媒介重构了新的传播生态，并成为人们传递信息、

---

* 丁迈，中国广视索福瑞媒介研究（CSM）总经理，中国传媒大学教授、博士生导师，通讯作者，E - mail: dingmai@ csm. com. cn；罗佳，中国广视索福瑞媒介研究（CSM）研究员。

沟通交流的重要渠道。CNNIC 第 48 次《中国互联网络发展状况统计报告》数据显示，截至 2021 年 6 月，我国网民规模为 10.11 亿，其中手机网民规模为 10.07 亿，使用手机上网的比例达 99.6%。[①] 那么，移动互联网的普及，对用户使用行为产生了什么影响？用户使用行为呈现哪些特点？不同用户群体有哪些差异？本文从媒介环境学视角出发，分析移动互联网用户 APP 使用行为，以期为媒介环境学在移动互联网时代的丰富和发展提供参考。

（一）移动互联网使用

媒介使用（media use）主要考察的是"受众如何利用媒介以及他们为何使用固定的媒介内容"（Bilandzic & Krotz，2006），与之相近的概念包括"媒介接触"（media exposure）、媒介选择（media selectivity）。在媒介使用研究中，"use"基本等同于"exposure"（Sun & Guo，2013）。

当前，移动互联网使用相关研究的核心议题是用户画像、用户使用频次、时长、形式以及内容等（Boase & Ling，2013）。如张洪忠发现，相较于报纸与电视，移动互联网用户群更年轻、收入和学历更高、偏向男性；用户使用移动互联网的时间直接影响着看报纸和看电视的时间（张洪忠，2013）。在这些研究中，大部分学者考察特定用户群的移动互联网使用情况，其中青年（宫承波等，2011；陈思达、尹杭，2020）、老年人（张冲，2016；邢泽琪、罗慧，2020）、留守儿童（李广庆等，2016；王俊男、张志，2019）、农民（张秋枫，2017；刘晓倩，2019）等群体是关注重点。

虽然关于移动互联网使用的研究视角很丰富，但目前的研究仍存在一些不足：第一，多数研究对单一类型的互联网应用或某一细分群体用户进行考察，不能揭示移动互联网用户使用行为的全貌；第二，多数研究基于使用与满足理论展开，移动互联网用户使用行为背后，媒介环境对人的影响等问题尚需进一步探讨；第三，多数研究仅是对移动互联网使用时段、时长的描述性分析，对数据关联做进一步挖掘和延伸的很少。

有鉴于此，本文立足移动互联全网用户，通过对固定样组行为数据的深入挖掘与分析，运用媒介环境学理论，不仅分析移动互联网用户的使用行为特点，而且试图探究移动互联网作为环境对用户产生的影响。

---

① 参见 http://www.cnnic.net.cn。

（二）移动互联网用户使用行为数据

目前，有关移动互联网用户使用行为研究的数据来源主要有两个方面。第一，问卷调查。喻国明在全国居民媒介使用调研中选取头部 49 个 APP 进行问卷调查，分析了 APP 的使用频率、使用时长等（喻国明、杨颖兮，2020）。虽然调查问卷获取的数据更灵活、更具针对性，但样本记忆失真或不完整可能导致数据偏差。第二，特定移动平台的后台及页面外显数据。董正浩在移动互联网使用行为研究中使用了百度、网易、腾讯新闻客户端新闻点击量数据（董正浩，2015）。这类数据真实记录了用户行为轨迹，但各家平台计算规则、指标不统一。此外，互联网平台或外显数据通常是设备数据，无法完全等价于用户使用行为。

本文数据来源于中国广视索福瑞（CSM）研发的全媒体视听同源测量体系。自 2020 年 7 月起，CSM 逐步构建覆盖全国的全媒体视听同源测量调查网，并对测量技术、抽样方案、质量管理等方面进行多轮论证。

移动互联网用户使用数据作为全媒体同源测量数据的核心构成，打通了终端、机构平台、用户、内容整个产业价值链，并从宏观、中观到微观各个层面多维展现这四者之间的交互关系，不仅能助力平台优化升级，赋能行业发展，而且能为移动互联网媒介研究及新时代受众研究提供鲜活的数据支撑和多元研究纬度，具体表现在以下几个方面。

第一，区别于一般的互联网"端"数据，该数据还原了用户主体地位，对"真实的人"进行测量，形成了对用户精准画像和行为数据的长期追踪，为深挖用户价值、用户精细化运营提供数据参考。

第二，该数据体系每天 24 小时不间断监测记录移动互联网用户的媒介接触行为，呈现用户全天候、多场景、流动态的移动互联网使用全景，为移动互联网时代受众研究提供了准确、专业、鲜活的数据。

第三，该数据体系统一标准，破除了融媒数据来源分散、标准不一等痛点问题，实现跨平台数据的共融互通，为洞察移动互联网市场变化及传播规律、把脉行业发展趋势提供抓手。

（三）媒介环境学与移动互联网使用

媒介研究需要寻求一种认识框架来界定人与人之间、人与传媒之间的关系，而媒介环境学（media ecology）正是这种认识框架的重要提供者（陈力丹、史一棋，2014）。

媒介环境学即"媒介作为环境的研究"（Postman & Weingartner,

1971）。区别于经验学派和批判学派，媒介环境学将媒介自身作为研究对象，研究传播技术及其所建构的媒介环境对社会的作用。经过格迪斯、芒福德等奠基人，伊尼斯、麦克卢汉等第一代代表人物，波兹曼等第二代代表人物，梅洛维茨、莱文森等第三代代表人物的学术实践，媒介环境学已经形成完整的理论体系。其核心命题有三个：第一，媒介是一种传播信息的符号，它不是中性的，媒介的物质属性结构和符号形式具有规定性的作用；第二，媒介是一种感知符号，媒介独特的物质特征和符号特征都带有偏向；第三，媒介是一种社会环境，媒介技术的进步往往会对人类自身、社会和文化造成不同程度的影响（林文刚，2007）。

其中，媒介偏向论是媒介环境学的核心骨架（李子路，2011）。植根于传统媒介环境，英尼斯的媒介时空偏向论认为所有媒介都有时间或空间上的偏向，笨重耐久、不适运输的媒介偏向时间，有利于知识在时间上的纵向传播；轻巧而便于运输的媒介偏向空间，适合知识在空间中的横向传播，不同媒介给其所承载的文化和置身其中的人制造了特定偏向（Innis，1951）。

麦克卢汉进一步提出媒介具有感官偏向，提出一切媒介都是人的延伸，口语传播是听觉、触觉型偏向的，文字及印刷术是视觉型偏向的，电子媒介以延伸中枢神经系统的方式重建了感官均衡。它们对人及其环境都产生了深刻而持久的影响，这样的延伸是器官、感官或功能的强大和放大（McLuhan，1964）。

国内关于媒介偏向论的研究始于 2000 年以后（谢振宇、马虹，2016）。随着媒介形态的不断演进及移动互联网的飞速发展，媒介环境学及媒介偏向论也在不断更新。学者们开始关注网络媒介、新媒体或移动互联网的偏向性。

在时空偏向上，目前主流的观点如下。第一，网络新媒介偏向空间性。梅罗维茨在《消失的地域》一书的结尾强调了计算机和新技术对社会地点和物质地点关系的破坏，与"地球村"理论有着异曲同工之妙（Meyrowitz，1985）。莱文森在其著作中提到了新媒体在空间传播的广泛性以及对未来社会的影响。兰斯·斯特雷特则指出，电子监控、数据收集和储存以一种时间连接的新方式为我们提供了一种平衡西方社会空间偏向的可能性（转引自谢振宇、马虹，2016）。宋丽敏认为网络媒介具有比时间偏向更明显的空间偏向特征（宋丽敏，2008）。第二，网络新媒介既具有时间性，也具有空间性。鲍立泉将当下的各种新媒体看作媒介群，提出新媒介群实现了对传统电子媒介空间偏向性的时间平衡补救（鲍立泉，2013）。

彭丽琴探究了新媒体的媒介偏向，认为新媒体的时间偏向和空间偏向是相互联系、相互转化的统一体（彭丽琴，2014）。第三，网络新媒介不存在时空偏向，即新媒体的时间和空间偏向是彼此消解的，网络媒体并不真正存在时空偏向（韩亚，2006）。

在感官偏向上，目前主要的观点有如下几个方面。第一，新媒介是大脑的延伸。莱文森（2011）提出新媒介成为身体与大脑的延伸。第二，新媒介是人感官的全面延伸。陈海军等（2021）认为，互联网媒介的普及意味着人类感官的全面性和综合性延伸。第三，人与新媒介合一。马克·波斯特认为互联网彻底颠覆了传统自律的、稳定的、中心化的主体，形塑了新型的数字主体（Poster，2006）。彭兰指出，未来的移动互联网成为"人－物"合一的新时空，这个空间不仅是人与人的互联，还包含人与物、物与物、人与环境、物与环境等各种方式的互联与互动（彭兰，2017）。第四，新媒介是对人体的异化和占领。郑颖雪认为媒介是对人体的占领，指出信息时代的媒介异化、信息异化改变了人的思维方式、行为习惯、社会生活（郑颖雪，2013）。

在原有理论框架和以上学术实践基础上，本文试图依据移动互联网用户 APP 使用行为数据，重点结合媒介环境学中的媒介偏向论，探讨移动互联网新媒介环境与用户使用之间的双向互动关系。作者希望通过一手调查数据进一步丰富在当前移动互联网新语境下人们对媒介环境学的理解，帮助人们在媒介环境学相关理论指导下更好地认识移动互联网用户使用新秩序。

二　研究方法

（一）固定样组数据采集与抽样设计

本文主要采用固定样组机器调查法。CSM 全媒体视听同源测量是一项连续性、全国性的大型调查项目。样本总量 15000 人，覆盖过去半年内使用过互联网的 15 岁及以上，符合国家统计局常住人口口径的人口（不包括现役军人、集体户口及无固定场所的人口）。抽样采用严格的概率抽样，即分层多阶段概率与规模成比例（PPS）随机抽样方法，充分考虑了全国及不同地域的差异。调查主要依照地理区域人口规模以及社会经济发展水平进行分层。调查样本量的确定是以简单随机抽样估计比例 p 的样本量为基础的。对于人口规模在 5000 万以上的大省，要求在 95% 的置信度下保证绝对误差不高于 4%，各层需要抽取的保守样本量如下。

$$n_0 = \frac{u_\alpha^2 p(1-p)}{d^2} = 600$$

d 为抽样绝对误差取 0.04，在置信度为 0.95 时为 1.96，最大取 0.25。

对于省、自治区、市，要求在 95% 的置信度下保证绝对误差不高于 4.47%，各层需要抽取的保守样本量如下。

$$n_0 = \frac{u_\alpha^2 p(1-p)}{d^2} = 480$$

d 为抽样绝对误差取 0.0447，u_α 在置信度为 0.95 时为 1.96，$p(1-p)$ 最大取 0.25。

数据采集上，调查针对固定样组采用移动测量仪的方式，每天 24 小时不间断记录用户的移动互联网接触行为、习惯和动向。为此，CSM 全媒体视听同源测量作为一项基于严格概率抽样的连续性调查，数据具有高度的稳定性和连续性。此外，调查采用机器调查，客观、持续地记录用户的移动互联网使用行为数据，具有高度准确性和真实性。

（二）数据分析思路

本文主要基于调查数据，进行描述性分析和探索性分析。首先，运用定量描述性统计分析方法，对各类 APP 的到达率、占屏时长等变量进行基础统计和描述性分析，总结提取用户移动互联网使用行为特点。其次，在分析用户 APP 使用行为的总体特征的基础上，本文将社会网络分析作为工具，对 APP 进行类型细分。APP 作为移动互联网的具体形态，承载了用户大量的生活轨迹、社会互动等信息。用户对 APP 的使用不是孤立的，它具有关联性、系统性，而这种关联性可以反映用户的心理需求和审美趣味。那么，哪些 APP 在用户使用层面存在密切关联？不同的用户对 APP 的使用有什么区别？社会网络分析能够将不同的 APP 相联系，加深我们对 APP 结构及用户使用规律的理解。基于上述考虑，本文借鉴社会网络分析方法，揭示 APP 之间实际存在的或者潜在的关系。

第一，基于 APP 的月到达用户规模和占屏时长筛选出具有一定代表性、区分度的 APP。月到达用户规模是特定时段内 APP 的使用总人数，反映了 APP 的用户覆盖；占屏时长是特定时段内特定 APP 在前台运行亮屏的时长，反映了 APP 的用户黏性。经过数据整理，两个指标排序后均呈现幂律分布，这使得应用基于方差和标准差的统计失效。

第二，为减少占屏时长、月到达率规模两个指标量纲的影响，对两个指标取对数进行标准化处理后，即对序列中的值取以 10 为底的 log 函数进行转换，并除以 log10（max），max 为样本数据最大值。经过标准化处理后，数据落到 [0，1] 区间，且幂律分布转换为近似线性分布。

$$y_{d_{\underline{n}}} = \frac{\log10(x_{d_{\underline{n}}})}{\log10(x_{d\max})} \quad y_{s_{\underline{n}}} = \frac{\log10(x_{s_{\underline{n}}})}{\log10(x_{s\max})}$$

其中，$y_{d_{\underline{n}}}$ 为标准化后的占屏时长，$y_{s_{\underline{n}}}$ 为标准化后的月到达规模。

第三，为了使 APP 具有一定的人群区分度，即 APP 的使用不能过于普及，也不能太小众，我们对 $y_{d_{\underline{n}}}$、$y_{s_{\underline{n}}}$ 计算平均值后进行排序，求出该数列的四分位点，取出处于 25% 和 75% 之间的值。这些 APP 有一定的流量和黏性，同时又具有一定的人群区分度。

第四，参考 APP 类型分布，在社交类、视听类、新闻类、电商类、教育类、游戏小说类等常用 APP 中筛选出 45 个 APP，反映 APP 之间的共现性。不同 APP 相互联系、两两共现，形成一个共现网络。APP 共用人数越高，联系就越紧密，相关系数也就越大。

第五，利用工具 Ucinet 对 APP 之间的共现矩阵进行社会网络分析。常用的社会网络分析工具包括 Ucinet 和 Gephi，Ucinet 更适用于对多重关系的数据处理，而 Gephi 更侧重于网络图的编辑和处理。因此，本文选用 Ucinet 进行分析。凝聚子群的分析与探究是社会网络分析工具的重要功能之一，关注网络中的"子结构"（substructure）。当网络中部分节点之间的关系比较紧密，结合成一个子集时，这样的团体被称为凝聚子群。在同一子群中的节点具有相对较强且紧密的关系。

Ucinet 提供诸多凝聚子群的计算方法，如派系（Cliques）分析，即至少包含 3 个点的最大完备子图；n - 派系（n - Cliques）分析，即在子图中，任何两点之间在总图中的距离（捷径的长度）最大不超过 n；K - 核，即在一个子群中，每个点都至少与除了 K 个点之外的其他点直接相连。而分派（Factions）不仅可以看出子群内部组成及联系程度，还能分析出子群内部与子群间的交流密度，是最常用的分析方法之一。此外，分派分析可指定分派数量，每一个分派数量对应一个 Fitness。随着分派数量的增多，Fitness 值呈现衰减趋势；当 Fitness 出现转折时，转折前的数量即为最适合的分派数量。

本文利用 Factions 功能对网络进行凝聚子群分析。针对分派数量进行了逐一尝试，根据 Fitness 值分布（见表 1），将 45 个 APP 分为 7 类。

表 1　不同分派数量 Fitness 值分布

分派数量	Fitness 值
4	491
5	341
6	285
7	254
8	311

　　以至少 3 个节点为标准，剔除 2 个不符合标准的 APP（华尔街见闻、第一财经），最终得出 43 个 APP 的共用关系图谱。

表 2　APP 特征分类及描述

特征分类	移动应用名称	特征描述[①]
新锐应用类	哔哩哔哩 芒果 TV 人人视频 抖音 微博 Soul 网易云音乐 荔枝 Keep 得物（毒）	内容、风格、用户相对年轻化的 APP。哔哩哔哩、芒果 TV、人人视频是视频类 APP 中，Z 世代相对活跃的平台；抖音以潮流酷炫的短视频为主要特色，深受年轻人青睐；微博、Soul 是年轻人聚集的社区/社交类 APP；网易云音乐、荔枝是年轻人较多的音频类平台；Keep 是健身类平台，得物是时尚电商平台，年轻化特征显著。
次元游戏类	王者荣耀 百变大侦探 剧本杀 猫耳 FM 快看漫画 动漫之家社区	以二次元动漫、游戏为主要内容的 APP。王者荣耀、剧本杀、百变大侦探都是游戏类 APP，猫耳 FM、快看漫画、动漫之家社区都是动漫类 APP。
购物消费类	京东 小红书 考拉海购 寺库奢侈品	定位中高端人群的电商购物平台。小红书是主打护肤、美妆和时尚内容的电商平台，城市白领用户较多；京东致力于品质电商；考拉海购、寺库奢侈品以跨境、奢侈品商品为主要特色。

续表

特征分类	移动应用名称	特征描述
学习成长类	当当	面向成年用户，以阅读、书籍、知识、严肃媒体为主要内容，促进自我学习和成长的APP。当当是图书电商，樊登读书主打图书讲解，新华网、央视新闻、《人民日报》都是权威主流媒体平台，主要提供严肃新闻和知识服务等。
	樊登读书	
	新华网	
	央视新闻	
	《人民日报》	
免费下沉类	西瓜免费小说	走低价或免费路线，低线城市下沉用户相对较突出的大众型APP。西瓜免费小说、必看免费小说等是免费阅读类平台，淘宝特价版是淘宝为下沉市场开发的版本，快手、今日头条是视频类、资讯类APP中，业界公认下沉用户相对较多的APP。
	必看免费小说	
	得间免费小说	
	阅友免费小说	
	淘宝特价版	
	今日头条	
	快手	
返利获益类	趣头条	通过给予用户返利和补贴，引导消费的APP。趣头条是以返利补贴为主要运营手段的信息流平台；喜马拉雅、快手等平台推出极速版，这些极速版通过现金激励，引导用户邀请好友、每日签到、观看内容等。
	惠头条	
	喜马拉雅极速版	
	快手极速版	
	今日头条极速版	
	抖音极速版	
	映客直播极速版	
	全民K歌极速版	
育儿亲子类	儿歌多多	以幼儿及家长为目标用户，以育儿、亲子教育为主的APP。
	凯叔讲故事	
	宝宝巴士儿歌	

注：①特征描述解释了APP分类及命名的原因；②数据来源于中国广视索福瑞媒介研究（CSM）全媒体视听同源测量数据。

最后，本文将小团体分析得到的7个因子作为新变量，对用户数据进行K-Means聚类。K-Means聚类是一种迭代求解的聚类分析算法。该算法预先设定聚类数目K，将包含用户数据的集合按照特定的标准划分为K类，类内样本的相似度较高，类间相似度较低。该方法具有收敛速度快、易于实现等优点。K-Means聚类算法步骤为：从给定数据集 $Y = \{y_1, y_2, \cdots y_s\}$ 中随机选取K个样本作为初始质心；计算每个样本到K个质心的欧氏距离，并将其划分到最小欧氏距离所对应的类中；计算每类中数据均值，并将其作为新质心；重复以上步骤，直到新的聚类中心到旧的聚类中心的距离小于某个阈值，或达到迭代次数上限。为了比较不同聚类结果，我们将误差平方和（SSE, sum of the squared error）作为度量聚类质量的目标函数，并选取误差平方和最小的聚类结果作为最终聚类。

$$SSE = \sum_{k=1}^{k} (\sum_{y_i \in I_y^k} \| y_i - C_K \|^2)$$

其中，$\| y_i - C_K \|^2$ 表示数据样本 y_i 与质心 C_k 之间的欧氏距离，I_y^k 表示第 K 类的数据集合。当 K 小于真实聚类数时，随着 K 增大，SSE 下降幅度较大；但当 K 到达真实聚类数时，随着 K 增大，SSE 的下降幅度会趋于平缓。根据以上方法，本研究最佳聚类数为 6。

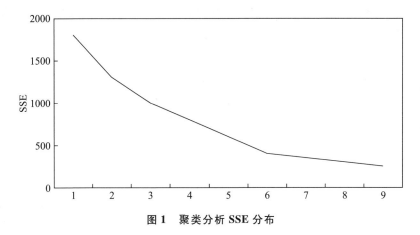

图 1　聚类分析 SSE 分布

每类人群数量占比如表 3 所示。

表 3　六类人群数量占比

单位：%

人群分类	人群占比
1	38.9
2	18.4
3	14.3
4	9.8
5	9.6
6	9.0

数据来源：中国广视索福瑞媒介研究（CSM），在媒体视听同源测量数据。（以下数据来源同此）

三　研究发现

"媒介即讯息",移动互联网通过日常生活的深入渗透,带来用户媒介使用行为的系统性变革,从而推动了社会行为、社会关系与社会心理的变迁。

(一) 用户 APP 使用行为特点

1. 泛在化:全时间、全空间媒介接触与使用

移动互联网时代,随着社会与个人日常生活方式的转变,媒介使用时间不断被分散,用户在特定时间消费特定内容的习惯已经改变。统一化、标准化的收看行为越来越少见,"瞬间"已经取代"时段"成为常用的计量单位。"黄金时段"被无限分割,全时间、全空间媒介接触成为"标配"。以 2021 年 8 月数据为例,电视大屏收视高峰集中在午间 11 ~ 13 时、晚间 20 ~ 22 时;而相比之下,移动应用使用时间相对均衡,从早 7 时至晚 23 时都保持在较高水平。

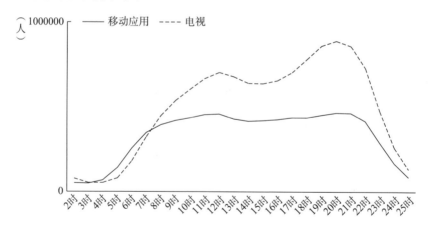

图 2　2021 年 8 月移动应用和电视大屏到达率全天分时走势

2. 个性化:信息获取"千人千面"

移动互联网与广播电视等传统媒介相比,最大的特点在于个性化、私人化。这集中表现在每个个体用户在使用 APP 时,通过算法、订阅等功能实现了"量身定制"。传统媒体大众化、标准化的信息服务模式逐渐向个性化信息连接模式转变。CSM 全媒体视听同源测量数据显示,以个性化信息推荐为主要特色的今日头条及其极速版,占屏时长在新闻资讯类移动应

用中稳居前两位，合计占比为 82.6%。在信息爆炸、信息超载的时代，个性化算法实现了海量信息、场景、传受双方间的精准化适配，同时激活了大众传播时代被忽略的"长尾市场"，形成了典型的个人化媒介。

表 4　2021 年 8 月视听类 APP 占屏时长 TOP 3

单位：%

排名	移动应用名称	占屏时长在新闻资讯类 APP 中的占比
1	今日头条极速版	46.2
2	今日头条	36.4
3	腾讯新闻	9.3

3. 互动性："表演"与"观看"双向转化

新的媒介形态推动着个人角色的转变。从报纸、杂志到广播电视等传统媒体，都具有鲜明的"媒介中心性"特征，用户依赖专业化的、公共性的媒体机构获取信息。而移动互联网降低了信息生产门槛，启发了普通用户自主参与的意识，打破了专业媒介机构在信息生产过程中的垄断局面，形成了新的传播秩序，为人们提供更多释放个性、展现自我的空间。用户不再只是信息的接收者，同时是信息的生产者和传播主体。传统单向度的信息传播模式向双向互动的传播模式转变。CSM 全媒体视听同源测量数据显示，在视听类移动应用占屏时长前 5 中，以 UGC 内容为特色的短视频平台占据四席，而以 PGC 为主的长视频平台仅有腾讯视频一家。随着大众自我表达的价值需求逐渐被释放，UGC 内容的盛行成为当下信息传播的新景观。用户由过去大众传媒主导的信息传播的被动接受者转变为主动的信息生产者，蕴含在个人身上的种种价值因子能量正在被激活。

表 5　2021 年 8 月视听类 APP 占屏时长 TOP 5

单位：%

排名	移动应用名称	占屏时长在新闻资讯类 APP 中的占比
1	抖音	30.5
2	快手极速版	20.1
3	抖音极速版	17.7
4	快手	13.3
5	腾讯视频	2.4

4. 部落化：虚拟社交建立多元共同体

移动社交应用融入日常生活，构成移动互联网时代的"基础设施"。

CSM 全媒体视听同源测量数据显示，社交通讯类 APP 占屏时长位居所有类型之首，占比为 26.0%。

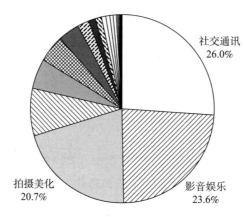

图 3　2021 年 8 月不同类型 APP 占屏时长占比

　　移动互联网媒介重塑了人类交往和行动的规模和形式，促使社会交往关系得以全新建构。而在此过程中，移动应用是不可或缺的工具和载体。人们通过多种多样的移动应用，逐渐凝聚成新的交往共同体。2021 年 8 月，在社交通讯类移动应用中，微信的占屏时长占比超过 80%，断层领跑；其次是微博、QQ。此外，主打陌生人社交的陌陌、兴趣社交的 LOFT-ER 等垂直社交平台作为新锐势力崛起。与此同时，还有 Soul、探探等新型社交应用不断涌现。通过这些应用，人与人之间的交流跨越了传统的区域、群体和阶层。原有的社会边界和人际交往模式被打破，血缘、地缘和业缘关系不再是社会交往所仰赖的全部基础，共同的兴趣、共同的话题等都可能成为建立网络联结或现实联系的纽带。

表 6　2021 年 8 月移动社交类 APP 占屏时长 TOP 3

单位：%

排名	移动应用名称	占屏时长在社交通讯类 APP 中的占比
1	微信	87
2	QQ	9
3	微博	1

（二）不同用户 APP 使用行为特点

　　移动互联网的兴起，为人类提供了更具想象力的连接逻辑，催生了超越空间限制的新族群，并产生了差异化的选择和使用行为。根据各类型用户 APP 使用的习惯差异，我们将聚类分析出的六类人群分别命名为潮流引领型、御宅玩家型、精明实用型、现实老铁型、宝爸宝妈型、随性大众型。①

1. 潮流引领型用户：个性化、互动性使用

潮流引领型用户是各类人群中最积极、最有生气的力量，是流行引领者和制造者。其中，15~24 岁的新青年是主体，占比为 40%。性别上，女性占比更高（58.8%）。作为互联网的原住民，这类人群对移动互联网的卷入度和其活跃度更高，占屏时长和使用频次在六类人群中均位列第一。

在消费上，潮流引领型注重生活品质，个性化、高品质的需求突出，购物更常用京东、小红书、得物（毒），同时热衷于海淘，寺库奢侈品、考拉海购等跨境电商，并且使用率显著高于其他人群。

潮流引领型用户具有高成长性，注重自我提升。相比于其他用户，他们的受教育程度最高，大学及以上的用户占比近 40%，TGI 指数②高达 132。这部分用户有较高的学习主动性，对樊登读书、当当等学习提升类应用有更高的偏好。

在日常娱乐和信息获取上，潮流引领型用户追求好玩、有趣、有个性，其视听应用使用总体呈现四个显著特点。第一，玩看并重，更热衷个性化社区，如潮流引领型用户更喜欢哔哩哔哩网站和网易云音乐。哔哩哔哩网站以文化娱乐社区和视频分享创作平台为定位，满足用户使用过程中表达、社交和娱乐的多重需求。网易云音乐则以歌单、乐评为特色，形成了音乐社区。用户在使用这些社区化应用中，随着时间和情感的投入，逐渐产生群体认同感与归属感。第二，更青睐强互动性、参与感的移动应用。一方面，潮流引领型用户拥有较强的互动、交流、表达、分享的意愿，如弹幕作为一种即时互动方式，引发了观众共鸣，成为哔哩哔哩网站吸引用户的一大特色。另一方面，潮流引领型用户更强调自我表达，微博、抖音等开放性、交互性平台为他们提供了更广阔的自我展示空间，因而这类应用受到了他们的青睐。第三，具有独特性内容的平台更容易在这类群人中被广泛使用。如主打海外视频内容社区的人人视频和拥有大量独

---

① 潮流引领型、御宅玩家型、精明实用型、现实老铁型、宝爸宝妈型、随性大众型分别对应于表 3 中的 1 类、2 类、3 类、4 类、5 类、6 类。

② TGI 指数表明不同特征用户关注问题的差异情况，其中 TGI 指数等于 100 表示平均水平，高于 100 表示该类用户对某类问题的关注程度高于整体水平。

家原创综艺、剧集的芒果 TV 受到潮流引领型用户的追捧。第四，二次元游戏类应用。潮流引领型用户作为年轻一代，对动漫游戏等二次元文化具有更高的接受度和认同度。在移动应用的使用上，他们对王者荣耀、快看漫画、猫耳 FM、动漫之家社区的认同度更高，TGI 指数超过 100。

表 7　潮流引领型用户对各类 APP 使用行为的 TGI 指数

人群分类	TGI 指数
购物消费类	413.9
学习成长类	277.5
新锐应用类	185.7
次元游戏类	160.6
免费下沉类	- 3.9
育儿亲子类	- 27.6
返利获益类	- 36.9

2. 御宅玩家型用户：娱乐性、趣味性使用

御宅族是动漫、游戏的深度爱好者。在移动应用的使用上，御宅玩家型用户比潮流引领型用户，呈现更明显的虚拟性、娱乐性和新奇性。

首先，二次元 APP 是御宅玩家型用户最重要的日常娱乐选择。他们对王者荣耀、快看漫画、猫耳 FM、动漫之家社区等 APP 的使用率明显高于其他用户。这部分用户以男性居多（60%），15~24 岁的用户是主力人群（44.1%）。这部分用户是被移动互联网、手游、动漫等伴随着成长起来的，二次元文化在他们的生活中占据重要位置。他们在动漫、游戏等虚拟世界里摆脱现实社会角色，把自身价值投射到动漫人物和虚拟人物身上，释放和宣泄压力，寻求自我实现和心理归属。

其次，新娱乐模式不断涌现，而年轻人对新鲜事物更为敏感和好奇，乐于接受各种不断翻新的娱乐方式。剧本杀、密室逃脱正在成为年轻人休闲娱乐的方式之一。以年轻人为主的御宅玩家型用户对百变大侦探、剧本杀等 APP 的使用率远高于其他群体。这些 APP 提供线上社交推理、剧情扮演、在线音频通话等相关服务，以趣味性、故事性、社交性等优势成为御宅玩家型用户日常娱乐的新潮流。

此外，御宅玩家型用户与潮流引领型用户都是以 Z 世代年轻人为主，他们对新锐应用类和学习成长类的需求也较高。

表 8　御宅玩家型用户对各类 APP 使用行为的 TGI 指数

人群分类	TGI 指数
次元游戏类	533.4
新锐应用类	74.0
继续成长类	32.7
免费下沉类	−13.7
返利获益类	−46.1
购物消费类	−50.4
育儿亲子类	−100.0

3. 精明实用型用户：价值感、实惠性使用

精明实用型用户最主要的特点是在 APP 使用过程中获取利益。返利优惠的 APP 是他们的最优选。

精明实用型用户以大龄群体、中低学历用户为主。35 岁及以上用户占比为 70%，初中学历用户占比为 50%，受教育程度相对较低。在手机使用上，这部分用户缺乏内存清理、应用卸载、手机优化等技能，经常受困于空间不足、手机卡顿等问题，同时对流量套餐的具体收费方式不清楚，使用流量时十分谨慎，不愿主动下载应用。在消费上，精明实用型用户对价格和奖励较为敏感。但在日常生活中，这部分用户闲暇时间较多。

下沉应用以极速版为主，契合了精明实用型用户的使用需求。一方面，极速版 APP 在精简功能和内容后，占用空间小，运行更加流畅，也更省流量，对于大龄用户更加方便友好。另一方面，这些应用以返利为主要运营手段，金币奖励、现金提现、红包赠送等多种玩法成为标配，用户在使用过程中可以获得实实在在的收益。趣头条就是典型的阅读奖励模式。此外，在各种极速版应用中，完成任务即可获得现金激励。今日头条极速版的 slogan 就是"看资讯领现金红包"，抖音极速版和快手极速版看短视频可以领金币并提现。因此，精明实用型用户对这些应用的认同度明显高于其他群体。

表 9　精明实用型用户对各类 APP 使用行为的 TGI 指数

人群分类	TGI 指数
返利获益类	185.9
免费下沉类	−14.4
购物消费类	−27.9

续表

人群分类	TGI 指数
学习成长类	- 37.1
次元游戏类	- 38.6
新锐应用类	- 38.7
育儿亲子类	- 86.6

4. 现实老铁型用户：经济化、贴近性使用

现实老铁型用户属于价格敏感型群体，日常生活中更青睐经济的文娱方式。但相比精明实用型用户，他们较保守，很少主动通过移动应用使用获得现实收益。

这类人群同样以大龄、中低学历用户为主。35 岁及以上的用户占比为 70%，初中学历用户占比为 50%。

从文娱消费方面来看，现实老铁型用户的付费意愿和购买力相对较低，而近两年盛行的免费阅读类应用契合了现实老铁型用户的心理需求，因而对其展现出较强的吸引力。现实老铁型用户在西瓜免费小说、必看免费小说、阅友免费小说等移动应用的渗透率明显高于其他群体。视听应用中，现实老铁型用户更青睐快手，各类日常化、贴近性、泛娱乐、多元化的内容吸引了较多用户。

从日常消费方面来看，受限于收入较少，现实老铁型用户更注重性价比。淘宝特价版、拼多多等平台提供了更低价的商品推荐，快速吸引了现实老铁型用户。

表 10　现实老铁型用户对各类 APP 使用行为的 TGI 指数

人群分类	TGI 指数
免费下沉类	243.3
购物消费类	58.4
返利获益类	24.4
学习成长类	18.7
新锐应用类	- 7.1
次元游戏类	- 30.0
育儿亲子类	- 21.9

5. 宝爸宝妈型用户：教育性、工具性使用

宝爸宝妈型用户对育儿亲子类应用的使用率更高。在培养子女的刚需之下，儿歌多多、宝宝巴士儿歌、凯叔讲故事等应用成为宝爸宝妈型用户进行家庭育儿的常用工具。

　　这类人群中，女性占主导，占比达73%，可见母亲在育儿的过程中有更多参与。从年龄看，25~34岁青年用户占比最高（30%），TGI 指数高达103，成为宝爸宝妈的主力人群。

　　从消费来看，商品的品质、安全与品牌形象是宝爸宝妈型用户消费的重要依据。京东、小红书等品质电商类应用的使用率更高。此外，考拉海购等海淘类应用也受到青睐。

表 11　宝爸宝妈型用户对各类 APP 使用行为的 TGI 指数

人群分类	TGI 指数
免费下沉类	243.3
购物消费类	58.4
返利获益类	24.4
学习成长类	18.7
新锐应用类	−7.1
次元游戏类	−30.0
育儿亲子类	−89.2

6. 随性大众型用户：从众性使用

　　随性大众型用户对7类移动应用的使用率均低于平均水平。这类用户数量最多，占比为39%，是人群中的大多数。在移动应用的选择上，相比于其他群体，他们倾向于从众，求新求异的意愿较低，因此，没有表现出具有辨识力的个体差异。这在一定程度上也体现了群体效应。此外，随性大众型用户移动应用的占屏时长和打开频率在六类人群中均最低，对于移动互联网的卷入度不敌其他人群。

表 12　随性大众型用户对各类 APP 使用行为的 TGI 指数

人群分类	TGI 指数
免费下沉类	−36.5
返利获益类	−54.8
学习成长类	−40.1
新锐应用类	−29.2

续表

人群分类	TGI 指数
育儿亲子类	－ 100.0
次元游戏类	－ 100.0
购物消费类	－ 60.8

总体来看，不同群体对移动应用的差异化选择是在现实生活基础上的拟态化投射，体现了各群体所特有的社会坐标。与此同时，APP 的不断推陈出新也在促成新的用户群体形态，并培育着他们的新诉求。

四　结论与讨论

每一种新兴媒介都会生成新的传播环境，而任何新的环境又会对大众社会生活及其感知产生深刻影响。当前，移动互联网作为一种新媒介，已经开启了新的媒介使用经验模式，并催生了一种全新的社会生活式样。人们的生产方式、生活方式、交往方式、思维方式、行为方式都展现出全面数字化特征。

（一）媒介即讯息：移动互联网是媒介使用的能动实施者

通过以上分析，我们发现在移动互联网环境下，用户 APP 使用行为特点集中体现在全时间、全空间、全场景的接触，以及个人化、互动化、部落化的使用。且不同类型用户的使用各有侧重，如娱乐性、情感性、实用性、从众性等。

媒介环境是影响媒介使用的关键变量。这些外化的用户行为特点，是移动互联网作为一种外在环境，其内在的符号和物质结构对人类感知、感情、认知产生的影响，反映了移动互联网新媒介的不同面向，如移动化、即时性、个性化、开放性、人机交互性等。

虽然移动互联网是人创造的工具，但它已经超越了信息中介的作用，成为用户媒介使用和社会变迁的能动实施者，提供了新语境下的特殊框架，深植于人们日常生活与价值体系之中。

（二）移动互联网时空偏向：跨时空媒介

波兹曼曾指出：“技术变革不是叠加性的，而是生态性的，一种新技术并非仅仅是追加什么东西，而是改变一切。”（Postman，1996）移动互联网作为一种新技术，带来媒介环境的深刻变迁，重新构建了社会生活的时空情景。

移动互联网既有空前的时间拓展能力，又有强大的空间拓展能力，成为"跨时空"媒介，平衡了"时间偏向"和"空间偏向"。它搭建起了一种新的时空框架，并与社会结构和用户心理相结合，引发媒介使用的变化。

从时间来看，在移动互联网环境下，技术发展使以往时间线性序列被打破，时间可逆成为重要特征。信息既可同步传播，也可异步接收。此外，媒介时间对日常生活的分割更加分散。移动互联网渗透到每一寸有闲时间，重新培养了用户的媒介使用习惯。

从空间来看，移动互联网摆脱了地域限制，具有跨时空的穿透力。人们的活动空间也不局限于实体的地理空间，虚拟的流动空间成为主要的活动场域。这直接影响了人们社会交往方式和媒介接触方式的偏向。传统媒体呈现明显的场景指向性，而手机及其各类应用则是"随时随地"媒介。

移动互联网时代，终端的移动性和便携性带来了时间和空间上的无限延展，塑造了新时空，促使人们的媒介使用行为习惯、价值体验发生变化。全时间、全空间的使用就是个体不断适应与重构数字实践的结果与重要表征。

（三）移动互联网感官偏向：与人走向融合

广播、电视延伸了人的听觉与视觉，而移动互联网已经成为人的身体与思维的一部分。

莱文森说："互联网是一切媒介的媒介（medium of media）。"移动互联网是多种媒介功能的融合，它集合了文本、图像、音视频等各种媒介形式和载体。人们借助移动互联网的多元便利，实现了听觉、视觉、触觉等各种器官的全面延伸，并日益与移动互联网走向融合。胡泳曾在《数字化过后，又怎么样？》一文中指出，"我们不是上网，而是活在网上"（胡泳，2021）。

除了身体层面的融合，更为重要的是移动互动网还嵌入并改变着人类的思维方式。一方面，移动互联网实现了技术赋权，使得"人人拥有麦克风"；另一方面，移动智能终端的普及使随时交流互动成为可能。因此，主体性意识、开放性思维相伴而生。这些变化对媒介使用行为的影响，具体表现为互动参与的增多和多元共同体的建构。

　　综上所述，本文在移动互联网语境下，将媒介环境学的核心命题媒介偏向论与移动互联网相结合，进一步探索该理论的现实价值与媒介意义。本研究提出移动互联网媒介以其独有的物质结构和符号形态，不断消解传统媒介的传播偏向，形成全新的传播偏向：在时空偏向上，移动互联网作为一种"跨时空"媒介，平衡了"时间偏向"和"空间偏向"；在感官偏向上，移动互联网不仅实现了人体的全面延伸，并且逐渐与人走向融合。随着人与移动互联网的融合，人机合一或是未来人类存在的可能形态之一。

　　此外，本文还为媒介环境学研究提供了鲜活的数据资料，以一手移动互联网用户使用数据和信息，多方验证了移动互联网新媒介对用户产生的重大影响。虽然不同类型用户的APP使用行为各有侧重，但无论是娱乐性、情感性、实用性还是从众性的使用，无一不体现了移动互联网跨时空、全面延伸、人机融合的特有属性。

参考文献

保罗·莱文森，2011，《新新媒介》，何道宽译，复旦大学出版社。

鲍立泉，2013，《新媒介群的媒介时空偏向特征研究》，《编辑之友》第9期。

曹智频，2010，《媒介偏向与文化变迁：从伊尼斯到麦克卢汉》，《学术研究》第8期。

陈海军、王竞宇、张瑞清，2021，《互联网语境下"媒介是人的延伸"再思考》，《青年记者》第6期。

陈力丹、毛湛文，2013《媒介环境学在中国接受的过程和社会语境》，《现代传播》第10期。

陈力丹、史一棋，2014，《重构媒体与用户关系——国际媒体同行的互联网思维经验》，《新闻界》第24期。

陈思达、尹杭，2020，《大学生移动互联网使用偏好：群体孤独与社会支持》，《传媒论坛》第318期。

董正浩，2015，《基于支持向量机的移动互联网用户行为偏好研究》，博士学位论文，北京邮电大学。

高海珍、喻国明，2014，《站在媒介研究的前沿》，《新闻与写作》第8期。

宫承波、翁立伟、王洁、刘颖，2011，《中国青年群体的手机使用行为比较研究》，《中国广播电视学刊》第1期。

哈罗德·伊尼斯，2003，《传播的偏向》，何道宽译，中国人民大学出版社。

韩亚，2006，《关系传播：WEB2.0时代的传播偏向》，硕士学位论文，华中科技大学。

何道宽，2015，《媒介环境学：从边缘到庙堂》，《新闻与传播研究》第3期。

胡泳，2021，《数字化过后，又怎么样》，http://www.eeo.com.cn/2021/0423/485942.shtml。

黄旦，2015，《重造新闻学——网络化关系的视角》，《国际新闻界》第1期。

匡文波，2012，《关于新媒体核心概念的厘清》，《新闻与传播研究》第 10 期。

李广庆、王柳行、郑锴、翁苏湘，2016，《吉林省农村留守儿童移动互联网使用情况分析》，《中国农村卫生事业管理》第 10 期。

李子路，2011，《试论北美媒介环境学派的“媒介偏向”理论》，《新闻世界》第 6 期。

林文刚，2007，《媒介环境学：思想沿革与多维视野》，何道宽译，北京大学出版社。

刘丹凌、赵娟娟，2014，《对媒介化社会的批判与反思——基于媒介环境学的视角》，《学术论坛》第 4 期。

刘建明，2009，《媒介环境学理论范式：局限与突破》，《武汉大学学报（人文科学版）》第 623 期。

刘晓倩，2019，《新生代农民工职业素质养成路径的影响及构建》，《职业技术教育》第 22 期。

刘易斯·芒福德，2009，《技术与文明》，陈允明等译，中国建筑工业出版社。

马歇尔·麦克卢汉，2000，《理解媒介：论人的延伸》，何道宽译，商务印书馆。

尼克·库尔德利，2016，《媒介、社会与世界：社会理论与数字媒介实践》，何道宽译，复旦大学出版社。

彭兰，2017，《重构的时空——移动互联网新趋向及其影响》，《汕头大学学报（人文社会科学版）》第 333 期。

彭丽琴，2014，《新媒体的传播偏向研究》，硕士学位论文，厦门大学。

商娜红、刘婷，2013，《北美媒介环境学派：范式、理论及反思》，《新闻大学》第 1 期。

宋丽敏，2008，《网络媒介的时空偏向》，博士学位论文，北京印刷学院。

王俊男、张志，2019，《移动互联网新媒体对二代留守儿童认知、行为的影响》，《新媒体研究》第 57 期。

王润，2012，《论麦克卢汉与芒福德“媒介”延伸观》，《国际新闻界》第 11 期。

谢振宇、马虹，2016，《媒介偏向理论研究综述》，《新闻知识》第 5 期。

邢泽琪、罗慧，2020，《中老年群体移动 APP 使用分析及未来展望》，《数码设计》第 6 期。

喻国明、程思琪，2018，《从“连接”到“场景”：互联网发展的重要进阶——试析微信小程序的价值逻辑与市场版图》，《新闻大学》第 1 期。

喻国明、杨颖兮，2020，《接触，时段，场景：中国人媒介使用全景素描——基于“2019 全国居民媒介使用与媒介观调查”的分析》，《新闻记者》第 4 期。

张冲，2016，《移动互联网与老年群体研究》，《中国传媒科技》第 11 期。

张洪忠、李明倩、朱蕊鋆，2013，《移动互联网使用对报纸与电视媒体的影响》，《新闻与写作》第 10 期。

张秋枫，2017，《农民工移动互联网使用行为调查研究》，《改革与开放》第 10 期。

张晓锋，2010，《论媒介化社会形成的三重逻辑》，《现代传播》第 7 期。

郑颖雪，2013，《新媒体环境下媒介技术对人的异化》，硕士学位论文，山东师范大学。

Bilandzic, H. & Krotz, F. (2006). Introduction to the Special Issue：Media Use and Selectivity. *Communications*, 31, 257 – 259.

Boase, J. & Ling, R. (2013). Measuring Mobile Phone Use：Self-report Versus Log Data.

Journal of Computer – Mediated Communication, 18 (4), 508 – 519.

Innis, Harold. (1951). *The Bias of Communication*. Toronto: University of Toronto Press.

Joshua Meyrowitz. (1985). *No Sense of Place: The Impact of Electronic Media on Social Behavior*. Oxford: Oxford University Press.

Joshua Meyrowitz (1985). No Sense of Place: The Impact of Electronic Media on Social Behavior.

Levinson, P. (1976). Hot and Cool Redefined for Interactive Media. *Media Ecology Review*, 4 (3), 9 – 11.

Levinson, P. (1977). Toy, Mirror, and Art: The Metamorphosis of Technological Culture. *Et cetera journal*, June. 34 (2), 151 – 167.

Levinson, P. (1978). The Future of Technology. Seminar with Marshall McLuhan, C.

Levinson, P. (1979). Human Replay: A Theory of the Evolution of Media, Ph. D. dissertation, New York University.

Levinson, P. (1980). Review of Four Arguments for the Elimination of Television, by J. Mander, *The Structurist*, 19/20, 107 – 114

Levinson, P. (1979). Review of Culture as Polyphony, by J. Curtis, *Technology and Culture*, 20 (4), 835 – 837.

Levinson, P. (1981). McLuhan and Rationality. *Journal of Communication*, 31 (3), 179 – 188.

Levinson, P. (1981). McLuhan's Contribution in an Evolutionary Context. *Educational Technology*, 22 (1), 39 – 46.

Levinson, P. (1986). Marshall McLuhan and Computer Conferencing, IEEE Transactions of Professional Communications, March: 9 – 11.

Levinson, P. (1990). McLuhan's Space. *Journal of Communication*, 40 (2), 169 – 173

Mark Poster. (2006). *Information Please*. North Carolina: Duke University Pressc

McLuhan, Marshall. (1964). *Understanding Media: The Extension of Man*. New York: McgRAW – Hill.

McLuhan, M. & Fiore, Q. (1967). *The Medium is the Massage: An Inventory of Effects*. Co-ordinated by J. Agel. New York: Bantam Books.

Postman Neil. (1992). *Technopoly: The Surrender of Culture to Tchnology*. NewYork: Vintage Books.

Postman, N. & Weingartner, C. (1971). *The Soft Revolution: A Student Handbook for Turning Schools Around*. New York: Dell Publishing Co.

Postman, N. (1996). *The End of Education: Redefining the Value of School*. New York: Vintage Books.

Schulz, W. (2004). Reconstructing Mediatization as an Analytical Concept. *EuropeanJournal of Communication*, 19 (1), 87 – 101.

Stearn, G. E. (ed.). (1967). *McLuhan: Hot & Cool: A Critical Symposium*. New York: Dial Press.

Sun, Y. S. & Guo, S. (2013). Media Use, Social Comparison, Cognitive Dissonance and Peer Pressure as Antecedents of Fashion Involvement. *Intercultural Communication Studies* 22 (1).

Teilhard de Chardin, P. (1959/1955). *The Phenomenon of Man.* Trans. by Bernard Hall. New York: Harper and Row.

Whitman, W. (1973/1855). "There Was a Child Went Forth." In Leaves of Grass, Comprehensive Reader's Edition. (eds.), *Sculley Bradley & Harold W. Blodgett.* New York: W. W. Norton and Company.

Wolf, G. (1996). "The Wisdom of Saint Marshall, The Holy Fool." Wired, 4.01. https://www.wired.com/1996/01/saint-marshal/. Retrieved: January 6, 2019.

Wolfe, T. (1965). *Marshall McLuhan: Suppose He is What He Sounds Like, the Most Important Thinker Since Newton, Darwin, Freud, Einstein and Pavlov: what if he is right?* New York: New York Herald Tribune.

《中国社会心理学评论》 第 22 辑
第 66～89 页
© SSAP，2022

从怀旧到媒介怀旧：传播心理学视角下的
学术史分析[*]

李　玲　杨宜音[**]

摘　要： 在媒介与日常生活关系越来越密切的时代，怀旧也借助媒介从个人感觉变成社会现象。本文梳理了怀旧的内涵在医学、社会学、管理学、文学，以及传播学和心理学等学科的学术史脉络，区分了媒介与怀旧已有的关联方式，包括以媒介为对象的狭义媒介怀旧和模拟怀旧，以媒介为形式的中介化怀旧和屏幕怀旧，以及以媒介为工具的媒介化怀旧。基于传播心理学的视角，本文认为以往研究多侧重怀旧的情感成分，因此，有必要对其认知成分进行补充，并提出怀旧源于一种基于自我的时间观，对外体现为重新体验过去的渴望之情，当新媒介参与到记忆中时，这种时间观因可选择而变得多元，从而形成不同于怀旧的媒介怀旧，具体表现以返回式、复现式和重构式三种方式重现过去的媒介使用行为。

关键词： 怀旧　自传记忆　媒介怀旧　传播心理学

2008 年 2 月，百度贴吧一段名为《80 后的回忆录》的视频在一个多月里吸引了众多"80 后"集体晒童年；2012 年 9 月，一条"国民床单"在微博走红；2019 年 6～11 月，优酷移动端看高清老片的时长同比增长21%，其主力人群为"90 后"，占比为 42.7%；[①] 2020 年末，"爷青回"

---

* 本文在匿名评审的指导下进行了较大修改，在此对评审人的悉心指导表示感谢。
** 李玲，中国传媒大学新闻学院博士研究生；杨宜音，中国传媒大学新闻学院博士生导师。
① 《优酷发布高清经典消费数据：6000 万 90 后贡献 42.7% 观看时长》，https://www.jiemi-an.com/article/3754000.html，最后访问日期：2021 年 1 月 18 日。

成为年轻人聚集的网站哔哩哔哩的年度弹幕榜首，回忆青春成为这一年最具共鸣的社会话题。同时，越来越多的年轻人对那些自己未曾经历过的过去甚至历史感兴趣，2016 年，央视纪录片《我在故宫修文物》在网络二次火爆；2019 年底一部 37 年前的电影《牧马人》在抖音重新走红，影片截图迅速被做成表情包流行起来；2021 年，一部献礼片《觉醒年代》成功"破圈"，不少年轻人一边催更，一边弹幕刷屏……不难发现，怀旧已经从个人记忆经验的再生产、再加工，转变为借助媒体对群体和时代过去的再加工，并随着媒介使用的日常化反作用于媒介的内容生产和形式再造，这一现象值得社会科学领域转换视角和基于综合多元视角予以关注，本研究将从已有怀旧研究的学术史梳理出发，以传播心理学视角探讨具有新意的"媒介怀旧"概念的界定和分类。

一　怀旧研究：跨学科的承续和比较

由于怀旧的概念本身具有模糊性，各学科（如医学、社会学、管理学、文学，以及传播学和心理学等）都进行过研究，在这一点上国内外的情况类似但角度略有不同。

（一）医学、社会学的怀旧

"怀旧"的英文是 nostalgia，是由希腊文中 nostos（返乡）及 algos（痛苦）组合而来的，1688 年，瑞士内科医生 Hofer 将这样的两个词组合在一起用于描述奔赴战场的战士因为思念家乡而产生的各种精神及躯体症状，比如食欲不振、动力下降、沮丧抑郁，甚至发烧、痢疾等，这种基于医学视角的描述一直持续了几个世纪。其间，治愈"怀旧"的方式可以是送返家乡，或以欺凌、恐吓的方式打消战士的返乡念头，甚至将其直接活埋。1899 年，怀旧作为一种疾病表现出现在医学杂志《柳叶刀》上，这俨然是一种精神紊乱病症（Garrido & Davidson，2019：30）。美国内战之后，精神分析作为一种占主导地位的诊断方式将怀旧从医学和军事背景中脱离出来，在现代性的迅速发展当中，怀旧被理解为对时间之不可回溯的内省反应，而不是仅与离乡的空间错位相关，即研究视角从空间转向时间。

1979 年社会学家 Davis 在其著作 *Yearning for Yesterday：A Sociology of Nostalgia* 中首次对怀旧进行了社会学的思考，认为怀旧是"一种去除痛苦后的记忆，是一种唤醒过去的正面体验"（Davis，1979：18 – 37），可以有多种分类。根据感觉深浅怀旧可被分为简单怀旧、反思怀旧和解释怀旧，从简单地希望回到过去到对过去进行分析，再到解释怀旧本身。根据怀旧的符号来源我们可将其分为个人怀旧和集体怀旧（communal nostalgia），其中后者是对战争、革命、经济动荡或重大灾难等引起的时代变迁的怀旧。根据是否直接体验我们又将其区分出真实怀旧（real nostalgia）和代际怀旧（intergenerational nostalgia），代际怀旧是个体与上代人接触而产生的过去回忆，至此，怀旧在由空间向时间转向之后，其时间范围由个人向代际，甚至向历史扩展了。

（二）管理学、文学的怀旧

到 20 世纪 90 年代，"因为商业机构意识到怀旧可以出售而成了一种更公开的体验"（Wilson，1999），怀旧被营销界广泛关注（Holak & Havlena，1992；Holbrook，1993；Baker & Kennedy，1994）并被认为是一种消费偏好（Holbrook & Schindler，1989）。随后管理学基于旅游（Goulding，1999，2001；格雷本，2003；Caton & Santos，2007）、广告（Stern，1992；Holak，Havlena, & Matveev，2006，2007；Mardrigal & Boerstler，2007；Meyers，2009）、营销（张莹，2011；张义、孙明贵，2011）、品牌研究（Kessous & Roux，2008；郭彦，2017）等多个视角研究怀旧且有了一些新的分类。研究者可以将怀旧直接分为个人怀旧和历史怀旧（Holbrook，1993），也可将其分为真实怀旧、仿真怀旧（simulated nostalgia）和集体怀旧（collective nostalgia）。其中仿真怀旧是个体通过历史事物或人物去想象并怀念未曾经历的过去，集体怀旧则是个体对文化、国家或世代的怀念（Baker & Kennedy，1994），这与 Davis 的代际怀旧有相似之处。另一个颇具代表性的研究是 Holak 和 Havlena（1998）的二维分类，他们以个人/群体体验和直接/间接经验为坐标，将怀旧分为个人的、人际的、文化的、虚拟的四种，如图 1 所示。

图 1　Holak 和 Havlena（1998）怀旧二维分类

其中人际怀旧（interpersonal nostalgia）指亲人、朋友等人际交往中产生的间接怀旧，也称同感怀旧（vicarious nostalgia），是一种社会性的习得情感（Goulding，2002）。鉴于中国文化对家庭关系的重视，国内学者在此基础上又提出家庭怀旧（何家讯，2010）。而虚拟怀旧（virtual nostalgia，有些研究中虚拟也写作 subjunctive，参见 Malek，2019）则是源于对间接经历的合理想象，通常来源于文字或影像等媒介资料，"虚拟"之意显示出怀旧中有想象和未完成的成分，并与媒介内容关联。

2002 年，研究比较文学的 Svetlana Boym 出版了另一部研究怀旧绕不开的著作 The Future of Nostalgia（其中文版《怀旧的未来》于 2010 年出版），怀旧逐渐演变成"一种模糊而伤感的欲望，属于诗人和哲学家的范畴"（O'Sullivan，2006：22）。基于文学的视角，博伊姆（2010：7~8）将怀旧分为修复型和反思型，"修复型怀旧维护绝对的真实，而反思型的怀旧对它提出疑问"。国内学者赵静蓉（2005）对此进行回应，直言怀旧是一种美学实践，可分为回归式、反思式和认同式三种类型，分别对应卢梭、鲁迅、本雅明的作品（赵静蓉，2003），他们对待过去的态度分别是肯定的、怀疑的，以及认为过去和现在、未来是统一的。同时，中国国内的怀旧研究自 20 世纪 80 年代在文学领域萌芽以来，从分析古诗古词，以及鲁迅、沈从文等近现代文人的作品入手，发现中国知识分子因为心灵深处的"回归"意识而"充满了浓郁的'怀旧'色彩"（胡铁强，2006），这与西方怀旧研究的病理学渊源截然不同。比如，当我们对 20 世纪 80 年代的"寻根文学"，以及部分当代作家的作品进行分析时，均发现正是因为怀旧表达才使其作品更具魅力，具体包括对王安忆（周明鹃，2003；董丽敏，2008）、叶兆言（陈娇华，2008），还有一些"70 后"青年作家（贺仲明，2013）及其作品的分析。

（三）传播学的怀旧

作为舶来品的传播学虽然借鉴了很多社会学理论，但在国内依然被认为是文学的分支学科，其对怀旧的研究也沿袭了文学的审美取向。在国外，20 世纪 80 年代的广播研究者已经关注到怀旧的感觉了，"音乐是我们生活中如此重要的一部分，我们用它来衡量时间和经历，而广播和流行音乐则是利用这种（怀旧）感觉的完美组合"（Whetmore，1981：90）。1990年，Diane Lamude 提出一个怀旧和媒介使用的文化模型，认为由媒介引发的怀旧文化受怀旧水平、不连续性水平和焦虑水平的影响。在国内，怀旧研究从关注影视剧所营造的整体氛围开始，兼顾其市场效用，其中最典型的便是国产青春片。如同青春期的珍贵与冲突一样，青春片像是民族身份迷茫时的成长寓言，这种成长之痛的表达在第五、第六代导演身上便已初见端倪，比如《阳光灿烂的日子》（1995）、《站台》（2000）、《青红》（2005）等的时代记忆表达。随后出现的微电影《老男孩》（2010），电影《那些年，我们一起追的女孩》（2011）、《致我们终将逝去的青春》（2013），电视剧《匆匆那年》（2014）更是通过场景、叙事、剪辑等影视艺术语言串联各种闪光灯记忆，将个人成长与中国社会转型贴合，基于浪漫化的过去将"私人情感扩展为集体通感"（唐宏峰，2015）。金丹元（2015）认为，正是国产青春片"通过怀旧策略在叙述、消费、文化三者之间建构起一种和谐的共存关系"，体现出明显不同于国外怀旧研究的本土视角。影视剧怀旧除了指向青春这一特定时间，还可以指向空间，比如《花样年华》（2000）、《罗曼蒂克消亡史》（2016）中的老上海，《山河故人》（2015）、《你好，李焕英》（2021）中的县城，以及《客从何处来》（2014）、《记住乡愁》（2015）中的乡村，都是以鲜明的地域色彩和怀旧感觉创造情感共鸣。

　　除了电影和电视剧，怀旧也被综艺节目用来吸引观众，比如2007年开播的《我爱记歌词》、2011年开播的《年代秀》，以及《我是歌手》《王牌对王牌》等，而《见字如面》《国家宝藏》等文化类节目更是通过"器物的隐喻功能、仪式化的场景设置以及影像的互文关系"营造怀旧空间（吴亭静、王黑特，2021），积极重构了集体记忆甚至历史记忆。当然，媒介行业作为一个多方力量的博弈场，其怀旧内容的生产既有对消费和市场的追求，亦有对意识形态的考虑，对此也不乏反思和批判之声，他们认为怀旧美学将过去和历史进行过滤和符号化，"怀旧电影"消费虚构的历史表象而非真实历史（Jameson，1991：279），从反消费出发却成了消费文化的一种（张荣恺，2015），其中透露着"对正在发生着巨大改变的中国社会政治文化和生活逻辑的警惕与不安"（周志强，2015）。除了媒介内容，还有研究关注新闻业转型过程中，新闻从业者对"黄金时代"的职业怀旧（陈楚洁，2015；李红涛，2016），媒介技术迭代后，将旧媒介元素加入新物品设计的技术怀旧（technostalgia）（Van der Heijden，2015；刘于思，2018）等，作为社会转型的侧面丰富了怀旧研究的本土视角。

（四）心理学的怀旧

　　1995年，心理学家Batcho编制量表（Batcho Nostalgia Inventory，简称BNI）对怀旧进行测量，关注人们怀念过去人、事、物的程度，他认为怀旧的成分应该包括世代特征、发展心理、人格和短暂的情绪状态。2004

年，《实验存在心理学手册》（*Handbook of experimental existential psychology*）将英国南安普顿大学 Sedikides 和 Wildschut 等对于怀旧的见解编入其中，并认为怀旧作为一种与自我相关的情感，是一种积极的心理资源，可以"提升自我，与文化世界观保持一致和培养亲密关系"（Sedikides，Wildschut，& Baden，2004）。Sedikides 和 Wildschut（2018）编制的南安普顿怀旧量表（Southampton Nostalgia Scale，简称 SNS），主要关注怀旧的频率而非程度，并通过大量验证性研究发现怀旧具有社会的、自我的和存在的功能，在社会方面，其可以促进人与人之间的社会联系（social connectedness），提升归属感（belongingness）（Wildschut et al.，2010），增加亲社会行为（Zhou et al.，2012），提升集体自尊（collective self-esteem）（Wildschut et al.，2014）；在自我方面，其可以通过代际沟通提升自我连续性（self-continuity）（Wildschut，Sedikides，& Robertson，2018），激发灵感（inspiration）（Stephan et al.，2015），增加乐观（Cheung et al.，2013）；在存在方面，其可以增加生活的意义感（meaningfulness）（Routledge et al.，2012；Van Tilburg，Igou，& Sedikides，2013），其中部分结论已被编入 2016 年出版的专著 *Nostalgia：A Psychological Resource*。此外，根据是否与人格倾向相关，怀旧又被分为特质怀旧（trait nostalgia）和状态怀旧（state nostalgia），前者指向人格特质、怀旧倾向和情绪状态等个人层次，后者指向环境，比如实验刺激或媒介（Turner et al.，2013）。

国内心理学的研究延续了这种积极态度，发现怀旧可以提升主观幸福感，成为低权力者的心理资源（陈欣、毕圣、庞隽，2016），通过生命意义、心理需要的满足强化亲社会行为（方建东、常保瑞，2019）。在较新的研究当中，Evans 等（2020）又发现怀旧心理功能的发挥有赖于一种通过想象的心理传输（mental transportation）机制。为了能够进一步梳理媒介与怀旧的关系，我们将不同学科研究怀旧时的侧重点和差异整理如下（见表 1）。

表 1　有关怀旧研究的跨学科差异比较

	医学	社会学	文学	管理学	心理学
理论视角	怀旧是一种思乡病	怀旧是一种唤醒过去的正面体验	怀旧是一种美学实践和文化氛围	怀旧是一种消费偏好和营销策略	怀旧是一种与自我相关的情感
分支领域	1. 临床医学 2. 精神病学	1. 转型社会学 2. 消费社会学	1. 文化研究 2. 影视艺术学 3. 传播学	1. 广告营销 2. 品牌管理 3. 旅游学	1. 认知心理学 2. 人格心理学 3. 心理咨询

	医学	社会学	文学	管理学	心理学
主要研究方法	1. 实地调查法 2. 实验法 3. 临床诊断	1. 田野调查 2. 二手资料 3. 扎根理论	1. 文献研究 2. 案例研究 3. 内容分析	1. 问卷调查法 2. 案例研究	1. 实验法 2. 问卷调查法
研究贡献	提出怀旧概念和其中值得关注的问题	强调怀旧产生的整体社会背景和宏观影响	展现了怀旧研究的本土视角	发现了怀旧的品牌提升和拉动消费的作用	关注怀旧作为心理资源的积极影响与个体差异

二　媒介与怀旧的关联方式

从词面上看，媒介是个名词，而怀旧可以是形容词或动词，媒介作为名词既可以是媒介技术本身，也可以是借助媒介得以表达的内容，怀旧则可以作用于媒介，使媒介本身成为怀旧的对象，也可以使用媒介，使媒介成为怀旧的形式或工具，所以媒介与怀旧的关联，可以有以下几种方式。

（一）媒介作为怀旧的对象

2017 年的一项研究完整地提出了媒介怀旧（media nostalgia）这个概念，并将其定义为"一种对过去媒介文化和技术的渴望，作为一种应对媒体变革的资源被引入"（Menke，2017），该研究认为媒介的频繁变革给使用者带来了无形的压力，而怀旧正是要应对这种压力，因为当人们在看到小时候的电影或电视剧，甚至"仅仅只是看到小时候使用过的旧电话"时便能产生舒适感，而当媒介变化慢的时候，这种舒适感便不显著了。因落脚点在怀旧，所以 Menke 所说的媒介仅仅只是作为怀旧的内容和对象，其定义中未关注媒介使用者的主动性，也忽略了怀旧中基于间接经验（如人际、代际、历史）的部分，因而是狭义的、不全面的。尽管如此，这一研究还是清晰地解释了媒介怀旧最直观的含义至少包括两个层面。第一个层面是欣赏或观看过去的媒介作品，比如听老歌、看老剧等，一些心理学实验研究中区分了媒介怀旧（media nostalgia）和中介化怀旧（mediated nostalgia），其中媒介怀旧被认为是"与被试过去所喜爱的媒介内容再次接触的体验"（Wulf, Bonus, & Rieger, 2018）。第二个层面是怀念媒介技术的物质性本身，比如 2019 年美国黑胶唱片销量首次超过 CD，正是因为黑胶唱片的物质性和年代感。

因为网络的使用让过去不再出现的媒介，比如"80 后""90 后"过去使用过的 VCD、Walkman，以及"60后""70后"的 BP 机、大哥大、录音机等电子产品可轻松被检索到。同时，过去拍照或录音时的低分辨率画质和不太纯净的录音效果，也能通过修图、修音的网络插件模拟出来。这种怀旧关注媒介物质性本身所激发的怀旧感并非其原始形态，于是被称为模拟怀旧（analogue nostalgia）。模拟（analogue）一词的使用最初用来讨论数字媒介美学，指当代美学实践中普遍存在的浪漫化甚至恋物癖式的模拟媒介（analogue media）或被称为技术怀旧现象，并认为这一现象并非拒绝数字技术，而是以一种模拟美学的形式表达对衰退媒介及其代际损失的追溯与喜爱（Marks，2002：152），其特点是故意的不完美。从传播学上看，模拟怀旧关注媒介固有的材料和质感（Niemeyer，2014：13－14），其实是传播的噪音而非信息（Schrey，2014），比如照片上的划痕、歌曲中的杂音、视频里的雪花点，对此可结合媒介考古学（media archaeology）进行"恢复媒介的物质性、寻访媒介的异质性、捕捉媒介的复现性"（施畅，2019）的分析，以共时性挖掘历时性的"深层时间"（deep time），将媒介的历史发展展开为"一个多重/多层的媒介套叠空间"（齐林斯基、唐宏峰、杨旖旎，2020）。以照片滤镜为例，数字技术提供的怀旧滤镜以一种模拟的物理性将此时此地变为值得怀念的过去（Caoduro，2014），从而赋予图像尚未实现的意义。过去媒介中被刮花的部分作为记录介质本身的微妙特性（Reynolds，2011：331），让媒介体现为有生命的媒介性（mediality），变成一种再现时代痕迹的自我参照美学形式。当然，也有人批判模拟怀旧是对过去的消费主义的包装（Pickering & Keightley，2014），怀旧滤镜对于时间的技术性把玩终究无法象征永恒，只能算戏谑或讽刺，而人们对模拟的使用也符合波德里亚对模拟（simulation）的描述与批判。

（二）媒介作为怀旧的形式

上文中提到心理学实验中的中介化怀旧（mediated nostalgia），指的是因媒介刺激而产生的与过去相关的记忆（Pickering & Keightley，2006），在一些研究中也将其称为媒介引发的怀旧（media-induced nostalgia）（Wulf & Rieger，2018；Wulf，Rieger，& Schmitt，2018）、音乐引发的怀旧（music-evoked nostalgia）（Barrett et al.，2010），或网络引发的怀旧（webside-induced nostalgia）（Cox et al.，2015）等。此外，中介化怀旧还可以跳出媒介领域，指怀念某项不再兴盛的文化活动，比如加拿大足球（Nauright & White，2002）。除了实验刺激引发，中介化怀旧更多是媒介议程设置上的刻意安排，其中一种是利用已有内容的再创造，比如各种"致敬经典"的再聚首、再配音或翻拍，另一种是从影视剧题材上回忆已经过去的某个年代或某段时光，比如年代剧和青春片。美国学者 Ryan Lizardi 一再著书批判中介化怀旧，认为它用"一种自恋的晚期资本主义叙事"（Jenkins，2016），"为年轻人创造替代的怀旧身份"（Roy，2018），鼓励他们以一种乏味、无助的方式追忆过去，最终这只会阻碍他们前进。这种批判态度使得中介化怀旧也被称为法定怀旧（legislated nostalgia），即"强迫一群人拥有他们实际上并不拥有的记忆的过程"（Bick，2017）。

虽然媒介作为怀旧的形式可以是小说、戏剧、电影电视等，但是受到关注最多的是以电影电视为代表的视频媒介，后者也被称为屏幕怀旧（screening nostalgia 或 screened nostalgia）。屏幕（screen）一词的用法与弗洛伊德的屏幕记忆（screen memory）有关，有屏蔽、筛选之意，屏幕记忆是一种与自我相关的记忆选择和扭曲，其认为早期童年经历产生的遗忘或被压抑的记忆"在我们的心灵深处留下了无法磨灭的痕迹"（Freud，1971：303），这让生活中看似无关紧要的小细节，可能会被某种迟来的或追溯性的内容所激活，显示出潜在的巨大精神价值，而视频内容中的怀旧元素则以其苦乐参半的内在矛盾性，成为操控屏幕记忆的优良介质，此时的怀旧不仅是一种屏幕记忆，也是一种屏幕情感（screen affect）（Werman，1977）。可见，屏幕怀旧与中介化怀旧有所交叉但又不完全相同，屏幕怀旧看似只关注中介化怀旧中以戏剧影视形式呈现的部分，但因其以精神分析理论为基础，所以我们从美学、电影学等角度分析，便有了不同的侧重点，如果说中介化怀旧主要关心故事的时间设定，是否翻拍，而屏幕怀旧则更关心道具、服装等视觉设计，以及色彩、剪辑等艺术表现手段（Christine，2009），有研究者认为"怀旧不仅仅是对过去的忧郁记忆，也意味着对过去的遗憾和对未来的幻想"（Niemeyer & Wentz，2014）。通过屏幕的叙事方式可能有某种治愈功能（Pawelek，2017），可以展开人们对历史的另类叙事（Meng，2020），甚至将想象延伸至现实世界，像镜子一样帮观众找寻自我（Huggins，2021：269），在对"家"的神话般想象中满足个体对归属感和认同感的强烈渴望。

（三）媒介作为怀旧的工具

在社交媒体时代，媒介赋能下的怀旧感觉很容易由感觉直接转变为行动，比如，个体想起曾经历的某件事就直接通过社交媒介找到事件当事人，在虚拟交往中追忆值得怀念的过去。其实除了人们自己亲身经历的事，还可以是一些时代共有的事，比如打工潮、看"暑假神剧"等。因为媒介使用的主动性，可以借助媒介化（mediatization）的理论加以理解。所谓媒介化，区别于中介化（mediation）对传播过程和效果的关注，其主要研究"媒介、文化和社会之间关系的长期、大范围的结构性变迁"（夏瓦，2018：5）。早期媒介化理论基于物质视角和制度主义视角，从宏观上关注媒介技术对社会、文化和制度的影响。后期受建构主义的影响，该理论认为媒介越来越成为人类生活的背景而非工具，可以通过多种方式影响人类行动，比如在时间和空间上提升了沟通能力，媒介使用渗入日常生活，使得不同领域的参与者不得不调整他们的行为以适应媒介的评估、形式以及惯例（Schulz，2004）。媒介化兼具"量"与"质"的特点（Hepp，2020：4 - 5），是数字媒体及其底层基础设施对"世间万物的中介化"（Livingstone，2009），这个世间万物也包括使用媒介的人和媒介本身。

媒介化的思路要求人们将对人与媒介之间进行"相互关系"（interrelations）和"过程"（processes）等方面的思考，放到媒介与怀旧关联的理解当中，这有助于从传播者视角走出来，代之以受众或用户视角。其实，在新媒介赋能之下，用户的怀旧既可以是年轻人在"视频化生存"（彭兰，2020）中以致敬经典为由头的再创造，比如用电影剪辑的短视频，或截图做成的表情包；也可以是观看老电影时通过弹幕形成临时"平台集体"的交流（常江、何仁亿，2020）；还可以仅仅是一种喜好和口味的表达，比如复古滤镜、"国潮"设计等。除此之外，还有更直接的方式是通过网络与因流动而失散的旧群体互动，比如老乡、同学、战友等流动的中老年群体在社交媒体的互动（王艳，2019；李玲、杨宜音，2021），这种以媒介为工具的怀旧表达在已有怀旧研究中少有体现。可见，媒介怀旧有必要在媒介与怀旧的多种关联形式当中，作为一个单独的概念被提出来，基于传播心理学的视角观察两者互为主体的建构过程。

三　传播心理学视角下的怀旧和媒介怀旧

我们通过以上梳理不难发现，在怀旧研究当中，无论是医学的病理视角，还是社会学对其"苦乐参半"的认定，抑或是营销、影视艺术等对怀旧的应用，甚至是心理学将其作为一种积极的心理资源，其侧重点都在于怀旧是足以带动消费者、观众或被试情绪情感的力量。这种偏重情感的视角使得媒介与怀旧的既有组合往往是基于传者视角，利用受众的怀旧之情提升传播效果，在媒介使用者由受众向用户转变的过程中，有必要从用户的角度审视怀旧，即从人而非媒介出发，在媒介"诉诸情感"的传播策略之外，基于传播心理学的视角关心怀旧中人的认知特点。传播心理学作为交叉学科，其理论运用特点是兼容并蓄，不同而和，传播心理学的视角多数情况下是用已有心理学理论去解释传播中的现象。媒介怀旧作为传播中的现象之一，在已有怀旧理论之外，还需用心理学的理论对其认知成分，尤其是记忆成分加以解释，在情感与认知并重的结构中提炼怀旧的本质，再将新媒介的参与纳入进来，形成作为一个独立整体的媒介怀旧。

（一）传播心理视角下的怀旧

吕坤维（2019：329）认为，与西方心理学将情绪/情感视为扰乱之力，"需要用认知和理性对之加以调控"不同，中国人认为"人类由感生情的能力是一种积极的素质，应通过延展意识将之强化"，这种差别可能也是西方视怀旧为"病"而中国却热衷于"寻根"的原因之一。这种态度中的"乡愁"（homesickness）有其悲伤感，却依然不改其美好想象，比如习近平总书记号召"让居民望得见山，看得见水，记得住乡愁"，其实是一种突出地方特色的发展观，指向一种"此情可待成追忆"的幸福体验和文化记忆。李泽厚（2012：76~80）认为，中国文化具有"情本位"的特点，其独特的情理结构中认知与情感没有绝对的界限，所以要理解一种情感就不得不理解其认知，要理解怀旧情感也需要理解其中最重要的认知形式——记忆。实际上，同样被翻译为怀旧的还有另一个英文单词 reminiscence，其含义更接近回忆、追忆，来自记忆的研究。

1. 作为怀旧认知基础的自传记忆

1879 年，英国科学家 Francis Galton 要求被试说出某个提示词能让他联想到的记忆，并尽可能准确地提供记忆发生的时间，以此研究自传记忆。该实验在年长者中发现一个 15~25 岁回忆数量暴增现象（reminiscence bump），而且年龄越大的人越显著，Galton 称之为"怀旧效应"（reminiscence effect）。如今，怀旧效应的积极意义已经被普遍应用到老年心理咨询当中，比如老年人抑郁症（高婧等，2011；姜娜等，2014）、阿尔茨海默病（樊惠颖、李峥，2014）等常用的怀旧疗法（reminiscence therapy），而本文更关注的是其中与怀旧直接相关的记忆形式——自传记忆。后续研究认为，自传记忆可分为童年期遗忘、回忆高峰、自传记忆近因期三个阶段（Anderson & Conway，1993），其最大的特点是"自我参照"（self-reference）（Brewer，1986），即对与自我相关的材料进行优先优质的加工。这些材料包括自我概念（Wang，2006；张子霄等，2009）等内生变量以及人际互动等外生变量，两者在互动中主动建构、维持和强化（沈毅，2013），并通过亲子记忆共享等方式将特定文化的自我观纳入个体自我当中（张镇、张建新，2008）。比如中国人的自我参照就与母亲参照有重叠的脑区（Zhu & Zhang，2002），且这种母亲参照在大学生中可以是父亲参照（戚健俐、朱滢，2002），在老年人中还可以是周恩来参照（杨红升、朱滢，2002）。

在分类上，自传记忆有自觉性（voluntary）和自发性（involuntary）（也有研究将其翻译为随意性和不随意性）之分，区别是前者有线索提示（Berntsen，1998）而后者没有。自发性自传记忆完全是一种无目的、无计划、无意志努力的突发性回忆（Berntsen，1996），具有自下而上直接提取（Conway，2005）、反应时更短、情节更丰富、情绪影响更深（Berntsen，2010）的特点。研究者在怀旧效应的研究中发现，进入老年的人虽然记忆力越来越差，却越来越觉得"往事历历在目，清晰如昨"（德拉埃斯马，2011：19）。正是这种自发性让媒介参与怀旧时，不仅仅是怀旧的对象，更是怀旧的表达形式和工具。心理学家 Tulving（1972；1983）曾将自传记忆归为情景记忆（episodic memory），区别于语义记忆（semantic memory）的客观性和知识性，情景记忆主观且与情感关系密切，是将自我定位到曾经历的事件中重新体验的一种主观时间知觉（chronosthesia）（Tulving，2002）。这种知觉在后续研究中也被称为心理时间旅行（metal time trave，简称 MTT）（Murray，2003），原因是记忆内容同时参与回忆过去和想象未来（Schacter，Addis，& Buckner，2007；Suddendorf，2010）。多项脑成像技术均发现，回忆过去和想象未来激活了相似的大脑神经网络（Botzung，Denkova，& Manning，2008；Rasmussen，2013），包括海马体和大脑前额叶皮层的部分区域，而对这种跨时间连续性进行统筹的正是自我（Arzy，Molnar - Szakacs，& Blanke，2008）。当人们以过去的经验为基础想象未来时，未来在人脑中只是模拟，其方式是对记忆中的过去信息进行重构（Schacter，Addis，& Buckner，2008），而当媒介加入为回忆过去提供更加丰富且具体的材料时，想象未来也同样拥有了更多的素材。

2. 怀旧的本质是基于自我的时间观

自传记忆与怀旧的含义有所交叠但并不完全等同，如果按照 Holak 等（1998）的二维分类，自传记忆仅仅只是个人怀旧、文化怀旧等直接怀旧部分，而未将人际怀旧、虚拟怀旧等间接怀旧类型囊括进来。尽管如此，受自传记忆的启发，我们可以看到怀旧的认知基础具有以下特点，一是受自我所牵引，并在群体互动中形成；二是既可以在启动刺激下自觉产生，也可以完全自发产生，且后者可能更重要；三是其材料同时参与回忆过去和想象未来，从而形成一种如同在内心进行时间旅行的主观时间观。关于心理时间旅行较新的研究认为，有必要结合集体记忆，研究集体心理时间旅行（collective mental time travel）（Szpunar & Szpunar, 2016；Michaelian & Sutton, 2019），分析群体如何利用过去信息构想未来，已有实验研究发现，对集体的过去和未来等时间上的关注会影响集体的认同感和延续性（Peetz & Wohl, 2019），这一发现似乎可以部分解释间接怀旧，却仍未将这种时间观与怀旧的自发性联系起来，更未考虑到新媒介对记忆的改变。所以本文基于传播心理学的视角，认为怀旧作为一种与自我相关的情感，在认知基础上受自传记忆的影响，其来源是一种基于自我的时间观，比如在 Galton 的怀旧效应中便体现为一种回到生命中青年少时的美好愿望。

当媒介参与到人类记忆中时，无论是这种时间观，还是可被体验的过去，其选择都变得丰富而多元，并通过不同的新媒介使用行为表现出来，形成本文所说的媒介怀旧。在媒介使用越来越主动的今天，人与技术的互动可能会改变记忆的方式，包括自传记忆的形成方式，所以媒介怀旧不仅是怀旧这一感觉，还与社会转型和技术迭代中媒介对人类记忆的塑形力相关联，这让媒介怀旧不再包含于怀旧之中，而是成为一个独立的概念。其中媒介与怀旧互为主体，两者之间既可以是媒体激活了建构互动的需求，也可以是有体验的需求去主动建构与媒介的关系。此时，我们将媒介怀旧与怀旧区别开来的必要性至少体现在以下三个方面。第一，参与自传记忆外生变量的互动群体，伴随着社会转型的结构性流动和人际交流的线上参与，除了原有首属群体之外，还可以是基于媒介圈群交往或代际共性的虚拟群体，既可以是老乡、同学等有确定交往关系的群体，也可以是粉丝、"80 后"等线上趣缘群体。第二，媒介化环境让自传记忆的自发性在表达怀旧情绪之前，首先表现为一种媒介使用行为，比如根据突然想起的关键词检索有关过去的内容，或者微信联系与之有关的人。第三，因为新媒介对于人类记忆的参与，间接怀旧的内容虽未以真实经历进入自传记忆，却不排除通过记忆共享被纳入自我的可能，这让基于自我的时间观突破青年时代回忆高峰的限制，将更多生命时间之外的过去材料拿来想象未来。

（二）媒介怀旧：被媒介改变的时间观

如上所述，媒介怀旧是一种基于自我的时间观在新媒介参与记忆后的改变和选择。在媒介作为对象时，其可以成为怀旧自觉性的有效刺激；在媒介作为表达形式时，其可以体现怀旧的自发性；在媒介作为工具时，其参与自我与所在群体等外生变量的互动，从根本上影响自传记忆等怀旧内容的生成。所以，以下对媒介怀旧的分析同样需要在分析新媒介参与记忆的认知变化后，再理解媒介怀旧中的时间观变化。

1. 新媒介改变自传记忆

我们在分析新媒介对自传记忆的参与之前，有必要先看看媒介参与记忆的研究进展。心理学实验研究发现，当人们认为资讯可以被存储在电脑或网络上时，便不再记住资讯本身，而是只记住存储资讯的位置（Sparrow，Liu，& Wegner，2011），这一现象称为记忆的谷歌效应（google effect）。类似于谷歌效应媒介参与记忆的研究被称为媒介记忆（media memory）。由于媒介本身的社会属性，媒介记忆最初的理论基础就是集体记忆（collective memory）（Kitch，2005；Neiger，Meyers，& Zandberg，2011），比如媒介如何改变传统媒体叙事（Ashuri，2011），甚至想象一个新的历史时期（Frosh，2011）。然而随着媒介使用越来越个人化和分众化，也有研究关注媒介对个人感官记忆的改变，比如，将过去和历史像假肢一样穿戴在身上的"假肢记忆"（prosthetic memory）（Landsberg，2004：2），或对前代人经历如同亲身经历的"后记忆"（postmemory）（Hirsch，2012：5）形式。简言之，媒介参与让记忆成为一个多方力量的博弈场，在官方相对单一的主流记忆框架外增加了多角度的记忆内容，这使亲身经历之外的记忆或历史以媒介为工具参与自我的理解和形成，让间接怀旧的材料来源更为丰富且便利。

此时，媒介怀旧中的时间观不必完全遵循自传记忆的年龄特点，而是在自我的牵引下体现在各年龄段的媒介使用者身上，其"过去"也不再局限于生命时间，比如很多年轻的网生代所认为的怀旧歌曲大多不是他们青春年少时所听的，而是流行于 20 世纪 80 年代前后的港台金曲。除了媒介记忆，对信息网络参与记忆的数字记忆（digital memory）研究提出数字记忆有备忘记忆（memobilia）、共享记忆（shared memory）和档案的数字化三种类型（Garde - Hansen，Hoskins，& Reading，2009：82 - 113），其研究重点是数字化存储，比如档案学中以数字形式存储文化遗产（冯惠玲，2020）。但比较值得一提的是备忘记忆，它将人机交互时代的网络存储比作一个可随身携带又拥有无限空间的备忘录，在互动中不断生成，同时，又像模因（meme）一样被无限复制传播。这种互动是人与人之间通过媒介进行的互动，其直接表现却是人与媒介的互动，这使得形成自传记忆的参照群体、文化背景等外生变量因媒介参与而改变。参照群体除了面对面交往的首属群体，还有网络圈群交往中的虚拟群体，而文化背景除了既有传统文化，还有各种网络亚文化，比如动漫、同人、古风等。前文中提到的模拟怀旧、中介化怀旧或屏幕怀旧，可理解为媒介文化模因传播更替的具体表现，媒介与怀旧之间进一步体现为一种相互建构的过程。

2. 媒介怀旧的用户行为

新媒介参与让媒介怀旧中的时间观以自我为中心却不拘于固定的时间形式和内容，而是伴随个体化的深入需要每个人予以选择。在当下这样一个时间横切面中，不同年龄阶段的人将媒介作为工具回忆"过去"、串联"过去"，甚至把玩"过去"，利用媒介以谷歌记忆或数字记忆等形式所提供的材料更具体地模拟未来。不同行为背后其实是不同的时间观选择，所以作为新媒介参与下多元时间观的媒介怀旧，仍需以不同的媒介使用行为表现出来。这样的行为至少可以包括三种，第一种是利用社交媒介勾连过去的人、事、物；第二种是通过媒介重现过去的文字、图像、音乐、视频；第三种是在媒介化生存中参与怀旧相关的媒介内容呈现，接下来逐个进行说明。第一种是在社交媒介中寻找曾经的群体归属感，比如同学、战友不时以私聊或群聊的方式展开回忆，在收拾老物件或故地重游时拍下照片分享，寻求情感共鸣。其中媒介只是怀旧的工具，其特点与自传记忆一样，参与者以中老年用户为主，回忆内容集中于青年时代，其时间观是将自我放回到曾经某一时间点重新体验，故可以称之为"返回式媒介怀旧"。这一行为弥补了因为空间流动而切断的群体互动，通过线上交往强化了自传记忆的自发性，提升后者对自我的积极情感价值（屈晓兰等，2014）。第二种与狭义的媒介怀旧多有重合，但同时包含有媒介刺激和完全自发的行为，听老歌、看老片，检索过时的媒介技术物质形式，通过媒介再现"媒介"，被称为"复现式媒介怀旧"。该行为将自我放回过去重新体验的方式不再是一点，而是很多点，体验者将周遭变化以先后顺序与自己的生命历程串联起来，具有维持和强化自我连续性的作用（Berntsen & Jacobsen，2008）。其时间观与工业化时间的线性特点相匹配，参与者以出生于"改革开放"后的中青年用户为主。

如果说返回式媒介怀旧与复现式媒介怀旧仍然是真实过去的再现，那还有一种媒介怀旧却不是完全真实的过去，而是基于真实过去的重构与再造，类似于之前提到的模拟怀旧和屏幕怀旧。在借助怀旧的渴望之情进行文字、图片，以及视频等媒介内容生产时，以网络新生代为代表的新媒介用户使用的材料往往不限于生命时间，还有一些带有"过去时代感""历史感"的媒介符号，他们所理解的怀旧之意更接近于间接怀旧，尤其是基于合理想象的虚拟怀旧。当怀旧材料在媒介参与下变得无限丰富，用户将自我放回过去重新体验的方式不再是线性的物理时间，而是遵循一种自我的、自发的，而且是悦己的、体验式的叙事时间，比如在老工厂创意园拍照并用怀旧滤镜修图，在各种穿越剧、快穿短视频或网游、剧本杀游戏中，用服装、造型、道具和后期处理等方式打造"80年代""民国""清宫"，以及"盛唐"等过去场景，当用户进入这种叙事时间，便不再与外部线性逻辑进行比较，而是形成故事自身的内在逻辑和创造性阐释。在这个过程中，怀旧情感刺激着用户的好奇心，促使他们积极参与到故事中，媒介的可供性提供着可用素材限制着叙事方向，将未经之过去以半真实半想象的方式纳入当下生活的认识，看似混乱的时间观背后仍在建构着自身的意义。这其中，因为新的叙事方式已将"过去"打散重建，故被称为"重构式媒介怀旧"。

需要注意的是，虽然模拟怀旧、中介化怀旧和屏幕怀旧都有重构之意，但本质却不同。当我们用媒介与怀旧的关联形式看待怀旧时，无论肯定还是批判均是传者视角，而重构式媒介怀旧同返回式、复现式媒介怀旧一样，从传播心理学视角对人的关注出发，基于受众或用户视角进行研究。重构式媒介怀旧中自我重新体验过去的方式显然不是一维的点或二维的点，而是有了"万物互联"时代的分布式特点。对这种时间观的理解可借助海德格尔（2008：211～212）"林中空地"（德语 lichtung，也有译作"澄明"）的隐喻，"过去"由媒介铺陈为一片空地，而被取来进行媒介化生存和表达的部分，如同被林间缝隙的"阳光"所照耀，不是原封不动的再现，而是进行了重演（widerholung）（海德格尔，2014：386）。"重构"之意正是因为用户借助网络媒介拆解了时空原有序列，将生命时间之外的无限历史空间纳入当下参与重构，其时间观突破原来的维度限制，从而更需要在变迁中寻找一种时间性（zeitlichkeit）认同感。通过值得怀念之物的重现，一个时代或一段历史所留下的情感、精神、意义和价值观也被强化并纳入个体自我当中，形成一种更具纵深感的集体自我连续性，比如在《牧马人》中感动年轻人的是长辈们朴实的爱情，而《我在故宫修文物》表现的是工匠精神，《觉醒年代》的破圈则是因为剧中的民族大义和家国情怀。正是这些藏于文化的深意，使得重构式媒介怀旧虽然艺术性大于真实性，但却能以更大的解构和创新空间，褪去绝对真实的包袱，获得吐故纳新的动力。它是用户在媒介化时代通过怀旧完善时间性自我的需求，也是以媒介为代表的文化产业和主流意识形态对这种需求的回应，两者相辅相成并发挥对未来的指导作用。

综上所述，本文梳理了怀旧的学术史，发现怀旧作为一种与自我相关的情感，其认知基础是自传记忆，而根本来源是一种与自我相关联的时间观。因为新媒介对自传记忆内容和形成过程的参与，让这种时间观因可选择而变得多元，可以是一个的节点、二条的直线，也可以是三维的平面，分别表现为返回式、复现式和重构式的媒介怀旧行为。返回式媒介怀旧将社交媒体作为工具直接参与自传记忆；复现式媒介怀旧将旧媒介内容和形式作为对象激发情感体验；重构式媒介怀旧将媒介作为存储工具和表达形式参与"视频化生存"，从简单地重复过去变为重构过去以模拟未来。至此，媒介怀旧不再是笼统的怀旧，而是建构性的怀旧，是在媒介为工具的参与下建构怀旧的多元时间观，在自我的牵引下让过去服务于未来。在认知上拓展自我连续性，在情感上选择群体归属，在行为上展现个性、表达自我，在群体层面传承深层文化精神。值得一提的是，从当下这个时间横切面上看，中老年群体在返回式媒介怀旧中的回忆高峰期，正是网络新生代正在经历的青年时期，同时也是社会学意义上"代"的形成时期。因为青年时期"受相同的历史事件影响"的人"在社会整体中占有类似的位置"（陈辉、熊春文，2011），所以他们才成为同一代人。而复现式媒介怀旧更是通过在这一时期提供陪伴的媒介差异，将代际的区隔标记出来，使得媒介怀旧中的时间观选择差异集中体现在代与代之间，这有待进一步实证研究加以说明。

参考文献

陈楚洁，2015，《媒体记忆中的边界区分、职业怀旧与文化权威——以央视原台长杨伟光逝世的纪念话语为例》，《国际新闻界》第 12 期。

陈欢、毕圣、庞隽，2016，《权力感知对怀旧偏好的影响机制》，《心理学报》第 12 期。

陈辉、熊春文，2011，《关于农民工代际划分问题的讨论——基于曼海姆的代的社会学理论》，《中国农业大学学报》（社会科学版）第 4 期。

陈娇华，2008，《解构中蕴涵着怀旧——从爱情书写角度考察叶兆言的新历史小说》，《当代文坛》第 5 期。

常江、何仁亿，2020，《安德烈亚斯·赫普：我们生活在"万物媒介化"的时代——媒介化理论的内涵、方法与前景》，《新闻界》第 6 期。

董丽敏，2008，《"上海想象"："中产阶级" + "怀旧"政治？——对 1990 年代以来文学"上海"的一种反思》，《南方文坛》第 6 期。

樊惠颖、李峥，2014，《怀旧疗法在老年痴呆患者中的应用进展》，《中华护理杂志》第 6 期。

方建东、常保瑞，2019，《怀旧与亲社会行为的关系：一个有中介的调节模型》，《心理发展与教育》第 3 期。

冯惠玲，2020，《数字记忆：文化记忆的数字宫殿》，《中国图书馆学报》第 5 期。

高婧、冯辉、袁群、何国平，2011，《怀旧团体心理干预对社区老年人抑郁症状和生活满意度的影响》，《中国老年学》第 3 期。

郭彦，2017，《怀旧文化构成维度对老字号品牌资产的影响机理及传承策略》，博士学位论文，东华大学旭日工商管理学院。

何家讯，2010，《我们如何怀念过去？中国文化背景下消费者怀旧倾向量表的开发与比较验证》，《营销科学学报》第 10 期。

贺仲明，2013，《怀旧·成长·发展——关于"70 后作家"的乡土小说》，《暨南学报》（哲学社会科学版）第 1 期。

胡铁强，2006，《中国文学中的怀旧情结及其价值评判》，《文艺理论与批评》第 3 期。

姜娜、胡还甫、蒋渝、陈茵，2014，《怀旧治疗配合穴位按摩对社区空巢老人抑郁症状的影响》，《中国老年学》第 20 期。

金丹元，2015，《对当下国产青春片"怀旧"叙述的反思》，《文艺研究》第 10 期。

李红涛，2016，《"点燃理想的日子"——新闻界怀旧中的"黄金时代"神话》，《国际新闻界》第 5 期。

李玲、杨宜音，2021，《叠合认同：新媒介参与下随迁母亲的多重身份建构》，《中国社会心理学评论》第 1 期。

李泽厚，2012，《说文化心理》，上海译文出版社。

刘于思，2018，《从"记忆的技术"到"技术的记忆"：技术怀旧的文化实践、情感方式与关系进路》，《南京社会科学》，第 5 期，第 121 ~ 127、135 页。

纳尔逊·格雷本，2003，《旅游、现代性与怀旧》，张晓萍、刘天曌编译，《民族艺术研究》第 5 期。

彭兰，2020，《视频化生存：移动时代日常生活的媒介化》，《中国编辑》第 4 期。

戚健俐、朱滢，2002，《中国大学生的记忆的自我参照效应》，《心理科学》第 3 期。

屈晓兰、钟毅平、杨青松、孟红，2014，《自发性自传体记忆：功能、特征及其理论解释》，《心理科学进展》第 2 期。

沈毅，2013，《建构主义视野下的自传体记忆研究》，博士学位论文，吉林大学哲学社会学院。

施畅，2019，《视旧如新：媒介考古学的兴起及其问题意识》，《新闻与传播研究》第 7 期。

唐宏峰，2015，《怀旧的双重时间——〈匆匆那年〉与 80 后青春怀旧片》，《当代电影》第 2 期。

王艳，2019，《移动连接与"可携带社群"："老漂族"的微信使用及其社会关系再嵌入》，《传播与社会学刊》第 47 期。

吴亭静、王黑特，2021，《文化类真人秀节目的怀旧叙事与文化意义探析》，《中国电视》第 1 期。

杨红升、朱滢，2002，《老年中国人自我记忆效应的研究》，《心理科学》第 1 期。

张荣恺，2015，《"过往"时空的影像审美与怀旧消费》，《当代电影》第 7 期。

张义、孙明贵，2011，《基于怀旧情感的企业怀旧营销策略研究——以回力鞋为例》，《上海管理科学》第 6 期。

张莹，2011，《消费者怀旧产品购买行为主要影响因素的实证研究》，博士学位论文，东华大学旭日工商管理学院。

张镇、张建新，2008，《自我、文化与记忆：自传体记忆的跨文化研究》，《心理科学进展》第 2 期。

张子霁、廖翌凯、江伟、程蕾、苏丹，2009，《自传体记忆与自我概念》，《西南大学学报》（社会科学版）第 2 期。

赵静蓉，2003，《现代怀旧的三张面孔》，《文艺理论研究》第 1 期。

赵静蓉，2005，《想象的文化记忆——论怀旧的审美心理》，《山西师大学报》（社会科学版）第 2 期。

周明鹃，2003，《论〈长恨歌〉的怀旧情结》，《中国文学研究》第 2 期。

周志强，2015，《青春片的新怀旧美学》，《南京社会科学》第 4 期。

施蒂格·夏瓦，2018，《文化与社会的媒介化》，刘君等译，复旦大学出版社。

马丁·海德格尔，2014，《存在与时间》，陈嘉映、王庆节合译，生活·读书·新知三联书店。

马丁·海德格尔，2008，《思的经验（1910－1976）》，陈春文译，人民出版社。

西格弗里德·齐林斯基、唐宏峰、杨旖旎，2020，《媒体考古学：概念与方法——西格弗里德·齐林斯基访谈》，《电影艺术》第 1 期。

杜威·德拉埃斯马，2011，《怀旧制造厂：记忆·时间·变老》，李炼译，花城出版社。

吕坤维，2019，《中国人的情感——文化心理学的阐释》，谢中垚译，北京师范大学出版社。

斯维特兰娜·博伊姆，2010，《怀旧的未来》，译林出版社。

Anderson, S. J. & Conway, M. A. (1993). Investigating the Structure of Autobiographical Memory. *Journal of Experimental Psychology*: *Learning*, *Memory and Cognition*, 19, 1178 – 1196.

Arzy, S. , Molnar – Szakacs, I. & Blanke, O. (2008). Self in Time: Imagined Self-location Influences Neural Activity Related to Mental Time Travel. *Journal of Neuroscience*, 28, 6502 – 6507.

Ashuri, T. (2011). Joint Memory: ICT and the Rise of Moral Mnemonic Agents. In M. Neiger, O. Meyers & E. Zandberg (Eds.), *On media memory*: *Collective memory in a new media age* (pp. 104 – 115). London: Palgrave Macmillan.

Baker, S. M. , & Kennedy, P. F. (1994). Death by Nostalgia: A Diagnosis of Context-specific Cases. *Advances in Consumer Research*, 21, 169 – 174.

Barrett, F. S. , Grimm, K. J. , Robins, R. W. , Wildschut, T. , Sedikides, C. & Janata, P. (2010). Music-evoked Nostalgia: Affect, Memory and Personality. *Emotion*, 10 (3), 390 – 403.

Batcho, K. I. (1995). Nostalgia: A Psychological Perspective. *Perceptual and Motor Skills*, 80 (1), 131 – 143.

Berntsen, D. (1996). Involuntary Autobiographical Memories. *Applied Cognitive Psychology*, 10, 435 – 454.

Berntsen, D. (1998). Voluntary and Involuntary Access to Autobiographical Memory。 *Memory*, 6 (2), 113 – 141.

Berntsen, D. (2010). The Unbidden Past: Involuntary Autobiographical Memories as a Basic Mode of Remembering. *Current Directions in Psychological Science*, 19 (3), 138 – 142.

Berntsen, D. & Jacobsen, A. S. (2008). Involuntary (spontaneous) Mental Time Travel into the Past and Future. *Consciousness and Cognition*, 17 (4), 1093 – 1104.

Bick, J. L. (2017). Faint Glimmers of Civilization: Mediated Nostalgia and "The Grand Budapest Hotel", *Cinesthesia*, 6 (1), Article 1.

Botzung, A., Denkova, E., Manning, L. (2008). Experiencing Past and Future Personal Events: Functional Neuroimaging Evidence on the Neural Bases of Mental Time Travel. *Brain and Cognition*, 66 (2), 202 – 212.

Brewer, W. F. (1986). What is Autobiographical Memory? In Rubin, P. C. (Eds.), *Autobiographical Memory* (pp. 21 – 90). Cambridge: Cambridge University Press.

Caoduro, E. (2014). Photo Filters Apps: Understanding Analogue Nostalgia and in the New Media Ecology, *Networking Knowledge: Journal of the MeCCSA – PGN*, 7 (2), 67 – 82.

Caton, K. & Santos, C. A. (2007). Heritage Tourism in Route 66. *Journal of Travel Research*, 45 (4), 371 – 386.

Cheung, W. Y., Wildschut, T., Sedikides, C., Hepper, E. G., Arndt, J. & Vingerhoets, A. J. J. M. (2013). Back to the Future: Nostalgia Increases Optimism. *Personality and Social Psychology Bulletin*, 39 (11), 1484 – 1496.

Christine, S. (2009). *Screening Nostalgia: Populuxe Props and Technicolor Aesthetics in Contemporary American Film*, London & New York: Berghahn Books.

Conway, M. A. (2005). Memory and the Self. *Journal of Memory & Language*, 53 (4), 594 – 628.

Cox, C. R., Kersten, M., Routledge, C., Brown, E. M. & Van Enkevort, E. A. (2015). When Past Meets Present: the Relationship Between Website-induced Nostalgia and Well-being. *Journal of Applied Social Psychology*, 45 (5), 282 – 299.

Davis, F. (1979). *Yearning for Yesterday: A Sociology of Nostalgia*. New York: Free Press.

Evans, N. D., Reyes, J., Wildschut, R. T., Sedikides, C. & Fetterman, A. K. (2020). Mental Transportation Mediates Nostalgia's Psychological Benefits, *Cognition and Emotion*, 35 (1), 84 – 95.

Freud, S. (1971). "Screen Memories", *The Standard Edition of the Complete Psychological Works of Sigmund Freud*, vol. 3, Richmond: Hogarth Press.

Frosh, P. (2011). Television and the Imagination of Memory: Life on Mars. In M. Neiger, O. Meyers & E. Zandberg (Eds.), *On Media Memory: Collective Memory in a New Media Age* (pp. 117 – 131). London: Palgrave Macmillan,

Galton, F. (1879). Psychometric Experiments. *Brain*, 2, 148 – 162.

Garde – Hansen, J., Hoskins, A. & Reading, A. (2009). *Save As … Digital Memories*, London: Palgrave Macmillan.

Garrido, S. & Davidson, J. W. (2019). *Music, Nostalgia and Memory: Historical and Psychological Perspectives*. London: Palgrave Macmillan.

Goulding, C. (1999). Heritage, Nostalgia, and the "Grey" Consumer. *Journal of Marketing Practice: Applied Marketing Science*, 5 (6), 177 – 99.

Goulding, C. (2001). Romancing the Past: Heritage Visiting and the Nostalgic Consumer. *Psychology & Marketing*, 18, 565 – 592.

Goulding, C. (2002). An Exploratory Study of Age Related Vicarious Nostalgia and Aesthetic Consumption. *Advances in consumer research*, 29 (4), 542 – 546.

Hepp, A. (2020). *Deep Mediatazation*, London & New York: Routledge.

Hirsch, M. (2012). *The Generation of Postmemory: Writing and Visual Culture After the Holocaust.* New York: Columbia University Press.

Hofer, J. (1688). Medical Dissertation on Nostalgia. *Bulletin of the History of Medicine*, 2, 376 – 391.

Holak, S. L. & Havlena, W. J. (1992). Nostalgia: An Exploratory Study of Themes and E-motions in the Nostalgic Experience. *Advances in Consumer Research*, 19, 380 – 387.

Holak, S. L. & Havlena, W. J. (1998). Feelings, Fantasies, and Memories: an Examination of the Emotional Components of Nostalgia. *Journal of Business Research*, 42 (3), 217 – 226.

Holak, S. L. , Havlena, W. J. & Matveev, A. V. (2007). Nostalgia in Post-socialist Russia: Exploring Applications to Advertising Strategy. *Journal of Business Research*, 60, 649 – 655.

Holak, S. L. , Havlena, W. J. & Matveev, A. V. (2006). Exploring Nostalgia in Russia: Testing the Index of Nostalgia. Proneness. *European Advances in Consumer Research*, 7, 33 – 40.

Holbrook, M. B. (1993). Nostalgia and Consumption Preferences: Some Emerging Patterns of Consumer Tastes. *Journal of Consumer Research*, 20, 245 – 256.

Holbrook, M. B. , Schindler, R. M. (1989). Some Exploratory Findings on the Development of Musical Tastes. *Journal of Consumer Research*, 16, 119 – 124.

Huggins, J. B. (2021). *Screening Nostalgia: Time, Memory, and the Moving Image.* Ph. D. Dissertation. Boston: Boston University.

Jameson, F. (1991). *Postmodernism, or the Cultural Logic of Late Capitalism*, Durham: Duke University Press.

Jenkins, C. (2016). Book Review Mediated Nostalgia: Individual Memory and Contemporary Mass Media, *Canadian Journal of Communication*, 43 (3), 492 – 495.

Kessous, A. & Roux, E. (2008). A Semiotic Analysis of Nostalgia as a Connection to the Past. *Qualitative Market Research: An International Journal*, 11, 192 – 212

Kitch, C. (2005). *Pages from the Past: History and Memory in American Magazines.* Chapel Hill: University of North Carolina Press.

Lamude, D. (1990). A Cultural Model of Nostalgia and Media Use. *World Communication*, 19, 2, 37 – 51.

Landsberg, A. (2004). *Prosthetic Memory: The Transformation of American Remembrance in the Age of Mass Culture.* New York: Columbia University Press.

Lasch, C. (1984). The Politics of Nostalgia. *Harper's Magazine*, 1614, 65 – 70.

Livingstone, S. M. (2009). On the Mediation of Everything. *Journal of Communication*, 59, 1 – 18.

Malek, A. (2019). Subjunctive Nostalgia of Postmemorial Art: Remediated Family Archives in the Iranian Diaspora, *Memory Studies*, 14 (2), 140 – 158.

Mardrigal, R. & Boerstler, C. (2007). Nostalgia Advertisements: A Content Analy-

sis. Advances in Consumer Research, 34, 424 – 426.

Marks, L. U. (2002). *Touch. Sensuous Theory and Multisensory Media*. Minneapolis: University of Minnesota Press.

Meng, J. (2020). *Fragmented Memories and Screening Nostalgia for the Cultural Revolution*. Hong Kong: Hong Kong University Press.

Menke, M. (2017). Seeking Comfort in Past Media: Modeling Media Nostalgia as a Way of Coping With Media Change, *International Journal of Communication*, 11, 626 – 646.

Meyers, O. (2009). The Engine's in the Front, but its Heart's in the Same Place: Advertising, Nostalgia, and the Construction of Commodities as Realms of Memory, *Journal of Popular Culture*, 42 (4), 732 – 54.

Michaelian, K. & Sutton, J. (2019). Collective Mental Time Travel: Remembering the Past and Imagining the Future Together. *Synthese*, 196, 4933 – 4960.

Murray, B. (2003). What Makes Mental Time Travel Possible? *Monitor Staff*, 34 (9), 62.

Nauright, J. & White, P. (2002). Mediated Nostalgia, Community and Nation: The Canadian Football League in Crisis and the Demise of the Ottawa Rough Riders 1986 – 1996. *Sport History Review*, 33, 121 – 137.

Neiger. M. , Meyers, O. & Zandberg, E. (Eds.), (2011). *On Media Memory: Collective Memory in a New Media Age*. London: Palgrave Macmillan.

Niemeyer, K. & Wentz, D. (2014). Nostalgia Is Not What It Used to Be: Serial Nostalgia and Nostalgic Television Series In: K. Niemeyer (Eds.), *Media and Nostalgia: Yearning for the Past* (pp. 192 – 175). London: Palgrave Macmillan.

Niemeyer, K. (2014). *Media and Nostalgia: Yearning for the Past, Present and Future*, London: Palgrave Macmillan.

O'Sullivan, L. G. (2006). *Dying for Home: The Medicine and Politics of Nostalgia in Nineteenth – Century France*. London: Queen Mary University.

Pawelek, L. D. (2017), March. *Screening Nostalgia in Bilingual Memoir: From Poison to a Cure*. Paper presented at the meeting of South East Coastal Conference on Languages & Literatures, Statesboro, GA.

Peetz, J. & Wohl, M. J. A. (2019). Perceiving Time through Group – based Glasses: Collective Temporal Orientation. *British Journal of Social Psychology*, 58 (3), 609 – 629.

Pickering, M. & Keightley, E. (2006). The Modalities of Nostalgia. *Current Sociology*, 54 (6), 919 – 941.

Pickering, M. & Keightley, E. (2014). Retrotyping and the Marketing of Nostalgia. In: K. Niemeyer (Eds.), *Media and Nostalgia: Yearning for the Past* (pp. 83 – 94). London: Palgrave Macmillan.

Rasmussen, K. W. (2013). The Role of the Hippocampus and Prefrontal Cortex in imagining the Future: Insights from Studies of Patients with Focal Brain Lesions. *Nordic Psychology*, 65 (2), 166 – 188.

Reynolds, S. (2011). *Retromania: Pop Culture's Addiction to Its Own Past*. New York:

Faber & Faber.

Routledge, C. (2016). *Nostalgia: A Psychological Resource*. London & New York: Routledge.

Routledge, C., Wildschut, T., Sedikides, C., Juhl, J. & Arndt, J. (2012). The Power of the Past: Nostalgia as a Meaning-making Resource. *Memory*, 20, 452 – 460.

Roy, E. A. (2018). Book Review: Nostalgic Generations and Media: Perception of Time and Available Meaning by Ryan Lizardi, *Journalism & Mass Communication Quarterly*, 96 (2), 644 – 647.

Rush, B. (1835). *Medical Inquiries and Observations Upon the Diseases of the Mind*. Philadelphia: Grigg and Elliot.

Schacter, D. L., Addis, D. R. & Buckner, R. L. (2007). Remembering the Past to Imagine the Future: the Prospective Brain. *Nature Reviews Neuroscience*, 8 (9), 657 – 661.

Schacter, D. L., Addis, D. R. & Buckner, R. L. (2008). Episodic Simulation of Future Events: Concepts, Data, and Applications. *The Year in Cognitive Neuroscience*, 1124, 39 – 60.

Schrey, D. (2014). Analogue Nostalgia and the Aesthetics of Digital Remediation. In: K. Niemeyer (Eds.), *Media and Nostalgia: Yearning for the Past* (pp. 27 – 38). London: Palgrave Macmillan.

Schulz, W. (2004). "Reconstruction Mediatization as an Analytical Concept", *European Journal of Communication*, 19 (1), 87 – 101.

Sedikides, C. & Wildschut, T. (2018). Finding Meaning in Nostalgia. *Review of General Psychology*, 22, 48 – 61.

Sedikides, C., Wildschut, T. & Baden, D. (2004). Nostalgia: Conceptual Issues and Existential Functions. In J. Greenberg, S. Koole & T. Pyszczynski (Eds.), *Handbook of Experimental Existential Psychology* (pp. 200 – 214). New York: Guilford.

Sparrow, B., Liu, J. & Wegner, D. M. (2011). Google Effects on Memory: Cognitive Consequences of Having Information at Our Fingertips. *Science*, 333 (6043), 776 – 778.

Stephan, E., Sedikides, C., Wildschut, T., Cheung, W. Y., Routledge, C. & Arndt, J. (2015). Nostalgia – evoked Inspiration: Mediating Mechanisms and Motivational Implications. *Personality and Social Psychology Bulletin*, 41 (10), 1395 – 1410.

Stern, B. B. (1992). Historical and Personal Nostalgia in Advertising Text: The Fin de siècle Effect. *Journal of Advertising*, 21, 11 – 22.

Suddendorf, T. (2010). Episodic Memory Versus Episodic Foresight: Similarities and Differences. *Cognitive Science*, 1, 99 – 107.

Szpunar, P. M. & Szpunar, K. K. (2016). Collective Future Thought: Concept, Function, and Implications for Collective Memory Studies. *Memory Studies*, 9 (4), 376 – 389.

Tulving, E. (2002). Chronesthesia: Conscious Awareness of Subjective Time. In D. T. Stuss & R. T. Knight (Eds.), *Principles of Frontal Lobe Function* (pp. 311 – 325). New York: Oxford University Press.

Tulving, E. (1972). Episodic and Semantic Memory. In E. Tulving & W. Donaldson (Eds.), *Organization of Memory* (pp. 381 – 403). New York: Academic Press.

Tulving, E. (1983). *Elements of Episodic Memory*. Oxford: Oxford University Press.

Turner, R. N. , Wildschut, T. , Sedikides, C. & Gheorghiu, M. (2013). Combating the Mental Health Stigma with Nostalgia. *European Journal of Social Psychology*, 43 (5), 413 – 422.

Van der Heijden, T. (2015). Technostalgia of the Present: From Technologies of Memory to a Memory of Technologies. *European Journal of Media Studies*, *NECSUS* 4 (2), 103 – 121.

Van Tilburg, W. A. P. , Igou, E. R. & Sedikides, C. (2013). In Search of Meaningfulness: Nostalgia as an Antidote to Boredom. *Emotion*, 13, 450 – 461.

Wang, Q. (2006). Culture and the Development of Self – Knowledge. *Current Directions in Psychological Science*, 15 (4), 182 – 187.

Werman, D. S. (1977). Normal and Pathological Nostalgia. *Journal of the American Psychoanalytic Association*, 25 (398), 395 – 396.

Whetmore, E. J. (1981). *The Magic Medium: An Introduction to Radio in America*. Belmont: Wadsworth Publishing Company.

Wildschut, T. , Bruder, M. , Robertson, S. , Van Tilburg, A. P. W. & Sedikides, C. (2014). Collective Nostalgia: A Group-level Emotion that Confers Unique Benefits on the Group. *Journal of Personality and Social Psychology*, 107, 844 – 863.

Wildschut, T. , Sedikides, C. & Robertson, S. (2018). Sociality and Intergenerational Transfer of older Adults' Nostalgia. *Memory*, 26, 1030 – 1041.

Wildschut, T. , Sedikides, C. , Routledge, C. , Arndt, J. & Cordaro, P. (2010). Nostalgia as a Repository of Social Connectedness: The Role of Attachment-related Avoidance. *Journal of Personality and Social Psychology*, 98, 573 – 586.

Wilson, J. (1999). " 'Remembering When…' A Consideration of the Concept of Nostalgia". *Et Cetera*, 56 (3), 296 – 304.

Wulf, T. & Rieger, D. (2018). Wallowing in Media Past: Media-induced Nostalgia's Connection to Parasocial Relationships. *Communication Research Reports*, 35 (2), 178 – 182.

Wulf, T. , Bonus, J. A. & Rieger, D. (2018). The Inspired Time traveler: Examining the Implications of Nostalgic Entertainment Experiences for Two-factor Models of Entertainment, *Media Psychology*, 22 (5), 795 – 817.

Wulf, T. , Rieger, D. & Schmitt, J. B. (2018). Blissed by the Past: Theorizing Media-induced Nostalgia as an Audience Response Factor for Entertainment and Well – being. *Poetics*, 69, 70 – 80.

Zhou, X. Y, Wildschut, T. , Sedikides, C. , Chen, X. X. & Vingerhoets, A. J. J. M. (2012). Heartwarming Memories: Nostalgia Maintains Physiological Comfort. *Emotion*, 12, 678 – 684.

Zhu, Y. & Zhang, L. (2002). An Experimental Study on the Self – reference Effect. *Science in China (Series C)*, 45 (2), 120 – 128.

《中国社会心理学评论》 第 22 辑

第 90～108 页

© SSAP，2022

关系破冰：高居住流动性环境下的口碑
传播及其心理功能*

李雅雯　杨婧洁　王　芳**

摘　要：基于社会生态心理学视角，本研究对口碑传播在高居住流动性环境下的心理功能进行了探索。研究一发现个体的居住流动性与口碑传播意愿呈正相关关系，研究二进一步探明了二者的因果关系及关系不确定性在其中的解释作用，研究三则直接揭示了口碑传播行为的积极心理功能——降低高居住流动性所带来的关系不确定性。本研究发掘了高居住流动性社会中口碑传播现象蕴含的特定心理意义，为人们理解驱动传播行为的社会生态环境动因提供了重要参照，并可为社会变迁背景下的营销传播策略制定提供依据。

关键词：居住流动性　口碑传播　关系不确定性　社会生态心理学

一　引言

近年来以小红书、大众点评等为代表的口碑分享平台颇为火爆。全球通信服务提供商艾司隆（Epsilon）于 2016 年发布的《中国消费者体验研究》显示，66% 的消费者会与家人朋友交流品牌体验，而 60% 的消费者会

* 本研究受自然科学基金面上项目"居住流动与环境适应：社会生态心理学视角下的道德心理转型"（项目编号：31971012）支持。

** 李雅雯，北京师范大学心理学部硕士研究生；杨婧洁，北京师范大学心理学部硕士研究生；王芳，北京师范大学心理学部教授、博士生导师，通讯作者，Email：fwang@ bnu. edu. cn。

将品牌体验分享至社交媒体（Epsilon，2016）。从购物体验到使用心得，以及从餐厅打卡到影视评论，基于用户分享的口碑传播正逐渐占据消费者的视野，也为深化品牌价值、促进大众消费提供了助推力。于个体而言，口碑传播是个体人际交流的重要方式，具有促进社会联结、减少孤独与社会排斥感的功能（Berger，2014）。随着口碑传播成为当下最为流行的品牌传播形态，其背后是否有与当下的社会生态环境变化有关的特定心理动力在起作用？

为回答这一问题，并揭示潜藏于口碑传播流行表象下的底层心态，本研究基于社会生态心理学视角提出该现象可能部分源起于居住流动性的上升，并由此展开论证。具体而言，随着经济发展和城市化进程而产生的频繁居住流动切断了个体稳定的情感联结，进而塑造出短、频、快的人际环境特征，这带来了个体在社会交往上的诸多不确定性，即关系不确定性。为适应这一特殊环境，个体发展出相应的应对策略以获取充分的社会支持，如对人际关系进行功能划分（Lun，Roth，Oishi，& Kesebir，2013）、构建广泛而浅层次的交际网络（Oishi et al.，2013；Oishi，Talhelm，Lee，Komiya，& Akutsu，2015；Oishi & Kesebir，2012）等。考虑到口碑传播中分享与交流的过程具有增强个体与他人社会联结的功能（Rimé，2009），因此高居住流动性个体可能也将采用口碑传播的方式降低关系不确定性，以弥补脆弱的社会关系。综上所述，本研究聚焦于居住流动性对个体社会关系的破坏，探索口碑传播是否可以作为一种应对策略以重获稳定可靠的社会联结。

（一）居住流动性形塑关系不确定性

随着社会的发展进步和经济增长，人们得以自由选择自己的居住和工作地点，搬家成了许多人的日常生活事件，也由此引发了研究者对于搬迁心理后效的兴趣。为具象化搬迁这一过程，研究者提出使用居住流动性（residential mobility）描述个体改变居所或搬迁的频率（Oishi，2010），这包含个体与宏观两个水平，从个体层面理解，居住流动性被定义为个体在某段时间内经历的或预期未来的住所改变次数；从宏观层面理解，居住流动性被定义为在特定时期内已搬迁或预期未来会搬迁到某一特定街区、城市、州或国家的居民比例（Oishi，2010）。在社会生态心理学（socioecological psychology）视野下，居住流动性常被视为一种客观的人际环境因素，以相对远端和客观的方式塑造着个体与环境间交互的心理与行为策略（Oishi，2014；Oishi & Graham，2010），而已有研究表明居住流动性可对个体心理健康（Jellyman & Spencer, 2008；Oishi & Schimmark, 2010；Oishi, Krochik, Roth, & Sherman, 2012）、自我构念（Oishi, Lun, & Sherman, 2007；Cousins, 1989）、人际策略（Lun, Roth, Oishi, & Kesebir, 2013；Oishi et al. , 2013；Oishi, Talhelm, Lee, Komiya, & Akutsu, 2015；Oishi & Kesebir, 2012）、群体认同（Oishi, Ishii, & Lun, 2009）等方面产生影响。

在诸多影响中，居住流动性对于社会关系的破坏尤为凸显。频繁的搬家使个体的社会网络不断被切割，长期且稳定的友谊和亲密关系难以实现，并最终形塑出短存续性、高开放性与高异质性的人际环境（Oishi & Kisling, 2009）。如 Oishi 等（2013）的研究表明启动高居住流动性的思维定势将带来人际关系减少的预期。当个体意识到无法把握环境时，就会感知到不确定性（Berger & Bradac, 1982）。推而论之，长期处于低稳定人际环境中的高居住流动性个体也可能在社会交往中经历较高水平的关系不确定性（relational uncertainty），即个体对于自我与他人在人际关系中投入程度的不确定性感知（Knobloch & McAninch, 2015；Knobloch, Miller, Bond, & Mannone, 2007）。面对不稳定且繁杂的社会关系网络，一方面，高流动性个体可能难以明确他人对关系抱有何种预期与想法，也无法判断他人未来在关系中的卷入程度；另一方面，个体也难以预测自身在社会关系中的付出回报之比，因而较难决策该如何投入其中。

较高水平的关系不确定性同时意味着潜在社会支持的减少。比如，已有研究表明启动高居住流动性思维定势后，个体将经历更高水平的孤单感与焦虑感（Oishi et al. , 2013），脆弱易变的人际关系将驱使个体渴求社会联结（Macy & Sato, 2002）。然而，人际关系是个体满足心理和物质需要的基本途径之一（Gasiorowska & Zaleskiewicz, 2021），当某些特定事件的出现使个体感受到了社会联结的不确定性或者稀缺性时，他们就会试图形成其他的联结来进行弥补（Baumeister & Leary, 1995）。已有研究表明高居住流动性的个体将在认知、行为等方面主动做出改变以适应低社会支持的环境，如在情绪认知上表现为对他人的面部情绪线索更加敏感（Ishii, Komiya, & Oishi, 2020）、交友策略上表现为构建广而浅的关系网络（Oishi et al. , 2013；Oishi & Kesebir, 2012），以及对人际关系进行功能区组划分（Lun, Roth, Oishi, & Kesebir, 2013）等。本研究认为除以上方式外，口碑传播亦有助于缓解居住流动性对于关系的破坏。

（二）口碑传播缓解关系不确定性

信息时代，微博、微信等社交平台大大提高了交流的速度与便捷性。

2018 年，微博日均文字发布量达到 1.3 亿（新浪微博数据中心，2019），而微信每日发出的消息则高达 4500 亿条（微信，2019）。这些信息中包含海量的社交分享类内容，人们不仅会交流观点、分享新闻，还会闲聊假期或者谈论电影、餐馆与某款最新的产品。这类由消费者主动进行的关于商品的人际信息交流即为口碑传播（word of mouth），也被概念化为"消费者间针对特定商品或服务的所有权、用途或特点所展开的非正式交流"（Westbrook，1987）。大量研究已表明口碑传播具有传播品牌价值、促进消费行为的重要意义（Kumar，Petersen，& Leone，2007；Chevalier & Mayzlin，2006；Babić Rosario，Sotgiu，De Valck，& Bijmolt，2016）。

口碑传播常见于日常生活，那么究竟是什么在推动着消费者参与其中？首先，口碑传播的本质为信息分享，所以有利于人们获取商品信息并进行消费决策（Wetzer，Zeelenberg，& Pieters，2007）。其次，口碑传播的内容涉及自我表露以及说服他人，故而消费者可选择性地展示自我以完成印象管理（Berger，2014；Chen & Yuan，2020），或通过给予建议以自我增强（Saenger，Thomas，& Bock，2020；Lovett，Peres，& Shachar，2013）及恢复控制感（Peluso，Bonezzi，De Angelis，& Rucker，2017；Consiglio，De Angelis，& Costabile，2018）。最后，口碑传播经由人际交流承载，有助于个体调节情绪（Buechel & Berger，2012），维系社会联结（Chen，2017；Berger，2014；Wetzer，Zeelenberg，& Pieters，2007）。

在众多驱动因素中，口碑传播之于社会联结的积极效应不容小觑。Berger（2014）认为人们在口碑传播时分享共同点和情绪，不仅可以确认彼此间的相似性，同时能缓解孤独感与社会排斥感。正如社会联结假说（social bonding hypothesis）所述，人际交往方式在从动物间梳理毛发到人类间语言交流的进化过程中变得愈发"廉价"，语言的出现使得个体可轻松且快速地与大量他人交往并巩固联结（Dunbar，2011；Dunbar，Marriott，& Duncan，1997）。也就是说，语言交流本身就可以满足社会联结的需要（Hennig - Thurau，Gwinner，Walsh，& Gremler，2004）。另外，实证研究也表明无论是陌生人还是朋友之间的口碑传播均意在维系情感联结，获得社会认同（Chen，2017）。

前人研究表明，高关系不确定性常出现于社会交往的初始阶段，也就是社会联结尚未稳固形成的时期（Berger & Calabrese，1975）。换言之，高关系不确定性可能是弱社会联结的结果之一。因而，本研究认为口碑传播之于社会联结的积极效应亦可拓展至缓解关系中的不确定性，即打开话题以产生人际互动。首先，作为主动的自我表露，口碑传播传递着信任与友善，因此有助于快速打开话题，进而才能深入发展关系以减少不确定性（Gibbs, Ellison, & Lai, 2011）；其次，口碑传播是人际交流沟通的方式之一，经由交互即可增进彼此间的了解，降低关系不确定性（Berger & Calabrese, 1975）。随着人际交往关系的递进，语言交流的内容也在发生着变化。社会渗透理论（social penetration theory）提出在人际关系中自我表露的深度会按照从身份和喜好等基础边缘信息到价值观等核心自我信息的顺序出现（Altman, Vinsel, & Brown, 1981），而高居住流动性浅而广的人际关系（Oishi & Kesebir, 2012；Oishi et al., 2013）正对应于浅层的人际关系，因此更有可能在社会交往中表露边缘信息。此外，高居住流动性个体的交际圈跨越地域，好友间的生活经历重叠度较低，所以相对于深层次的价值观等信息，分享产品信息可能更易于找到共同点、产生共鸣。综上所述，本研究认为口碑传播具有人际交流纽带的功能，可降低由居住流动性带来的高关系不确定性。

（三）假设提出

如前所述，高居住流动性再定义了个体周遭的人际环境，低稳定性和低可预测性的特征可能使身处其中的个体在人际交往中感受到较高的关系不确定性，而口碑传播正具有开启人际交往、降低关系不确定性的功能。故而本研究推论，对于高居住流动性个体，通过口碑传播与朋友交流分享自我与生活有助于维系其人际联结。换言之，通过口碑传播分享喜好、情绪，寻找彼此间的共同点可能是高居住流动性个体降低关系不确定性、维系浅人际关系的重要方式。口碑传播的这一功能，可能不仅将体现在高居住流动性个体感知到关系不确定性后口碑传播意愿的提升，也可能会体现在实际做出口碑传播行为后关系不确定性的降低。据此，本研究提出假设1：居住流动性提升口碑传播意愿；假设2：居住流动性促使关系不确定性升高，从而提升口碑传播意愿，即关系不确定性在居住流动性与口碑传播意愿的正向关联间起中介作用。此外，为进一步说明口碑传播的功能，即实际做出口碑传播行为有助于缓解由居住流动性所引发的关系不确定性，本研究提出假设3：口碑传播行为可以降低由高居住流动性带来的关系不确定性。

为检验以上假设，我们共开展了三项研究。研究一使用问卷法初步考察个体居住流动性与口碑传播意愿间的相关关系，以检验假设1；研究二利用居住流动性思维定势，考察居住流动性与口碑传播意愿之间的因果关系，并初步考察高关系不确定性在其中的解释作用，即同时检验假设1与假设 2。研究三在研究二的基础上启动高居住流动性思维定势，并操纵被试的口碑传播体验，以考察口碑传播行为是否可以缓和由居住流动性带来的关系不确定性，即检验假设 3。

二　研究一：个体居住流动性与口碑传播意愿间的相关关系

（一）研究目的

研究一采用问卷法，通过设置真实产品的分享情境以初步验证个体居住流动性与口碑传播意愿间的相关关系。

（二）研究方法

1. 被试

我们通过网络平台招募了 245 名被试完成在线问卷，每名被试完成后会获得 10 元报酬。除正式测查的变量以外，该问卷还包含两道注意力检测题（如"本题为注意力检测题目，为了表明您在认真作答，请选择'有点符合'这个选项"），未按照指示选择答案的被试会被问卷系统自动剔除。由于研究中测量口碑传播线上分享意愿使用的社交平台为微博，因此将 13 名非微博用户予以剔除，所以最终有效被试为 232 人，其中男性 112 人，女性 120 人，年龄为 17~49 岁（$M = 28.88$，$SD = 5.71$）。

2. 研究材料

居住流动性：采用 Zuo 等（2018）编制的个人居住流动性量表（Personal Residential Mobility Scale）对被试的居住流动历史进行考察。该量表从过去（如反向题"搬迁对我一直以来的生活来说比较遥远"）、现在（如"我刚刚从别的地方乔迁至此"）、将来（如反向题"目前没有任何理由可以促使我搬离现在的居住地区"）三个时间维度考察个体的居住流动性，每个维度 6 题，共 18 题。被试需要根据自己真实情况对每道题做出 1~7 点评分，其中 1 代表非常不符合，7 代表非常符合。随后计算所有题目的均分代表居住流动性得分，得分越高代表个人居住流动性越高。分析结果表明，该量表具有较好的信度，内部一致性系数 Cronbach's $\alpha = 0.85$。

口碑传播意愿：被试需要在阅读完一款真实存在的游戏产品（健身环大冒险）介绍后对自身的口碑传播意愿进行评估。被试首先会看到该产品的图片与介绍（截取自其官网，如图 1 所示）。而后，参照 Consiglio 等

（2018，研究 5）使用的口碑传播意愿测量方式，本研究同样使用两种指标对口碑传播意愿进行测量。被试需要就阅读的内容对讨论及分享它的可能性［"与他人（当面或线上）讨论上文内容"及"与社交媒体上的其他人分享上文内容"，Cronbach's $\alpha = 0.80$］进行 1～7 点评分（1 代表极不可能，7 代表非常可能），均分越高代表分享可能性越高。我们考虑到现代口碑传播主要基于线上平台实现（Ismagilova，Dwivedi，Slade，& Williams，2017），被试还需回答愿意做出哪种具体的线上分享行为，包括"在微博上转发分享该内容""私信他人该内容""转发至其他社交平台与他人讨论""点赞该微博""以上均不是"，共 5 种选择，其中前三项为分享型行为，后两项为非分享型行为。若被试的选择中包含分享型行为（如"在微博上转发分享该内容"）则记录其有线上分享意愿（编码为 1），若选择均为非分享行为（如"点赞该微博"）则记录其无线上分享意愿（编码为 0）。

控制变量：为排除产品熟悉度的影响，被试在完成口碑传播意愿测量后需对产品的熟悉程度做出 1～7 点评分，得分越高代表对"健身环大冒险"这一游戏的熟悉程度越高。此外，本研究还测量了被试的性别、年龄、受教育程度与年收入水平，并在后续分析中对其加以控制。其中，对受教育程度的测量依靠被试自我报告最高学历，选项包括"初中及以下"、"高中"、"大学专科或本科"和"研究生及以上"；年收入水平依靠被试报告年收入范围，选项包括"5 万元以下"、"5 万～10 万元"、"10 万～15 万元"、"15 万～20 万元"、"20 万～30 万元"、"30 万～50 万元"、"50 万～100 万元"和"100 万元及以上"。

《健身环大冒险》是一款Switch的角色扮演游戏。这是一款主打健身的游戏，玩家可将NS上的Joy-Con装入游戏自带的"Ring-Con"及腿部固定带中，以识别自己的动作，不单可以感应手臂的动作，还可以感应肩膀、胸部、背部、臀部、腿部等的力度和动作，从而实现一边健身一边在游戏中冒险。在游戏中有60种健身方式，并且玩家可将记录上传，与世界范围内的玩家竞争。

图 1　研究 1 口碑传播产品阅读材料

（三）研究结果

描述统计及相关分析结果见表1。相关分析结果表明，居住流动性与分享可能性（$r=0.20$，$p=0.002$）及线上分享意愿（$r=0.20$，$p=0.003$）呈显著正相关关系。随后的回归分析表明，在控制性别、年龄、受教育水平、年收入和产品熟悉度之后居住流动性仍可显著正向预测分享可能性（$\beta=0.20$，$p=0.007$，$\Delta R^2=0.024$），亦可正向预测具体的线上分享意愿 $[\chi^2（1）=9.43$，$p=0.004]$。总结而言，个体的居住流动性越高，其口碑传播的意愿越强。

表1　研究一描述统计及相关分析表

	1. 性别	2. 年龄	3. 受教育水平	4. 年收入	5. 产品熟悉度	6. 居住流动性	7. 分享可能性	8. 线上分享意愿
1. 性别	–							
2. 年龄	0.08	–						
3. 受教育水平	-0.09	-0.08	–					
4. 年收入	-0.05	0.12$^+$	0.28***	–				
5. 产品熟悉度	-0.01	0.06	0.04	0.38***	–			
6. 居住流动性	-0.05	-0.07	0.04	0.12$^+$	0.08	–		
7. 分享可能性	0.01	0.08	-0.01	0.33***	0.48***	0.20**	–	
8. 线上分享意愿	-0.06	0.12$^+$	-0.02	0.14*	0.22**	0.20**	0.48***	–
M	–	28.88	4.71	2.88	4.53	3.16	5.42	–
SD	–	5.71	0.71	1.24	1.32	0.81	1.05	–

注：1. 性别编码为：0 = 女性，1 = 男性；2. 受教育水平编码为：1 = 初中及以下，2 = 高中，3 = 大学专科或本科，4 = 研究生及以上；3. 年收入编码为：1 = 5 万元以下，2 = 5 万～10 万元，3 = 10 万～15 万元，4 = 15 万～20 万元，5 = 20 万～30 万元，6 = 30 万～50 万元，7 = 50 万～100 万元，8 = 100 万元及以上；4. $^+p<0.1$，$^*p<0.05$，$^{**}p<0.01$，$^{***}p<0.001$。

研究一发现个体的居住流动性越高，其口碑传播意愿越强，初步证明了假设1。在此基础上，研究二将进一步考察居住流动性与口碑传播意愿间的因果关系，并检验关系不确定性在两者间的中介作用。

三　研究二：居住流动性与口碑传播意愿的因果关系

（一）研究目的

研究二通过启动居住流动性思维定势，期望进一步验证其与口碑传播意愿之间的因果关系。此外，研究二还将检验关系不确定性的解释作用。

（二）研究方法

1. 被试

本研究通过网络平台招募了 190 名被试完成在线问卷，每名被试完成后会获得 6 元报酬。同研究一，该问卷也包含一道注意力检测题。3 人因作答时间过短（小于 6 分钟）而被剔除，最终有效被试为 187 人，其中男性 90 人，女性 97 人，年龄为 16～65 岁（$M = 28.68$，$SD = 5.48$）。

2. 研究流程

被试被随机分配至高居住流动性组（90 人）或低居住流动性组（97 人）接受居住流动性思维定势的启动。参照前人使用的居住流动性写作任务（Oishi, Miao, Koo, Kisling, & Ratliff, 2012），高居住流动性组被告知得到了一份需要在未来 10 年每隔 1 年更换居住地的理想工作，而低居住流动性组则被告知得到了一份需要未来 10 年始终在同一居住地居住的理想工作。之后两组被试需要想象未来的生活，然后完成未来期待、心情感受和人际关系预期 3 个写作任务。为保证启动效果，每道写作任务题的回答至少需要 50 个字。此外被试还需要对操纵检查题（如"在未来 10 年中，我需要经常搬家"）进行是或否的回答（所有被试均通过）。随后被试需要填写关系不确定性量表。该量表改编自 Knobloch 等（2007）使用的关系不确定性量表（Relationship Uncertainty Scale），原量表旨在评估某段特定关系中所感知到的关系不确定性程度，而本研究则将其改编为评估个体在总体人际关系中所感知到的关系不确定性。量表样题如"我明白在和周围人的关系中，能或不能对彼此说些什么"（反向题），共 12 题。被试需要对每题进行 1～7 点评分，其中 1 代表非常不确定，7 代表非常确定。随后我们用均分代表关系不确定性水平，得分越高代表被试在人际关系中感知到的不确定性越高，分析结果表明内部一致性系数 Cronbach's $\alpha = 0.93$。而后被试完成口碑传播意愿测量（测量同研究一，分享平台改为微信，分享可能性测量的内部一致性系数 Cronbach's $\alpha = 0.74$），最后再报告人口学信息。

（三）研究结果

1. 居住流动性与口碑传播意愿

分享可能性：独立样本 t 检验结果表明相对于低居住流动性组（$M = 5.13$，$SD = 1.10$），高居住流动性组（$M = 5.73$，$SD = 0.87$）的分享可能性显著提高（$t = 4.12$，$p < 0.001$，$d = 0.60$）。回归分析表明在控制性别、年龄、受教育水平和年收入之后居住流动性仍可显著正向预测分享可能性（$\beta = 0.59$，$p < 0.001$，$\Delta R^2 = 0.104$）。

线上分享意愿：卡方检验表明低居住流动性组与高居住流动性组的线上分享意愿差异显著 $[\chi^2(1, N = 187) = 4.182, p = 0.046]$。控制性别、年龄、受教育水平和年收入后，逻辑回归分析结果表明居住流动性对线上分享意愿的预测作用仍然显著 $[\chi^2(1) = 6.46, p = 0.017]$。

2. 关系不确定性的中介作用

分享可能性：参照 Zhao，Lync 和 Chen（2010）提出的中介效应分析流程，同时使用 Bootstrap 方法检验关系不确定性的中介效应（Hayes，2017；Preacher & Hayes，2004）。具体而言，分析经由 SPSS 软件中 PROCESS 插件的 Model 4 实现，抽取次数设定为 5000。结果显示，控制性别、年龄、受教育水平和年收入后，关系不确定性在居住流动性与讨论和分享可能性间的中介效应显著（$b_{直接效应} = 0.48$，$SE = 0.16$，95% CI $[0.172, 0.787]$；$b_{间接效应} = 0.21$，$SE = 0.07$，95% CI $[0.072, 0.365]$）。

线上分享意愿：参照 Iacobucci（2012）提出的类别变量中介分析方法，经由 SPSS 软件使用线性回归与逻辑回归分步计算中介效应的系数。结果显示，在控制性别、年龄、受教育水平和年收入后，关系不确定性的中介效应不显著（$z_{中介} = 0.15 < 1.96$）。

研究二的结果表明，在高居住流动性条件下被试的口碑传播意愿有所增强，同时关系不确定性在居住流动性与分享可能性间起到部分中介作用。也就是说高居住流动性个体会感知到较高程度的关系不确定性，继而促使个体想要通过口碑传播来建立和维系关系。然而，研究二未能证明关系不确定性在居住流动性与线上分享意愿间的中介作用。这也许是因为本研究在测量线上分享意愿时将口碑传播的分享渠道仅限定在微信平台的范围内，致使选项缺乏多样性，而部分被试可能不愿在微信平台分享商品以满足对于关系确定性的需要。研究三将通过双启动的方法进一步验证口碑传播对于高居住流动性个体的心理功能，即补偿他们因流动而在关系中缺失的确定性。

四　研究三：口碑传播降低流动带来的关系不确定性

（一）研究目的

根据假设，高居住流动性的个体因降低关系不确定性的需要会表现出更高水平口碑传播意愿，因此可以推测，高居住流动性个体在做出口碑传播行为后应当会感知到更低的关系不确定性。基于此，本研究将对所有被试启动高居住流动性思维定势，然后使部分被试想象其进行口碑传播行为，以考察口碑传播是否会降低由高居住流动性带来的关系不确定性，从而进一步说明口碑传播之于高居住流动性个体的特殊心理功能。

（二）研究方法

1. 被试

我们通过网络平台招募了152名被试完成在线问卷，每名被试完成后会获得6元报酬。4人因作答时间过短（小于9分钟）而被剔除，所以最终有效被试为148人，其中男性75人，女性73人，年龄为19～40岁（$M = 28.14$，$SD = 4.60$）。

2. 研究流程

被试首先接受高居住流动性思维定势的启动（启动方法同研究二的高居住流动性组），而后被随机分配至口碑传播组（69人）或控制组（79人）。本研究采用自编的情景题用以操纵口碑传播体验，口碑传播组需要回忆常去的餐厅，并想象正在与朋友交谈关于该餐厅的内容，随后被试需要就餐厅的名称特色，与朋友交谈的内容和与朋友交谈时的感受进行文本写作以加强操纵效应。控制组需要回忆最近看的一部电影，并写下电影的名称、电影的大致内容以及观后感。为保证操纵效果，每道写作任务题的回答至少需要50个字。此外被试还需要对操纵检查题（"根据想象的情景，我在谈论我最近看过的电影/我在与朋友谈论最常去的餐厅"）进行是或否的回答（所有被试均通过）。随后被试将填写关系不确定性量表（同研究二，内部一致性系数Cronbach's $\alpha = 0.90$），最后再报告人口学信息。

（三）研究结果

独立样本 t 检验结果表明相对于控制组（$M = 1.70$，$SD = 0.83$），口碑传播组（$M = 1.41$，$SD = 0.56$）感知到的关系不确定性显著更低（$t = -2.46$，$p = 0.002$，$d = 0.40$）。回归分析表明在控制性别、年龄、受教育水平和年收入之后口碑传播体验可显著负向预测关系不确定性（$\beta = -0.24$，$p = 0.037$，$\Delta R^2 = 0.027$）。

研究三发现口碑传播可补偿高居住流动性个体在人际关系中感受到的关系不确定性，所以直接阐明了口碑传播之于高居住流动性个体的积极心理功能，也就是缓和关系不确定性。因此，这也从侧面证明正是出于口碑传播具有特殊的心理功能，高居住流动性才会引发较强的口碑传播意愿。

五　讨论

这是一个社交媒体信息爆炸的时代，人们不仅通过社交平台分享生活，也依赖于其他用户的"种草功课"完成消费决策。以小红书为例，早在 2019 年 1 月，该平台用户数量已突破 2 亿，2021 年 6 月的单月品牌种草笔记发布量高达 54.7 万篇（新榜有数，2021）。互联网的诞生使得口碑传播跨越了地域限制，成为当代主要的品牌营销力量并主导着大众消费的风向。然而，网络的喧嚣却折射出现实生活的孤独。本研究的结果表明出于降低由居住流动性产生的关系不确定性的需要，个体产生了较强的口碑传播动力。具体而言，高居住流动性社会形塑了不稳定的人际环境，个体进而会体验到令人不适的心理状态——高关系不确定性。然而，人际关系之于生存的重要性促使个体产生做出行为以缓解这一消极状态的心理动力（Baumeister & Leary，1995），而口碑传播之于社会联结的积极功能正适用于此种状况。也就是说，高居住流动性的个体可以经由口碑传播，与他人分享和讨论品牌信息来降低关系中的不确定性。考虑到口碑传播指向关系不确定性，这种弥合作用不仅体现在高居住流动性的个体有着较强的口碑传播行为意愿，也体现在高居住流动性个体实际做出口碑传播行为后能够感知到关系不确定性的降低。研究一通过测量个体的居住流动历史，发现个体居住流动性越高，其口碑传播的意愿也越强。研究二操纵了个体感知到的居住流动性，进一步发现居住流动性与口碑传播意愿间的因果关系，结果表明启动高居住流动性思维定势的个体更愿意与他人讨论和分享信息，即拥有更高的口碑传播意愿。此外，该研究也初步证明了关系不确定性的中介作用。研究三在研究二的基础上，采用双启动法同时启动高居住流动性思维定势与口碑传播体验，检验了口碑传播对关系不确定性的补偿作用，而研究结果表明口碑传播行为的确可以补偿由高居住流动性带来的关系不确定性。简而言之，研究一与研究二分别从个体居住流动史和实验室操纵居住流动体验的角度，根据相关到因果，证明了高居住流动性可以带来较强的口碑传播意愿，同时研究二也证明了以上作用源于高居住流动性个体在人际关系中所感受到的高关系不确定性；研究三承接前者，发现口碑传播行为的确可降低高居住流动性个体感知到的关系不确定性，进而直接证明了高居住流动性个体口碑传播意愿提升的动力正是其具有的缓和高关系不确定性、弥合社会联结的积极功能。本研究揭示了个体口碑传播行为背后的社会生态心理动因，也发现了高居住流动性环境中口碑传播行为的心理功能，可以为全面理解品牌分享动机、准确把握消费者心态提供一定的理论参考。

（一）研究意义

本研究在社会生态心理学的理论框架下对口碑传播现象的前因进行了探索，不仅是对居住流动性研究范围的延伸，也是对口碑传播内涵的拓展和丰富。

首先，本研究基于社会生态的视角为口碑传播盛行现象提供了一种可能解释。随着流动成为社会的常态，人们在日常人际关系中感受到了更强的不确定性，而在这种环境下个体的动机自然是减少不确定性，尽量避免自身处于模棱两可的情境（Greco & Roger, 2001）。无论是对过去的好友还是现在围绕在身边的人，在暂时没有共同话题的情况下，口碑传播是一张很好用的"安全牌"，不仅可以用于寻找相同爱好的朋友，更是一种填充聊天内容、引入其他谈话内容的途径。这也是在提醒人们随着社会变迁而弥散的特定的社会心态可能会映射于生活的方方面面。

其次，本研究也是对居住流动性研究的补充和延续。以往居住流动性的研究主要集中于探讨不稳定的人际关系对交往策略的影响，比如将不同朋友进行功能性划分（Lun, Roth, Oishi, & Kesebir, 2013），以及形成浅而广的关系网络（Oishi et al. , 2013）等。这些研究本质上是抽象概述高流动性个体在人际交往中"排兵布阵"的策略，也就是如何合理分配精力以获得最优结果。然而人际关系的维系从来都不是一个人的游戏，个体不仅要衡量自身的得失，也需要考虑如何采用恰当的交流形式促使他者参与互动关系（Laurenceau, Barrett, & Pietromonaco, 1998）。本研究发现口碑传播可能是与他人打开话题寻找共同点并稳固关系的选项之一，也就是说口碑传播可以帮助个体在流动的过程中延展人际关系圈层。当然，这种交流依然是表浅的，即与前人研究结果一致，在高居住流动性的社会生态环境中，人们逐渐不期于深层次的灵魂碰撞，而只求浅层次的情绪共鸣。

最后，本研究也拓展了口碑传播研究的认识边界。此前研究者们一直致力于发掘广告自身属性对消费者口碑传播的影响。例如，廖以臣、许传哲与龚璇（2019）基于情感双维视角探究了怀旧型广告对于口碑传播的影响，并发现怀旧型广告将降低消费者对于温暖型品牌的口碑传播，但却能促进消费者对于效能型品牌的传播。然而，不同于主流做法，也有研究将注意力聚焦于远端客观情境。如 Consiglio 等（2018）的研究探讨了社会密度（social density）对口碑传播的影响，发现在人口密度大的社会中，人们更有可能出于补偿控制感的需求而进行口碑传播。事实上，人们的消费行为更像是一面镜子，映射出转型社会中的大众心态，无声传达着置身于当代的个体的声音。本研究将目光投注于广阔的社会情境，试图理解社会变迁对于口碑传播的影响，所以亦可启发未来研究进一步深入剖析新兴的消费现象。

除以上理论贡献以外，本研究也可为品牌营销策略的制定提供参考。例如，人们常会使用"交口称赞"来表达对于产品的认同和喜爱。的确，从营销角度而言，口碑传播已被证明可为商家带来诸多利益，包括但不限于销量的上升（Van den Bulte & Wuyts，2009）、忠实的顾客（Garnefeld，Helm，& Eggert，2011）等。毫无疑问，近年来小红书、抖音、大众点评等社交分享平台的崛起，也让商家看到了个体"带货"的能力。商家们将大批广告营销费用投注于扶持网络红人和百万级视频博主，因为实践已经证明经由个体的分享来对产品进行宣传，不仅较为成本低廉而且能起到事半功倍的作用。因此，如何高效利用口碑传播对品牌进行宣传便成了摆在消费行业从业者面前的问题。除了寻找自带流量的个人投放产品宣传广告以外，是否还有其他思路呢？本研究或许为此提供了一个另辟蹊径的回答，就是商家可以考虑根据受众的特点合理安排广告投放的内容与力度。既然高居住流动性的个体会有更强的口播传播意愿以及对于社会关系的渴求，那么商家未来可以通过大数据判断用户所处环境的流动性，随后针对其对于社会支持和关系的需要向其投放相应的广告，实现精准营销。

（二）不足与展望

本研究仍存在一定不足。首先，从研究层次上来看，本研究仅研究了个体主观水平上的居住流动性是否会带来口碑传播意愿的增强，难以从宏观层面上证明伴随地区流动性上升继而带来了口碑传播这一颇为凸显的社会现象。随着大数据方法以大样本量和高生态性为优势在社会生态心理学领域占领一席之地，未来我们可开展以地区而非个体为单位的研究，以进一步检验本研究的结论。其次，从研究的可推广性上来看，本研究尽管通过真实产品的介绍发现高居住流动性的个体有更高的口碑传播意愿，但是对于口碑传播的类型并没有明确的划分，也未对交互对象的亲密程度进行界定。Dubois 等（2016）的研究表明口碑传播的情绪效价适用于不同亲密度的人际关系，在与陌生人的交往中，人们会传递更多积极的口碑传播内容以给他人留下深刻印象，然而在与亲密伙伴的交往中，口碑传播的内容相对而言更加消极，这是为了保护朋友以避免不必要的损失。因此，未来研究可以进一步深入探索口碑传播内容特征对于维系高居住流动性个体关系稳定性的影响。再次，虽然本研究主要集中于亲密好友间的口碑传播，但陌生人之间的口碑传播同样也十分广泛（例如社交平台上公开分享的对象以陌生人居多）。已有研究表明即使分享者的最终目标是为了得到社会认同，与陌生人口碑传播的动机更多是出于自我增强以吸引他人与之形成关系，而与亲密他人口碑传播的动机更多是出于情感联结以维系稳定关系（Chen，2017）。高居住流动性的个体同时面临着陌生与熟悉他人的交际问题，因此也可能在不同关系中持有差异性动机。最后，从研究的应用价值来看，本研究主要测量了个体的口碑传播意愿，尚未落实到实际行为层面，因此未来我们可尝试进一步对行为进行测量。此外，本研究目前尚未明确高居住流动性的个体是否更容易受到口碑传播的影响。在直播等"安利式"口碑传播营销如火如荼的当下，积极响应他者的口碑传播是否能够进一步强化联结感？譬如与传播者建立深刻的认同、通过购买行为印证彼此间的关系等。这些都有待未来研究的进一步补充及发展。

参考文献

廖以臣、许传哲、龚璇，2019，《网络环境下广告怀旧有助于品牌的口碑传播吗？基于情感双维度视角》，《心理学报》第 8 期。

微信，2019，《2018 微信年度数据报告》，https://support.weixin.qq.com/cgi-bin/mmsupport-bin/getopendays。

新榜有数，2021，《小红书营销洞察报告（2021 上半年）》，https://www.cbndata.com/report/2697/detail? isReading = report&page = 1。

新浪微博数据中心，2019，《2018 微博用户发展报告》，https://data.weibo.com/report/

reportDetail？id = 433。

Altman, I. , Vinsel, A. , & Brown, B. H. （1981）. Dialectic Conceptions in Social Psychology：An Application to Social Penetration and Privacy Regulation. In L. Berkowitz （Eds. ）, *Advances in experimental social psychology* （*Vol.* 14, pp. 107 – 160）. New York：Academic Press.

Babić Rosario, A. , Sotgiu, F. , De Valck, K. & Bijmolt, T. H. （2016）. The Effect of E-lectronic Word of Mouth on Sales：A Meta – Analytic Review of Platform, Product, and Metric Factors. *Journal of Marketing Research*, 53 （3）, 297 – 318.

Baumeister, R. F. & Leary, M. R. （1995）. The Need to Belong：Desire for Interpersonal Attachments as a Fundamental Human Motivation. *Psychological Bulletin*, 117 （3）, 497 – 529.

Berger, C. R. & Bradac, J. J. （1982）. *Language and Social Knowledge：Uncertainty in Interpersonal Relationships.* London：Edward Arnold.

Berger, C. R. & Calabrese, R. J. （1975）. Some Explorations in Initial Interaction and Beyond：Toward a Developmental Theory of Interpersonal Communication. *Human Communication Research*, 1 （2）, 99 – 112.

Berger, J. （2014）. Word of Mouth and Interpersonal Communication：A Review and Directions for Future Research. *Journal of Consumer Psychology*, 24 （4）, 586 – 607.

Buechel, E. & Berger, J. （2012）. Facebook therapy：Why People Share Self-relevant Content Online. *University of Miami Working Paper.*

Chen, Z. （2017）. SocialAcceptance and Word of Mouth：How the Motive to Belong Leads to Divergent WOM with Strangers and Friends. *The Journal of Consumer Research*, 44 （3）, 613 – 632.

Chen, Z. & Yuan, M. （2020）. Psychology of Word of Mouth Marketing. *Current Opinion in Psychology*, 31, 7 – 10.

Chevalier, J. A. & Mayzlin, D. （2006）. The Effect of Word of Mouth on Sales：Online Book Reviews. *Journal of Marketing Research*, 43 （3）, 345 – 354.

Consiglio, I. , De Angelis, M. & Costabile, M. （2018）. The Effect of Social Density on Word of Mouth. *Journal of Consumer Research*, 45 （3）, 511 – 528.

Cousins, S. D. （1989）. Culture and Self-perception in Japan and the United States. *Journal of Personality & Social Psychology*, 56 （1）, 124 – 131.

Dubois, D. , Bonezzi, A. & De Angelis, M. （2016）. Sharing withFriends Versus Strangers：How Interpersonal Closeness Influences Word – of – Mouth Valence. *Journal of Marketing Research*, 53 （5）, 712 – 727.

Dunbar, R. （2011）. *The Human Story：A New History of Mankind's Evolution.* London：Faber & Faber.

Dunbar, R. , Marriott, A. & Duncan, N. D. （1997）. Human Conversational Behavior. *Human Nature*, 8 （3）, 231 – 246.

Epsilon. （2016）. *The always-on Chinese Consumer Experience.* http：//engage. epsilon. com/chinacx

Garnefeld, I. , Helm, S. & Eggert, A. （2011）. Walk Your Talk：An Experimental Investigation of the Relationship between Word of Mouth and Communicators' Loyalty. *Journal of Service Research*, 14 (1), 93 – 107.

Gasiorowska, A. & Zaleskiewicz, T. (2021). Trading in Search of Structure: Market Relationships as a Compensatory Control Tool. *Journal of Personality and Social Psychology*, 120 (2), 300 – 334.

Gibbs, J. L., Ellison, N. B. & Lai, C. H. (2011). First Comes Love, then COMES GOOGLE: An Investigation of Uncertainty Reduction Strategies and Self – disclosure in Online Dating. *Communication Research*, 38 (1), 70 – 100.

Greco, V. & Roger, D. (2001). Coping With Uncertainty: The Construction and Validation of a new Measure. *Personality and Individual Differences*, 31 (4), 519 – 534.

Hayes, A. F. (2017). *Introduction to Mediation, Moderation, and Conditional Process Analysis: A Regression-based Approach.* New York: Guilford publications.

Hennig – Thurau, T., Gwinner, K. P., Walsh, G. & Gremler, D. D. (2004). Electronic Word – of – Mouth Via Consumer-opinion Platforms: What Motivates Consumers to Articulate Themselves on the Internet? *Journal of interactive marketing*, 18 (1), 38 – 52.

Iacobucci, D. (2012). Mediation Analysis and Categorical Variables: The Final Frontier. *Journal of Consumer Psychology*, 22 (4), 582 – 594.

Ishii, K., Komiya, A. & Oishi, S. (2020). Residential Mobility Fosters Sensitivity to the Disappearance of Happiness. *International Journal of Psychology*, 55 (4), 577 – 584.

Ismagilova, E., Dwivedi, Y. K., Slade, E. & Williams, M. D. (2017). *Electronic Word – of – Mouth (eWOM) in the Marketing Context: A State of the Art Analysis and Future Directions.* London, UK: Springer Nature.

Jelleyman, T. & Spencer, N. (2008). Residential Mobility in Childhood and Health Outcomes: A Systematic Review. *Journal of Epidemiology and Community Health*, 62 (7), 584 – 592.

Knobloch, L. K. & McAninchs, K. G. (2015). Relational Uncertainty. In C. R. Berger & M. E. Roloff (Eds.). *The International Encyclopedia of Interpersonal Communication (Vol. 1, pp. 1 – 10).* Hoboken: Wiley Blackwell.

Knobloch, L. K., Miller, L. E., Bond, B. J. & Mannone, S. E. (2007). Relational Uncertainty and Message Processing in Marriage. *Communication Monographs*, 74 (2), 154 – 180.

Kumar, V., Petersen, J. A. & Leone, R. P. (2007). How Valuable is Word of Mouth?. *Harvard Business Review*, 85 (10), 139 – 166.

Laurenceau, J., Barrett, L. & Pietromonaco, P. (1998). Intimacy as an Interpersonal Process: The Importance of Self-disclosure, Partner Disclosure, and Perceived Partner Responsiveness in Interpersonal Exchanges. *Journal of Personality and Social Psychology*, 74 (5), 1238 – 1251.

Lovett, M., Peres, R. & Shachar, R. (2013). On Brands and Word of Mouth. *Journal of Marketing Research*, 50 (4), 427 – 444.

Lun, J., Roth, D., Oishi, S. & Kesebir, S. (2013). Residential Mobility, Social Support Concerns, and Friendship Strategy. *Social Psychological and Personality Science*, 4 (3), 332 – 339.

Macy, M. & Sato, Y. (2002). Trust, Cooperation, and Market Formation in the U. S. and Japan. *Proceedings of the National Academy of Sciences - PNAS*, 99 (3), 7214 – 7220.

Oishi, S. (2010). The Psychology of Residential Mobility: Implications for the Self, Social Relationships, and Well-being. *Perspectives on Psychological Science*, 5 (1), 5 – 21.

Oishi, S. (2014). Socioecological Psychology. *Annual Review of Psychology*, 65, 581 – 609.

Oishi, S. & Graham, J. (2010). Social Ecology: Lost and Found in Psychological Science. *Perspectives on Psychological Science*, 5 (4), 356 – 377.

Oishi, S. & Kesebir, S. (2012). Optimal Social-networking Strategy is a Function of Socioeconomic Conditions. *Psychological Science*, 23 (12), 1542 – 1548.

Oishi, S. & Kisling, J. (2009). The Mutual Constitution of Residential Mobility and Individualism. In R. S. Wyer Jr. , C. – Y. Chiu, & Y. Y. Hong (Eds.), *Understanding culture: Theory, Research, and Application* (pp. 223 – 238). New York: Psychology Press.

Oishi, S. & Schimmack, U. (2010). Residential Mobility, Well-being, and Mortality. *Journal of Personality & Social Psychology*, 98 (6), 980 – 994.

Oishi, S. , Ishii, K. & Lun, J. (2009). Residential Mobility and Conditionality of Group Identification. *Journal of Experimental Social Psychology*, 45 (4), 913 – 919.

Oishi, S. , Kesebir, S. , Miao, F. F. , Talhelm, T. , Endo, Y. , Uchida, Y. & Norasakkunkit, V. (2013). Residential Mobility Increases Motivation to expand Social Network: But Why?. *Journal of Experimental Social Psychology*, 49 (2), 217 – 223.

Oishi, S. , Krochik, M. , Roth, D. & Sherman, G. D. (2012). Residential Mobility, Personality and Subjective and Physical Well-being an Analysis of Cortisol Secretion. *Social Psychological & Personality Science*, 3 (2), 153 – 161.

Oishi, S. , Miao, F. F. , Koo, M. , Kisling, J. & Ratliff, K. A. (2012). Residential Mobility Breeds Familiarity-seeking. *Journal of personality and social psychology*, 102 (1), 149 – 162.

Oishi, S. , Talhelm, T. , Lee, M. , Komiya, A. & Akutsu, S. (2015). Residential Mobility and Low-commitment Groups. *Archives of Scientific Psychology*, 3 (1), 54 – 61.

Oishi, S. , Lun, J. , & Sherman, G. D. (2007). Residential mobility, self-concept, and positive affect in social interactions. *Journal of personality and social psychology*, 93 (1), 131 – 141.

Peluso, A. M. , Bonezzi, A. , De Angelis, M. & Rucker, D. D. (2017). Compensatory Word of Mouth: Advice as a Device to Restore Control. *International Journal of Research in Marketing*, 34 (2), 499 – 515.

Preacher, K. J. & Hayes, A. F. (2004). SPSS and SAS Procedures for Estimating Indirect Effects in Simple Mediation Models. *Behavior Research Methods, Instruments, & Computers*, 36 (4), 717 – 731.

Rimé, B. (2009). Emotion Elicits the Social Sharing of Emotion: Theory and Empirical Review. *Emotion Review, 1*, 60 – 85.

Saenger, C. , Thomas, V. & Bock, D. (2020). Compensatory Word of Mouth as Symbolic Self-completion: When Talking About a Brand Can Restore Consumers' Self-perceptions after Self-threat. *European Journal of Marketing*, 54 (4), 671 – 690.

Van den Bulte, C. & Wuyts, S. (2009). LeveragingCustomer Networks. In Jerry Yoram

Wind, & Paul Kleindorfer (Eds.), *The Network Challenge: Strategy, Profit and Risk in an Interlinked World* (pp. 243 – 258). Upper Saddle River, NJ: Wharton School Publishing.

Westbrook, R. A. (1987). Product/Consumption-based Affective Responses and Postpurchase Processes. *Journal of marketing research*, 24 (3), 258 – 270.

Wetzer, I. M., Zeelenberg, M. & Pieters, R. (2007). "Never Eat in that Restaurant, I Did!": Exploring Why People Engage in Negative Word – of – Mouth Communication. *Psychology & Marketing*, 24 (8), 661 – 680.

Zhao, X., Lynch Jr, J. G. & Chen, Q. (2010). Reconsidering Baron and Kenny: Myths and Truths About Mediation Analysis. *Journal of Consumer Research*, 37 (2), 197 – 206.

Zuo, S., Huang, N., Cai, P. & Wang, F. (2018). The Lure of Antagonistic Social Strategy in Unstable Socioecological Environment: Residential Mobility Facilitates Individuals' Antisocial Behavior. *Evolution and Human Behavior*, 39 (3), 364 – 371.

《中国社会心理学评论》 第 22 辑
第 109～133 页
© SSAP, 2022

用户评论、信息论据形式和卷入度对
伪健康信息误导纠正效果的影响*

毛良斌 陈 平**

摘 要：本研究探讨了与"无痛分娩"相关的伪健康信息误导纠正效果及其主要影响因素。研究采用 $2 \times 2 \times 2$ 被试间因素设计，检验用户评论、信息论据形式和卷入度三个因素对误导纠正效果的影响，结果发现：叙述型论据纠正效果好于数据型论据；使用叙述型论据时，适当过滤质疑型用户评论有利于提升纠正效果；使用数据型论据时，保留一些质疑型用户评论反而有利于提升纠正效果；对于低卷入度用户，使用数据型论据时纠正效果会更好，但对于高卷入度用户，使用叙述型论据则会产生更好的纠正效果。在关于"无痛分娩"伪健康信息误导纠正的传播实践中，需要重视信息论据形式、用户评论和卷入度三者的匹配效应。

关键词：伪健康信息 纠正效果 信息论据形式 用户评论 匹配效应

一 问题的提出

社交媒体时代，去中介化的网络环境使误导信息借力社交媒体在网络

---

* 本文系教育部人文社科规划课题"社交媒体舆情反转与反沉默螺旋现象研究"（项目编号：17YJA860006）的阶段性成果之一。

** 毛良斌，汕头大学长江新闻与传播学院副教授、硕士生导师，通讯作者，E-mail：maoliangbin@ stu. edu. cn；陈平，汕头大学长江新闻与传播学院硕士研究生。

空间广泛、快速地传播（毛良斌，2017），其中健康信息由于与人们的生活密切相关，所以成为伪健康信息传播的重灾区。由中央网信办指导，中山大学和腾讯公司联合发布的《2018年网络谣言治理报告》显示，医疗健康、食品安全等健康领域是网络谣言的高发区。

伪健康信息的传播对个人健康以及社会稳定都有着严重的危害性。从个人层面来看，错误的认知会使个体采取不恰当的健康行为，从而对身心健康造成不可低估的危害；更为严重的是，由于个体认知加工的局限性，个体在接触了伪健康信息之后所形成的认知偏差往往难以被根除（Southwell et al.，2015）。Wilkes等（1988）的研究发现，即使人们相信、理解并接受了与误导信息相对应的纠正性信息，但误导信息的影响依然不能被完全消除。从社会层面来看，伪健康信息的传播不仅阻碍了疾病治疗或预防的进程，还需要消耗大量的公共经费去纠错（Lewandowsky et al.，2012）。

在应对误导信息传播方面，目前存在两种干预策略，即技术干预和纠正干预。技术干预是指基于人工智能和大数据技术，通过识别误导信息的特征来阻止此类信息在网络空间中传播。技术干预本质上是一种事前防范策略，如Kumar和Geethakumari（2014）利用社交网络的过滤性功能设计算法，基于测量信源的可信度和信息内容的质量，实现有效探测误导信息。纠正干预，即以另一个正确的陈述来替代误导信息（Lewandowsky et al.，2012），它本质上是一种事后治理。相关研究发现，在纠正信息中嵌入情绪（Ophir & Cappella，2019）、调动自我确定感以减弱动机性推理对纠正性信息所产生的防御性抵制（Carnahan et al.，2018）、辅助视觉样例呈现（Dixon el at.，2015）等形式都有助于提升纠正性信息的纠正效果。从现状来看，无论是理论研究还是传播实践，如何提高纠正性信息的纠正效果是关注的焦点。

在诸多关于纠正性信息纠正效果的研究中，仍有一些问题有待进一步推进。一是研究者一般会集中探讨某个影响因素，如信息设计特征（Ophir & Cappella，2019）、信息接收者特征（Carnahan et al，2018）或者信息呈现环境（Dixon el at.，2015），但少有研究同时将信息特征、接收者特征和信息呈现环境三者结合起来讨论；二是少有研究将纠正性信息置于社交媒体环境下考察其纠正效果。

鉴于上述研究背景，本研究将着重探讨信息论据形式（信息特征）、用户评论（信息呈现环境）及用户卷入（接收者特征）三者对伪健康信息误导纠正效果共同作用的影响。研究选取与"无痛分娩"相关的伪健康信息作为研究对象，选择这一主题的主要原因在于，"无痛分娩"在欧美发达国家十分普遍，分娩镇痛率在85%以上，在中国"无痛分娩"并没有普及，像北京这样的较发达地区，分娩镇痛率不足10%（徐铭军、姚南龙，2018），2017年榆林产妇跳楼事件促使"无痛分娩"进入公众和政府管理部门的视野，此后，各种促进分娩镇痛覆盖率的措施出台。然而产妇和家属受与"无痛分娩"相关的伪健康信息的误导，拒绝接受使用"无痛分娩"，"无痛分娩"的推广效果并不理想。其中，"使用无痛分娩过程中，麻药会影响胎儿的健康和智力"和"使用无痛分娩过程中，腰椎穿刺会导致产后腰痛"两则伪健康信息流传甚广。减轻产妇分娩过程中的痛苦，是对生命个体的尊重。纠正关于"无痛分娩"伪健康信息的误导，提高产妇及其亲属对"无痛分娩"的接受和认可程度，是当前迫切需要解决的现实问题。

二　理论背景与研究假设

（一）核心概念

1. 误导信息

根据牛津辞典解释，误导信息（misinformation）是指错误或者不准确的信息，国内一些学者还将其定义为"失真信息"（温家林、张增一，2018）、"错误信息"（宋士杰等，2019）、"伪信息"（聂迪，2019）。虽然定义上有所不同，但内涵上都指的是被有意或无意传播的、与现有客观科学证据存在偏差，并对信息接收者主观感知造成误导的各类信息。与误导信息密切相关的一个概念是歪曲信息（disinformation），它是指有意捏造的、恶意传播的虚假信息（Lewandowsky et al.，2013）。歪曲信息属于误导信息范畴，是误导信息中的一个类别。

2. 伪健康信息

伪健康信息（health misinformation）是误导信息在健康领域的一种表现形式，指的是使人们形成错误的健康认知（misperception），乃至采取不恰当健康行为的信息。吴世文等（2019）将其定义为被"此时此刻"（当下的）的医学共同体据其现有的知识与共识，认定为假的（非真的、非科学的）健康信息。本研究中提到的"无痛分娩"相关的伪健康信息是指当前被医学共同体认定为假的与"无痛分娩"相关的信息。

3. 纠正性信息

纠正性信息主要用于干预误导信息传播产生的误导效应，是用来证明先前误导信息是错误的，并对误导信息进行部分或者完全纠正的信息（Chan et al.，2017）。因此，针对伪健康信息的纠正性信息，需要当前被科学共同体认定为真的事实的陈述，以此达到改变受众因误导产生的错误认知及相关不恰当健康行为的目的。

综上所述，误导信息专指错误的或不准确的信息，伪健康信息是误导信息在健康领域的一种表现形式，纠正性信息则是对误导信息中错误或不准确部分进行纠正的信息。本文将基于以上界定来使用各个概念。

（二）纠正性信息说服效果的影响因素

影响说服效果的因素一般分为四类，即信源特征、信息特征、信息接收者特征以及信息渠道（Petty & Wegener，1998）。本研究重点关注信源特征、信息特征及信息接收者特征三类因素。

1. 信源可信度与用户评论

信源可信度是影响说服效果的重要因素。在大众媒体时代，信源可信度主要取决于两个基本因素，即专业性和可信赖性，前者从技能知识的角度评估信源是否能够给出正确的信息，后者从诚实程度的角度考察信源是否能给出真实的而不是欺瞒的信息（Hovland et al.，1951）。然而在网络环境下，影响信源可信度的因素变得更为多元，如 Lee 等（2017）探讨了在微博平台上，社会规则线索对信息可信度和传播具有重要影响；Westerman等（2012）发现，Twitter 主页上显示的个人关注数与个人对信源可信度的感知呈曲线相关，机器产生的信息因为不受情感、附属机构、政治倾向等因素影响而显得更加客观和值得信任；Sundar（2008）的研究发现，信息的可信度可以通过网站地址、网站导航栏等相关线索传递给用户。

尤其是在社交媒体环境下，用户评论也可能会影响信源可信度。Flanagin 和 Metzger（2013）认为在用户原创内容时代，尽管个体网民信源缺乏专业性与权威性，但通常具备他人认为的"经验可信度"，在面对海量信息的情况下，人们更倾向于信任用户生产的信息。口碑信息效价的相关研究也有助于人们更好地理解用户评论对信源可信度的影响。口碑作为"在一个被认为跟商业无关的人与接收者之间，与品牌、产品、组织或服务有关的非正式的沟通"，对在线产品信息有补充或者替换的作用（Chen & Xie，2008）。此外，"羊群效应"也可以解释用户在线评论对信源可信度的影响。该理论认为个体做决策时的信源通常分为两类：一是基于个人知识和决策对象的自我分析，二是对他人决策行为的观察。一般而言，学识丰富的个体，特别是相关领域专家的决策不易被他人的行为影响；反之，当个体缺乏决策所需的知识背景时，他人的行为极易左右个体的决策。Knobloch - Westerwick 等（2005）研究发现，用户更喜欢选择浏览有在线评分的文章，且评分越高的文章，其被浏览的时间越久；Thurman（2008）的研究发现，在线用户评论可以支持其他用户对发布者的内容进行评判，甚至说服其他用户改变其看法。

研究还发现，用户评论内容有不同的类型，且不同类型的用户评论对说服效果存在不同的影响。研究者一般倾向于将用户评论分类为正面评论（支持型评论）和负面评论（质疑型评论）。Lundeen 和 Hannon（1995）发现，正面评论信息会使消费者更加相信该品牌，从而增加消费者选择该品牌的可能性。Richins（1983）则发现，负面评论信息会影响消费者对品牌的信任，降低消费者选择该品牌的可能性。

在传播实践中，在线发布的纠正性信息后面往往跟随着大量的用户评论，这些用户评论对纠正性信息的信源可信度具有怎样的影响，对伪健康信息引发的误导效应具有怎样的纠正效果，这是本研究关注的重点问题。本研究将用户评论分为两类，即支持型用户评论和质疑型用户评论。基于以往的相关研究，我们尝试提出假设 1。

H1：和质疑型用户评论相比，支持型用户评论的纠正效果更好。

2. 信息特征与信息论据形式

以往研究关注的信息特征主要包括信息质量、信息结构以及信息论据形式。对于信息质量和信息结构，总体研究结果趋于一致，即高质量信息将产生更好的说服效果（Petty et al., 1981），双面信息策略比单一信息策略具有更好的说服效果（Petty & Wegener, 1998）。但对于信息论据形式，研究结果难以达到一致。信息论据大致有两种形式：一是以客观统计为主要特征的数据型论据；二是以诉诸情感为主要特征的叙述型论据（Perloff, 2017）。数据型论据强调使用事实和数据来说服受众，包括对事件、人物、地点等的量化描述（Baesler & Burgoon, 1994），客观数据的呈现是其说服力的来源；叙述型论据强调有明显的开头、过程和结尾，并且能够提供关于场景、人物、冲突的故事或案例（Hinyard & Kreuter, 2007）。叙述型论据有较多吸引人的情节，生动的情节呈现使受众更有可能想象或者建构某个特定场景，进而影响受众的评价和判断（Han & Fink, 2012）。在与健康议题相关的研究案例中，研究发现叙述型论据往往具有较好的说服效果。Dillard 等（2010）发现，在传统的教育信息中加入一个叙述型证据可以增加人们对结肠直肠癌筛查的关注；Murphy 等（2013）发现，虚构的叙事电影比数据型信息更有效地增强了女性关于宫颈癌预防的知识和意图。在针对"无痛分娩"的伪健康信息进行误导纠正时，使用叙述型论据是否也会产生更好的纠正效果呢？基于上述分析，我们提出假设 2。

H2：和数据型论据比，叙述型论据的纠正效果更好。

无论纠正性信息采取哪一种信息论据形式，有论据都会比无论据有更强的说服力。但是不同类型的信息论据形式与用户评论在共同作用于纠正效果时，可能存在交互作用。因此，我们进一步提出假设 3。

H3：在对纠正效果的影响中，用户评论和信息论据形式具有显著交互效应。

3. 信息接收者特征与卷入度

信息接收者特征主要是指个体差异以及个体在接收信息时的心理状态。在诸多与信息接收者特征相关的因素中，卷入度（involvement）是一个颇受关注的研究变量。Rothschild（1984）认为卷入度是一种唤醒动机、激励或兴趣的状态，它将驱动个体采取信息搜索、处理和购买等决策行为；Zaichkowsky（1985）认为卷入度是个体参与满足内在需求、价值和兴趣的事物的程度。由此可见，卷入度强调的是对象与主体之间的相关度。本研究将卷入度的概念界定为纠正性信息对个体的重要程度。

在说服效果的研究中，卷入度常被视为重要的调节变量，且得到众多研究的检验。Petty 等（1983）发现，卷入度可以调节信息论证质量的说服效果。当个体处于高卷入度时，信息的论证质量更能影响个体对广告的态度。Rothman 等（1993）在有关说服人们使用太阳镜来预防皮肤病的研究中发现，卷入程度高的女性比卷入程度低的男性更认同佩戴太阳镜是防紫外线的有效途径。Braverman（2008）在改变人们饮酒习惯的实验中发现，整体上，文字比音频类信息更具有说服力；但卷入度存在其中具有调节作用，音频类信息对低卷入度的受众更具有说服力，高卷入度受众则更容易被文字信息说服；Dai 等（2010）发现，卷入度对在线广告的说服效果起调节作用，只有在受众处于高卷入度的情境时，优势和劣势都呈现的广告比只呈现优势的广告更具有说服力。

从上述文献梳理中，可以看出卷入度作为调节变量，常常与其他的研究变量共同影响说服效果。本研究把卷入度作为调节变量，探讨卷入度对信息论据形式和用户评论的匹配效应，并形成假设 4 和假设 5。

H4：卷入度在用户评论对纠正效果影响中具有显著调节作用。

H5：卷入度在信息论据形式对纠正效果影响中具有显著调节作用。

本研究基于说服理论，以信息论据形式、用户评论为自变量，以卷入度为调节变量，以误导纠正效果为因变量，构建伪健康信息误导纠正效果及主要影响因素研究模型，如图 1 所示。

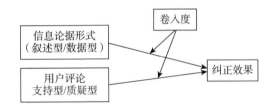

图 1　伪健康信息误导纠正效果及主要影响因素研究模型

三　研究方法与设计

（一）实验设计、被试招募和分组情况

研究采用 2（信息论据形式：叙述型/数据型）×2（用户评论：支持型/质疑型）×2（卷入度，高/低）的被试间设计，考察在不同卷入度条件下，用户评论和论据组织方式对纠正效果的影响。

研究使用在线实验方法，通过网络招募实验被试。研究主要选取 23～35 岁的人群作为实验样本，因为此年龄段人群为最佳生育年龄，使用"无痛分娩"的概率较高。在网络招募过程中，本研究对"无痛分娩"有相关知识和经验的被试进行拦截，并对未受伪健康信息影响的被试进行人工剔除；同时为减少不确定因素对结果有效性的影响，将对答题时间过短、填写数据不全及大量填写相同选项的被试进行筛选，最终共获得有效被试 221人。在性别构成上，男性 70 名（占 31.67%），女性 151 名（占 68.33%），女性居多。在年龄构成上，23岁以下的被试11人（占4.98%），23~30岁的被试196人（占88.69%），30~35岁的被试14人（占6.33%）。在学历分布上，专科及以下的被试21人（占9.50%），本科生被试122人（占55.20%），研究生被试78人（占35.30%）。

221人被分成8个实验组，分组情况如表1所示。

表1 实验分组情况

单位：个

组号	信息论据形式	用户评论	卷入度	样本量
1	叙述型 （111）	支持型 （54）	低	25
2			高	29
3		质疑型 （57）	低	28
4			高	29
5	数据型 （110）	支持型 （54）	低	29
6			高	25
7		质疑型 （56）	低	31
8			高	25

（二）实验材料设计

1. 伪健康信息设计

为避免选题类型单一对研究结果造成影响，研究设计了A和B两组不同主题的"无痛分娩"伪健康信息。A组的主题为"无痛分娩会影响孩子的健康指征和智商发育"，B组的主题为"无痛分娩会导致产后腰痛"。

2. 纠正性信息设计

对于每一则伪健康信息，研究同时设计了四则与各主题相对应的纠正性信息，分别为叙述型论据×支持型评论、叙述型论据×质疑型评论、数据型论据×支持型评论、数据型论据×质疑型评论。为控制实验材料中字数、内容等变量对实验结果的影响，我们将每一则纠正性信息的字数控制在550字左右，除了信息论据形式不同外，材料的其他方面基本相同。

根据《2019国民健康洞察报告》，微信公众号成为公众获取健康信息的主要来源，且信任度和有用度都比较高。因此本研究将微信公众号界面作为纠正性信息呈现的载体；同时，为了提高被试对实验材料真实性的感知，本研究选取了"谣言过滤器"这一具有影响力的微信公众号推文界面作为最终呈现的实验材料。因为微信公众号推送文章界面底端的用户评论均为匿名性评价，本研究在每则纠正性信息下编辑 3 条评论。为了提高被试对评论真实性的感知，研究对用户评论采取相对口语化表述的文字。另外，为了减少在看数、阅读数和评论点赞数对实验结果的影响，本研究对其做了数量控制。

（三）变量设计与测量

1. 因变量测量：纠正效果

纠正效果关键体现在态度的改变，即对受众在认知、情感及行为三个层面产生影响。研究借鉴了 Hovland 等（1953）、Bordia 等（2005）和 Nan（2007）所采用的信息说服效果项目，在被试阅读纠正性信息后，立即测量其在认知、情绪感知、行为意向等维度上的反应。本研究使用了原量表中的部分项目，并根据研究实际对项目表述进行改编，所有项目使用 7 点量表评级。纠正效果量表共 9 道题项，包含三个维度的测量：认知维度（3 题）主要评估被试在阅读纠正性信息后，对纠正性信息的可信度、说服力以及对"无痛分娩"正确陈述的赞同程度（Hovland et al.，1953）；情绪感知维度（1 题）主要评估受众在阅读纠正性信息后，自身因伪健康信息对"无痛分娩"所产生的焦虑情绪的缓解程度（Bordia et al.，2005）；行为意向维度（5 题）主要评估被试在阅读纠正性信息后，对纠正性信息的搜索意向、传播意向、实践意向、转发意向和交流意向（Nan，2007）。本研究使用主成分分析法检验量表的结构效度，纠正效果 9 个题项聚合成 1 个因素，各题因素负荷均在 0.70 以上，总量表项目内部一致性系数在 0.9 以上，表明量表具有较好的信度和效度（见表 2）。

2. 自变量操控：用户评论和信息论据形式

（1）用户评论。本研究将用户评论分为支持型和质疑型两种，支持型用户评论强调使用"无痛分娩"不会影响孩子的健康指征和智商发育或导致产后腰痛；相反，质疑型用户评论则认为"无痛分娩"会影响孩子的健康指征和智商发育或导致产后腰痛。

（2）信息论据形式。本研究将信息论据形式分为数据型论据和叙述型论据。数据型论据的主要特征是将事件、人物、地点或其他信息用具体的事实和数据进行量化，而叙述型论据则有明显的开头、过程和结尾，并且能够提供关于场景、人物、冲突的故事或案例。本研究设计了四则长度、内容和风格都基本统一的材料。数据型论据来源于两篇专业医学期刊文献（安俊芹等，2016；幸吉娟等，2014），客观描述"无痛分娩"无副作用的统计学分析的结果。叙述型论据则是根据上述两篇医学期刊文献进行改写，以虚拟人物莉莉使用"无痛分娩"后的主观感受展开故事，以表明"无痛分娩"不会影响孩子的健康指征和智商发育或导致产后腰痛。

3. 调节变量测量：卷入度

研究使用量表对卷入度进行测量，并根据测量得分高低进行分组。研究借鉴了 Munson 和 McQuarrie（1987）的认知卷入度量表和王佳宁（2012）的卷入程度划分法，编写了关于"无痛分娩"卷入度的李克特自评量表。该量表由三个问题组成，采用7点计分，1＝完全不同意，7＝完全同意，总分3～21分（中性值为12分），其中3～12分为低卷入度，12～21分为高卷入度。使用主成分分析法分析检验量表的结构效度，卷入度3个题项聚合成1个因素，各题因素负荷均在0.85以上，项目内部一致性系数在0.9以上，表明量表具有较好的信度和效度（见表2）。

表2　各变量的操作化定义、量表信效度检验及来源

	测量变量	主成分分析	量表 α 系数	量表来源
自变量	信息论据形式 　叙述型/数据型	—	—	—
	用户评论 　支持型/质疑型	—	—	—
调节变量	卷入度		0.903	Munson 和 McQuarrie（1987）
	1. 我认为这则信息是我近期需要了解的	0.885		
	2. 我认为这则信息对我很重要	0.937		
	3. 我认为这则信息对我很有价值	0.935		
因变量 （纠正效果）	认知		0.904	Hovland 等（1953）
	1. 我认为这则信息是可信的	0.875		
	2. 我认为这则信息是有说服力的	0.908		
	3. 阅读完这则信息，我认为"无痛分娩不会对孩子的智商发育产生影响"或"无痛分娩不会导致产后腰痛"	0.853		
	情绪感知		—	Bordia 等（2005）
	4. 阅读完这则信息，缓解了我对"无痛分娩导致产后腰痛"或"无痛分娩会影响小孩的智商"的焦虑	0.850		

测量变量		主成分分析	量表 α 系数	量表来源
因变量（纠正效果）	行为意向		0.888	Nan (2007)
	5. 阅读完这则信息后，我会继续了解与"无痛分娩"相关的信息	0.739		
	6. 如果身体条件允许，我愿意（让我的爱人）使用"无痛分娩"	0.841		
	7. 阅读完这则信息，我愿意说服我的家人接受"无痛分娩"	0.875		
	8. 阅读完这则信息后，我愿意把这则"无痛分娩"的信息分享给我身边的朋友	0.881		
	9. 阅读完这则信息，我会劝说我身边的女性朋友使用"无痛分娩"	0.881		
共提取 1 个因素，量表总体信度：$\alpha = 0.935$				

（四）实验程序

研究分为两个阶段进行。

第一阶段，向符合入选条件的被试随机分配一则伪健康信息，要求其在规定时限内阅读完毕，之后请被试根据阅读感受回答若干问题，以测量其受伪健康信息操纵的程度。伪健康信息的操纵结果测量借鉴了 Hovland 等（1953）、Bordia 等（2005）所采用的信息说服效果题项。

第二阶段，随机再呈现一则纠正性信息（不同类型），要求被试在规定时限内阅读完毕，之后再次要求被试根据阅读感受回答若干问题，以测量被试对纠正性信息的卷入度和感受。

（五）伪健康信息误导效果操控检验

被试阅读完"无痛分娩"有关的两则伪健康信息后，本研究设计了 4 个问题，分别从认知、情绪感知及行为意向三个维度来检验伪健康信息的操纵效果。

对两则伪健康信息误导效果操控的统计结果显示，认知和情绪感知两个问题的平均得分在 5.0～5.1 分，表示被试总体上相信了这两则伪健康信息且被试处于焦虑状态，因此伪健康信息对被试的操纵是较为成功的，可以与因变量（纠正效果）形成对照。行为意向维度的两个问题平均得分在 4.1～4.5 分，表示被试虽然相信了这两则伪健康信息，但转发意愿较低。

对 α 取 0.05 的 t 置信区间，我们发现认知和情绪感知两个维度的得分具有较小的波动，说明本研究对伪健康信息误导效果操控在认知与情绪感知两个维度测量比较精准。

四 结果分析

（一）纠正效果描述性分析

首先考察各实验条件下的纠正效果。表3显示，叙述－支持－高卷入度组的纠正效果最好（$M=5.48$），叙述－质疑－低卷入度组次之（$M=4.61$），叙述－质疑－高卷入度组（$M=3.46$）和数据－支持－高卷入度组的（$M=3.45$）的纠正效果较差。

表3 不同实验条件下纠正效果统计性描述

组号	信息论据形式	用户评论	卷入度	纠正效果	标准差	样本量
1	叙述型	支持型	低	3.68	0.80	25
2			高	5.48	0.71	29
3		质疑型	低	4.61	1.20	28
4			高	3.46	1.07	29
5	数据型	支持型	低	3.95	1.70	28
6			高	3.45	0.99	26
7		质疑型	低	4.16	1.28	31
8			高	3.94	1.58	25

（二）各研究假设的检验分析

采用多因素方差分析，对各研究假设进行检验，结果如表4所示。

表4 纠正效果方差分析结果

因素	均值	Ⅲ型平方和	自由度	均方	F 值	p
用户评论		0.524	1	0.524	0.343	0.559
支持型	4.14					
质疑型	4.04					
信息论据形式		10.230	1	10.230	6.699	0.010

续表

因素	均值	Ⅲ型平方和	自由度	均方	F值	p
叙述型	4.30					
数据型	3.87					
卷入度		0.014	1	0.014	0.009	0.923
高卷入	4.10					
低卷入	4.08					
信息论据形式×用户评论		11.018	1	11.018	7.215	0.008
用户评论×卷入度		24.578	1	24.578	16.096	0.000
信息论据形式×卷入度		6.572	1	6.572	4.304	0.039
信息论据形式×用户评论×卷入度		36.210	1	36.210	23.714	0.000

（1）支持型与质疑型用户评论在纠正效果上无显著差异（支持型 $M = 4.14$，质疑型 $M = 4.04$，$F = 0.343$，$p > 0.05$），假设 H1 未得到研究支持。

（2）和数据型论据相比，叙述型论据具有更好的纠正效果（叙述型 $M = 4.30$，数据型 $M = 3.87$，$F = 6.699$，$p < 0.05$），假设 H2 得到研究支持。

（3）信息论据形式与用户评论在对纠正效果影响中具有显著交互效应（$F = 7.215$，$p < 0.01$），假设 H3 得到研究支持。具体而言：①使用叙述型论据时，支持型用户评论（$M = 4.65$）的纠正效果要好于质疑型用户评论（$M = 4.03$）；②使用数据型论据时，质疑型用户评论（$M = 4.06$）的纠正效果要好于支持型用户评论（$M = 3.72$），如图 2 所示。

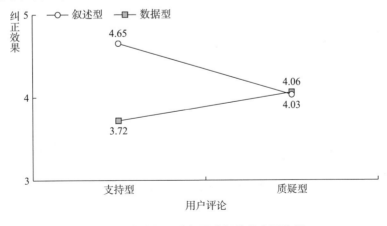

图 2　信息论据形式与用户评论的交互作用

（4）在用户评论对纠正效果的影响中，卷入度具有显著调节作用（$F = 16.096$，$p < 0.001$），假设 H4 得到研究支持。具体而言：①支持型用户评论对高卷入者的纠正效果（$M = 4.54$）好于低卷入者（$M = 3.83$）；②质疑型用户评论对低卷入者的纠正效果（$M = 4.37$）反而好于高卷入者（$M = 3.68$），如图3所示。

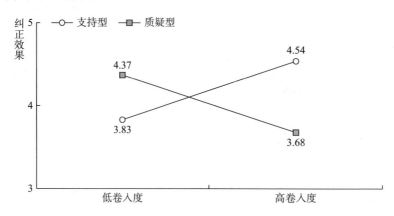

图3 卷入度在用户评论影响纠正效果中的调节作用

（5）在信息论据形式对纠正效果影响中，卷入度具有显著调节作用（$F = 4.304$，$p < 0.05$），假设 H5 得到研究支持。具体而言：①叙述型论据对高卷入者的纠正效果（$M = 4.47$）好于低卷入者（$M = 4.17$）；②数据型论据对低卷入者的纠正效果（$M = 4.06$）好于高卷入者（$M = 3.70$），如图4所示。

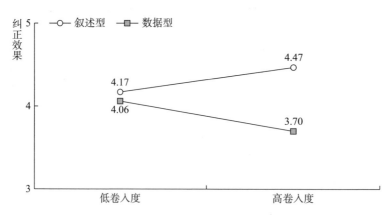

图4 卷入度在信息论据形式对纠正效果影响中的调节作用

（6）本研究通过方差分析还发现，信息论据形式、用户评论与卷入度三者在对纠正效果影响中存在显著交互效应，即卷入度不但在用户评论和信息论据形式对纠正效果影响中具有显著调节作用，而且还对用户评论与信息论据形式两者的交互效应具有显著调节作用。分析发现：①对于低卷入者，信息论据形式与用户评论对纠正效果影响的交互效应不显著（$F = 2.124$，$p > 0.05$）；②对于高卷入者，信息论据形式与用户评论在对纠正效果影响中具有显著交互效应（$F = 33.049$，$p < 0.001$）。具体而言，对于高卷入者，当使用叙述型论据时，支持型用户评论的纠正效果（$M = 5.48$）好于质疑型用户评论（$M = 3.46$）；当使用数据型论据时，支持型用户评论（$M = 3.45$）与质疑型用户评论（$M = 3.94$）在纠正效果上不存在显著差异。

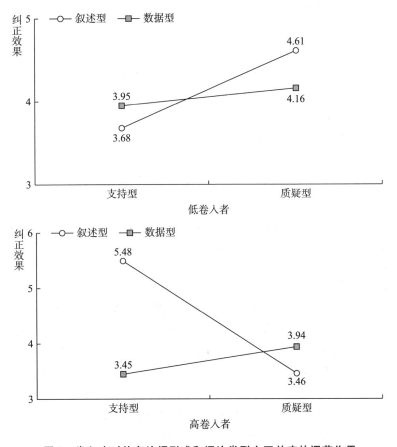

图 5　卷入度对信息论据形式和评论类型交互效应的调节作用

（三）纠正效果各具体维度的检验分析

本研究对纠正效果评估主要基于三个具体维度，即认知、情绪感知和行为意向，并分别以纠正效果三个维度为因变量，分析用户评论、信息论据形式及卷入度三者对纠正效果各维度的影响效应，分析结果见表5。

（1）用户评论对纠正效果各维度的影响分析。用户评论对认知（$F = 0.525$，$p > 0.05$）、情绪感知（$F = 0.230$，$p > 0.05$）和行为意向（$F = 0.193$，$p > 0.05$）三个纠正效果维度均没有显著影响。

（2）信息论据形式对纠正效果各维度的影响分析。信息论据形式对认知（$F = 4.365$，$p < 0.05$）、情绪感知（$F = 4.077$，$p < 0.05$）及行为意向（$F = 6.739$，$p < 0.05$）三个纠正效效果维度均具有显著影响，叙述型论据在三个纠正效果维度上均好于数据型论据。

（3）用户评论与信息论据形式对纠正效果各维度影响的交互效应分析。用户评论与信息论据形式对认知（$F = 7.390$，$p < 0.01$）、情绪感知（$F = 6.720$，$p < 0.05$）及行为意向（$F = 5.160$，$p < 0.05$）三个纠正效果维度的影响均具有显著交互效应。在各维度上，使用叙述型论据时，支持型用户评论的纠正效果好于质疑型用户评论；使用数据型论据时，质疑型用户评论的纠正效果好于支持型用户评论。

（4）卷入度在用户评论对纠正效果各维度影响中的调节作用分析。结果表明，卷入度在用户评论对认知（$F = 13.553$，$p < 0.01$）、情绪感知（$F = 15.573$，$p < 0.05$）及行为意向（$F = 12.896$，$p < 0.05$）三个纠正效果维度的影响中均具有显著调节作用。对于高卷入者，支持型用户评论的纠正效果好于质疑型用户评论；对于低卷入者，质疑型用户评论效果则好于支持型用户评论。

（5）卷入度在信息论据形式对纠正效果各维度影响中的调节作用分析。结果发现，卷入度在信息论据形式对情绪感知（$F = 7.383$，$p < 0.01$）及行为意向（$F = 3.907$，$p < 0.05$）两个纠正效果维度影响中具有显著调节作用，但在对认知维度（$F = 2.037$，$p > 0.05$）的影响中没有显著调节作用。

（6）卷入度对用户评论与信息论据形式两者在纠正效果各维度上交互效应的调节作用分析。结果发现，卷入度对用户评论与信息论据形式两者在认知（$F = 20.521$，$p < 0.001$）、情绪感知（$F = 14.384$，$p < 0.001$）及行为意向（$F = 20.661$，$p < 0.001$）三个纠正效果维度上的交互效应中均具有显著调节作用。

表5　纠正性信息纠正效果各维度的方差分析结果

维度	因素	Ⅲ型平方和	自由度	均方	F 值	p
认知	用户评论	0.869	1	0.869	0.525	0.469
	信息论据形式	7.220	1	7.220	4.365	0.038
	用户评论×信息论据形式	12.224	1	12.224	7.390	0.007
	用户评论×卷入度	22.418	1	22.418	13.553	<0.001
	信息论据形式×卷入度	3.369	1	3.369	2.037	0.155
	信息论据形式×用户评论×卷入度	33.945	1	33.945	20.521	<0.001
情绪感知	用户评论	0.525	1	0.525	0.230	0.632
	信息论据形式	9.328	1	9.328	4.077	0.045
	用户评论×信息论据形式	15.376	1	15.376	6.720	0.010
	用户评论×卷入度	35.634	1	35.634	15.573	<0.001
	信息论据形式×卷入度	16.894	1	16.894	7.383	0.007
	信息论据形式×用户评论×卷入度	32.913	1	32.913	14.384	<0.001
行为意向	用户评论	0.358	1	0.358	0.193	0.661
	信息论据形式	12.490	1	12.490	6.739	0.010
	用户评论×信息论据形式	9.565	1	9.565	5.160	0.024
	用户评论×卷入度	23.902	1	23.902	12.896	<0.001
	信息论据形式×卷入度	7.242	1	7.242	3.907	0.049
	信息论据形式×用户评论×卷入度	38.295	1	38.295	20.661	<0.001

五　研究讨论

本研究依据说服理论，选择"无痛分娩"这一健康议题，探讨了用户评论、信息论据形式对伪健康信息误导纠正效果的影响以及卷入度的调节作用。

（一）用户评论对纠正效果没有显著影响

研究发现，支持型用户评论与质疑型用户评论在纠正效果上不存在显著差异，研究假设 H1 未得到本研究数据支持，但后续分析发现，当结合信息论据形式和卷入度时，用户评论对纠正效果的影响是不可忽视的。这一结果也说明，用户评论并不会单独对纠正效果产生影响。

以往研究发现，支持型用户评论会提高信源的可信度，进而产生更好的说服效果。Lundeen 和 Harnon（1995）的研究发现，正面评论信息会显著增强消费者对接收信息的信任水平，从而增加消费者选择该品牌的可能性；Richins（1983）的研究则发现，负面评论信息则会显著减弱消费者对接收信息的信任水平，进而降低消费者选择该品牌的可能性。本研究发现，支持型用户评论对说服效果的影响是有条件的。虽然在线用户评论在用户原创内容时代具备他人经验的可信度，但信息是否真正可信，最关键的还是要看信息本身的质量以及用户在阅读信息时的卷入程度。当信息本身质量较差，用户凭经验可以判断其不可信时，那么就不必再以他人评论作为判断依据了。对于高卷入度的用户来说，其对信息的加工动机和能力会更强，更倾向于将纠正性信息质量和他人评论综合起来考虑。

（二）信息论据形式对纠正性信息纠正效果具有显著影响

研究发现，叙述型论据的纠正效果显著高于数据型论据，且这一显著差异在认知、情绪感知及行为意向三个纠正效果维度上均存在，研究假设 H2 得到研究数据的有力支持。

以往研究发现，在有关健康议题的说服研究中，叙述型论据比数据型论据具有更好的说服效果（Dillard et al.，2010；Murphy et al.，2013）。本研究涉及的"无痛分娩"同样属于健康议题，研究结果再次证明，在健康关联议题上，叙述型论据确实比数据型论据说服效果更好。可能原因在于，数据型论据偏好描述某个事件发生的可能性，这一类论据看起来似乎非常客观、可靠；但遗憾的是，数据型论据的这一优点难以被人们可靠地使用，因为人们天生具有一种乐观的偏见，即他们认为那些有风险的危险或者负面后果总是很难影响到他们自身（毛良斌，2014），这会导致主观感知的风险往往小于客观数据所描述的风险。此外，缺少个体案例描述的信息往往令人感到相关事件在心理距离上更远，无法引起其足够的重视。相比之下，叙述型论据以对个体案例的具体描述为特征，有生动的情节，可以为用户构建特定场景，让用户觉得相关事件离自己更近，更容易引起移情反应或者认同反应，进而产生更好的纠正效果。

（三）信息论据形式与用户评论在对纠正效果影响中具有显著交互效应

研究发现，使用叙述型论据时，支持型用户评论的纠正效果好于质疑型用户评论；使用数据型论据时，质疑型用户评论的纠正效果则要好于支持型用户评论。信息论据形式与用户评论在对纠正效果影响中存在显著交互效应，且这一交互效应在认知、情绪感知及行为意向三个纠正效果维度上均存在，研究假设 H3 得到数据的有力支持。

虽然叙述型论据呈现的个体案例非常生动，心理距离更为接近，因此更容易让人接受，但因为是个案，在用户没有相关经验可参考时，低可信度将会影响该信息的可接受性。此时支持型用户评论对于增加个案的可信度是非常有益的，支持型用户评论可以有效弥补叙述型论据在可靠性方面的不足。

以往研究表明，支持型用户评论往往比质疑型用户评论的说服效果更好。但本研究却发现，当使用数据型论据时，质疑型用户评论的纠正效果却要好于支持型用户评论。针对这一"违反常理"的研究结果，研究者选取"数据型论据×质疑型用户评论"实验组被试进行深度访谈。访谈结果发现，当被试接触的是数据型论据且伴随质疑型用户评论时，他们会因为这种强烈的反差而选择重复阅读纠正性信息；另外又因为数据型论据的高质量信息，被试感觉纠正性信息更具有客观性，反而有更好的纠正效果。

（四）卷入度在用户评论对纠正效果影响中具有显著调节作用

研究发现，在支持型用户评论条件下，对高卷入者的纠正效果好于低卷入者；但在质疑型用户评论条件下，对低卷入者的纠正效果却要好于高卷入者。卷入度在用户评论对纠正效果影响中具有显著调节效应，且调节作用在认知、情绪感知及行为意向三个纠正效果维度上均存在，研究假设 H4 得到数据的有力支持。

高卷入度意味着用户对当前接触的信息投入更多的注意力，信息加工水平更高；相反，低卷入度则意味着用户对当前接触的信息投入较少注意力，信息加工水平较低。不同卷入水平所导致的信息加工水平存在差异，以往研究证实了卷入度说服效果影响中存在的重要调节作用（Braverman，2008）。这也可以用来解释本研究的结果：在支持型评论条件下，高卷入者会对论据和支持型用户评论投入较高水平的关注，且信息加工水平更高，这有利于产生更好的纠正效果；而低卷入者由于对论据和支持型评论投入较低水平的注意力和低水平的信息加工，纠正性信息和支持型用户评论对其影响减弱，不利于产生更好的纠正效果。当出现质疑型用户评论时，情况可能相反。由于高卷入者既对纠正性信息进行深加工，也对质疑型用户评论进行深加工，那么质疑型用户评论可能会干扰纠正性信息的纠正效果；对于低卷入者，由于其对质疑型用户评论关注少且信息加工水平低，此类评论的干扰作用可能会减弱，因此纠正效果反而比高卷入者更好。

（五）卷入度在信息论据形式对纠正效果影响中具有显著调节作用

研究发现，使用叙述型论据时，对高卷入者的纠正效果好于低卷入者；使用数据型论据时，对低卷入者的纠正效果则要好于高卷入者。卷入度在信息论据形式对纠正效果影响中具有显著调节作用，且调节作用在情绪感知及行为意向两个维度上均存在，研究假设 H5 得到数据支持。

叙述型论据的特点是具有丰富的情节、个性化的体验以及特定的场景，叙述型论据对说服的作用机制主要来自接触者是否产生移情或者认同反应，这些反应往往均以高卷入度为前提。Green（2006）指出生动的个案具有相对强大和持久的说服效果，因为读者比较容易从认知和情绪感知上改变自身日常习惯，从而更容易进入故事角色，且读者对于信息的抵抗情绪也相对较低，低卷入度则可能使叙述型论据说服效果大打折扣。因此，使用叙述型论据时，对高卷入者的纠正效果要好于低卷入者。

数据型论据所呈现的信息给人一种非常客观可靠的印象，且结论简单明了。低卷入者在没有对信息进行深度加工时，往往依靠刻板印象进行判断。由于数据型论据具有客观可靠的特征，基于刻板印象的判断可能会产生更好的纠正效果。虽然高卷入者会去关注论据的具体内容，并试图理解，但数据型论据对于一般人来说，其内容过于抽象，论据所描述的可能性风险在主观上往往被低估，可能最终导致纠正效果不佳。

（六）卷入度显著调节用户评论与信息论据形式对纠正效果影响中的交互效应

在不同卷入度条件下，我们通过进一步考察用户评论与信息论据形式对纠正效果的交互效应，发现在低卷入条件下，两个因素的交互效应不显著，但在高卷入条件下，两个因素存在显著交互效应。具体地说，在低卷入条件下，无论是叙述型论据还是数据型论据，支持型评论和质疑型评论在纠正效果上不存在显著差异；但是在高卷入条件下，若使用叙述型论据，支持型用户评论的纠正效果好于质疑型用户评论；若使用数据型论据，支持型用户评论和质疑型用户评论在纠正效果上不存在显著差异。

基于上述分析结果，可以发现，在考察纠正性信息的纠正效果时，三个影响因素——用户评论、信息论据形式和卷入度——之间存在着一个"匹配效应"，即对于不同程度的卷入者，在不同的用户评论环境下，采用不同信息论据形式的纠正性信息，将产生不同的纠正效果，其中尤其需要关注三种匹配关系产生的效应。

（1）"最佳效应"。分析结果发现，对于高卷入者，使用叙述型论据，且信息下方具有支持型用户评论，这是最理想的匹配条件，将产生最好的纠正效果。这一结果说明，要产生最佳纠正效果，必须提高信息接触者的卷入程度，同时信息应当具有较高的可读性，同时相关信息得到其他网民的支持。

（2）"倒退效应"。对于高卷入者，纠正性信息采用叙述型论据也存在较大的风险，如果此时出现大量的质疑型用户评论，其纠正效果最差，甚至会导致"倒退效应"，即纠正性信息强化伪健康信息的误导效果。可见对于健康传播实践者来说，应当重视对网络评论的内容管理和监控，尤其是重点关注对质疑型用户评论内容的管控。

（3）"防火墙效应"。总体上看，叙述型论据在纠正效果上好于数据型论据，且高卷入度是产生匹配中"最佳效应"的必要条件。但数据型论据也有一些难得的优点，比如质疑型用户评论不会对其产生负面干扰作用，且较少受卷入度的影响，甚至对低卷入者的纠正效果好于高卷入者。数据型论据有点类似于防火墙，可以防御不利条件（如质疑型用户评论，低卷入水平等）对纠正效果的消极影响，因此，被称为"防火墙效应"。

六　实践意义及研究局限

（一）实践意义

本研究探讨"无痛分娩"相关的伪健康信息误导的纠正效果及其影响因素，引入用户评论、信息论据形式和卷入度三个影响因素进行分析，可以为"无痛分娩"相关伪健康信息误导效应的纠正和治理提出一些实践性建议。

（1）整体而言，在针对"无痛分娩"相关的伪健康信息进行纠正的过程中，叙述型论据的纠正效果要好于数据型论据。所以对"无痛分娩"进行纠正的过程中，可以较多地采用叙述型论据。

（2）与"无痛分娩"有关的纠正性信息应针对不同的人群（不同卷入度的用户）进行设计。例如，在APP的头条或者每日推送中，大部分用户都是被动接收信息，此时可能处于低卷入状态，建议更多地将数据型论据的纠正性信息推送给用户；相反，在用户主动获取有关"无痛分娩"信息时，如主动搜索或点击"查看详情"的热门精选专题等，建议更多地采用叙述型论据，因为这类人群大部分是高卷入用户。

（3）在生产和发布叙述型论据的纠正性信息后，过滤掉一些质疑型用户评论会对纠正效果有提升作用；相反，当使用数据型论据时，可适当地呈现一些质疑型用户评论，使读者对纠正性信息的论据内容和下方的用户评论产生强烈的反差感，促使其对纠正性信息的论据重新进行加工，而这种重复性加工也可能会提高纠正效果。还有一种可行的办法，那就是在推送"无痛分娩"的相关纠正性信息的传播实践中，将叙述型论据和数据型论据整合在一条纠正性信息中，使纠正性信息既有鲜活的案例，也有客观的数据，就算在传播条件不利的环境下（质疑型用户评论较多，且多数人卷入水平低），由于数据型论据能产生较好的"防火墙效应"，也可以防御不利传播环境产生的消极影响。

（二）研究局限

（1）实验方法的局限。本研究为在线实验，且伪健康信息呈现与纠正性信息呈现间隔时间短，伪健康信息误导作用时间短，与现实情境存在一定的差异。因为在现实环境中，伪健康信息误导作用时间可能是几周、几个月甚至若干年。若后续研究在伪健康信息误导作用时间上做一些延时控制，对于提升实验结果的外部效度是有好处的。

（2）研究样本的局限。由于在线条件所限，尽管有兴趣参加研究的在线用户较多，但经过删减发现真正符合研究条件的被试其实不多。虽然可以保证进入每个实验条件组的被试数量不少于25个，但这并非最理想的条件。另外，研究样本多样性也有欠缺；本研究的实验人群多为教育层次较高的本科生和硕士生，实验结果是否适用于其他文化层次的群体还有待进一步验证。

参考文献

安俊芹、和静、张瑞红，2016，《腰硬联合麻醉的无痛分娩对新生儿的远期影响》，《中国妇幼保健》第16期。

刘新萍、洪春华，2004，《分娩镇痛对妊娠结局的临床观察》，《国际医药卫生报》第16期。

毛良斌，2014，《受众卷入对娱乐教育节目说服效果影响的实证研究》，《新闻界》第4期

毛良斌，2017，《社交媒体环境下的信息误导及干预》，《青年记者》第31期。

聂迪，2019，《雾霾纠正性信息的劝服效果及其影响因素研究》，硕士学位论文，武汉大学。

宋士杰、赵宇翔、宋小康、朱庆华，2019，《互联网环境下失真健康信息可信度判断的影响因素研究》，《中国图书馆学报》第 4 期。

温家林、张增一，2018，《社交媒体中错误信息传播的回音壁效应》，《科普研究》第 1 期。

吴世文、王一迪、郑夏，2019，《可信度的博弈：伪健康信息与纠正性信息的信源及其叙事》，《全球传媒学刊》第 3 期。

王佳宁，2012，《网络谣言对态度改变的影响》，硕士学位论文，吉林大学。

幸吉娟、劳成毅、朱云峰，2014，《椎管内阻滞分娩镇痛对 100 例产妇产后腰痛的影响》，《检验医学与临床》第 1 期。

徐铭军、姚尚龙，2018，《中国分娩镇痛现状与对策》，《国际麻醉学与复苏杂志》第 4 期。

Baesler, E. J. & Burgoon, J. K. (1994). The Temporal Effects of Story and Statistical Evidence on Belief Change. *Communication Research*, 21 (5), 582 – 602.

Bordia, P. , Difonzo, N. , Haines, R. , et al. (2005). Rumors Denials as Persuasive Messages: Effects of Personal Relevance, Source, and Message Characteristics. *Journal of Applied Social Psychology*, 35 (6), 1301 – 1331.

Braverman, J. (2008). Testimonials Versus Informational Persuasive Messages: The Moderating Effect of Delivery Mode and Personal Involvement. *Communication Research*, 35 (5), 666 – 694.

Carnahan, D. , Hao, Q. , Jiang, X. , et al. (2018). Feeling Fine about Being Wrong: The Influence of Self – Affirmation on the Effectiveness of Corrective Information, *Human Communication Research*, 44 (3), 274 – 298.

Chan, M. S. , Jones, C. R. , Hall Jamieson, K. & Albarracín, D. (2017). Debunking: A Meta – Analysis of the Psychological Efficacy of Messages Countering Misinformation. *Psychological science*, 28 (11), 1531 – 1546.

Chen, Y. B. & Xie, J. H. (2008). Online consumer review: Word – of – mouth as a news element of marketing communication mix. *Management Science*, 54 (3), 477 – 491.

Dai, Q. , Liang, L. , Wu, J. , et al. (2010). The Impact of Message Sidedness on Online Ads Effectivenss: The Moderating Role of Involvement. *International Conference on E – Business and E-government*, 3164 – 3167.

Dillard, A. J. , Fagerlin, A. , Dal Cin, S. , Zikmund – Fisher, B. J. & Ubel, P. A. (2010). Narratives that Address Affective Forecasting Errors Reduce Perceived Barriers to Colorectal Cancer Screening. *Social science & medicine*, 71 (1), 45 – 52.

Dixon, G. N. , McKeever, B. W. , Holton, A. E. , et al. (2015). The Power of a Picture: Overcoming Scientific Misinformation by Communicating Weight – of – Evidence Information with Visual Exemplars. *Journal of Communication*, 65 (4), 639 – 659.

Effectiveness: The Moderating Role of Involvement. *Journal of Consumer Research*, 10, 135 – 146.

Flanagin, A. J. & Metzger, M. J. (2013). Trusting Expert – Versus User – Generated Ratings Online: The Role of Information Volume, Valence, and Consumer Characteristics. *Computers in Human Behavior*, 29, 1626 – 1634.

Green, M. C. (2006). Narratives and Cancer Communication. *Journal of Communication*, 56, S163 – S183.

Han, B. & Fink, E. L. (2012). How Do Statistical and Narrative Evidence Affect Persuasion? The Role of Evidentiary Features. *Argumentation and Advocacy*, 49 (1), 39 – 58

Hinyard, L. & Kreuter, M. W. (2007). Using Narrative Communication as a Tool for Health Behavior Change: A Conceptual, Theoretical, and Empirical Overview. *Health Education & Behavior*, 34, 777 – 792.

Hovland, C. I. , Janis, I. L. & Kelley, H. H. (1953). *Communication and Persuasion; Psychological Studies of Opinion Change*. Yale University Press.

Hovland, C. I. & Weiss, W. (1951). The Influence of Source Credibility on Communication Effectiveness. *Public Opinion Quarterly*, 15, 635 – 650.

Knobloch – Westerwick, S. , Sharma, N. , Hansen, D. L. , et al. (2005). Impact of Popularity Indications on Readers' Selective Exposure to Online News. *Journal of Broadcasting & Electronic Media*, 2005, 49 (3), 296 – 313.

Kumar, K. P. & Geethakumari, G. (2014). Detecting misinformation in online social networks using cognitive psychology. *Human-centric Computing and Information Sciences*, 4 (1): 1 – 14

Lee, H. & Oh, H. J. (2017). Normative Mechanism of Rumor Dissemination on Twitter. *Cyberpsychology, Behavior, and Social Networking*, 20 (3), 164 – 171.

Lewandowsky, S. , Ecker, U. K. H. , Seifert, C. M. , et al. (2012). Misinformation and Its Correction: Continued Influence and Successful Debiasing. *Psychological Science in the Public Interest*, 13 (3), 106 – 131.

Lewandowsky, S. , Stritzke, W. G. , Freund, A. M. , et al. (2013). Misinformation, Disinformation, and Violent Conflict: From Iraq and the "War on Terror" to Future Threats to Peace. *The American psychologist*, 68 (7), 487 – 501.

Lundeen, H. & Hannon, K. (1995). Service Recovery in Commercial Real Estate Management. *Journal of Property Management*, 60 (3), 30 – 32.

Munson, J. M. & McQuarrie, E. F. (1987). The Factorial and Predictive Validities of a Revised Measure of Zaichkowsky's Personal Involvement Inventory. *Educational and Psychological Measurement*, 47 (3), 773 – 782.

Murphy, S. T. , Frank, L. B. , Chatterjee, J. S. , et al. (2013). Narrative Versus Nonnarrative: The Role of Identification, Transportation, and Emotion in Reducing Health Disparities. *Journal of Communication*, 63 (1), 116 – 137.

Nan, X. (2007). Social Distance, Framing, and Judgment: A Construal Level Perspective. Human *Communication Research*, 33 (4), 489 – 514.

Ophir, Y. , Brennan, E. , Maloney, E. K. , et al. (2019). The Effects of Graphic Warning Labels' Vividness on Message Engagement and Intentions to Quit Smoking. *Communication Research*, 46 (5): 619 – 638.

Perloff, R. M. (2017). *The Dynamics of Persuasion* (6*th Ed*) . New York, NY: Routledge Press, 338 – 348.

Petty, R. E. , Cacioppo, J. T. & Goldman, R. (1981). Personal Involvement as a Determinant of Argument – based Persuasion. *Journal of Personality & Social Psychology*, 41 (5), 847 – 855.

Petty, R. E. , Cacioppo, J. T. & Schumann, D. (1983). Central and Peripheral Routes to Advertising.

Petty, R. E. & Wegener, D. T. (1998). Attitude Change: Multiple Roles for Persuasion Variables. In D. T. Gilbert, S. T. Fiske & G. Lindzey (eds.), *The handbook of social psychology* . McGraw – Hill, 323 – 390.

Richins, M. L. (1983). Negative Word-of-mouth by Dissatisfied Consumers': A Pilot Study. *Journal of Marketing*, 47 (1), 68 – 78.

Rothman, A. J. , Salovey, P. , Antone, C. , et al. (1993). The Influence of Message Framing on Intentions to Perform Health Behaviors. *Journal of Experimental Social Psychology*, 29 (5), 408 – 433.

Rothschild, M. L. (1984) . Perspectives on Involvement: Current Problems and Future Directions. In Kinnear, T. C. (eds), *NA – Advances in Consumer Research Vol.* 11, eds. , Provo, UT: Association for Consumer Research, 216 – 217.

Southwell, B. G. & Thorson E. A. (2015). The Prevalence, Consequence, and Remedy of Misinformation in Mass Media Systems. *Journal of Communication*, 65 (4), 589 – 595.

Sundar, S. S. (2008). The MAIN Model: A Heuristic Approach to Understanding Technology Effects on Credibility. In Metzger, M. J. & Flanagin, A. J. (eds), *Digital Media, Youth, and Credibility, The John D. and Catherine T. MacArthur Foundation Series on Digital Media and Learning.* Cambridge, MA: The MIT Press, 73 – 100.

Thurman, N. (2008). Forums for Citizen Journalists? Adoption of User Generated Content Initiatives by Online News Media. *New Media & Society*, 10 (1), 139 – 157.

Westerman, D. , Spence, P. R. & Heide, B. V. D. (2012). A Social Network as Information: The Effect of System Generated Reports of Connectedness on Credibility on Twitter. *Computers in Human Behavior*, 28 (1), 199 – 206.

Wilkes, A. L. & Leatherbarrow, M. (1988). Editing Episodic Memory Following the Identification of Error. *The Quarterly Journal of Experimental Psychology: Human Experimental Psychology*, 40, 361 – 387.

Zaichkowsky, J. L. (1985). Measuring the Involvement Construct. *Journal of Consumer Research*, 12, 341 – 352.

《中国社会心理学评论》　第22辑

第134～159页

© SSAP, 2022

新媒体时代的英雄形象塑造与价值观传播[*]

——以中国主流媒体的短视频传播实践为例

陈　锐　余小梅　柳　润[**]

摘　要： 中国主流媒体短视频中塑造的英雄形象，反映并倡导和传播着社会价值观。我们通过对主流媒体发布的英雄题材短视频进行分析，发现新媒体塑造的英雄兼顾集体形象、地域分布较广、人口特征集中、职业结构多元；英雄形象反映的价值观突出表现为热爱祖国、根植人民、日常本分、勇敢亲和；短视频塑造英雄和传播价值观注重正面凸显崇高感、信息强化冲击感、镜头传递真实感、声音激起临场感。新时代的英雄更加多元化和立体化，更具民族性和时代感，英雄是社会主义核心价值观的有效传播载体，可以激发和鼓励更多的亲社会行为，英雄形象塑造及价值观传播需要整体规划和顶层设计，需要根据新媒体的视听化特征及受众心理效果做出相应调整。

关键词： 新媒体　英雄形象　短视频

---

[*] 本研究受中广学会研究项目"新时代社会主义核心价值观传播心理效果与宣传策略研究"（2020ZGLH002）支持。

[**] 陈锐，中国传媒大学新闻学院副教授、硕士生导师，通讯作者，E-mail：ichenrui@cuc.edu.cn；余小梅，中国传媒大学新闻学院教授、硕士生导师；柳润，中国传媒大学新闻学院硕士研究生。

一　引言

在当前的信息时代，传播媒介通过对象征性事件或信息进行选择、加工、重新结构化，营造出拟态环境，从而影响公众的社会认知。近年来新媒体技术的迅猛发展，使得信息环境和舆论生态发生了较大变化，个人主义、自由主义、拜金主义、享乐主义等不良价值倾向在网络上蔓延。有鉴于此，我国宣传管理部门开展了"清朗"系列专项行动，整治网络乱象，主流媒体频频批评"娘炮文化"，教育部门呼吁培育"阳刚之气"，价值观引导成为全社会关注的重要议题。

大众传媒是影响价值观发生改变的刺激因素之一（杨宜音，1998），在社会核心价值体系的建构中，大众传媒扮演了重要角色（麦尚文，2009）。近年来我国注重发挥榜样引领作用，不断建立健全党和国家功勋荣誉表彰制度，设立烈士纪念日，评选表彰了一大批道德模范、时代楷模和最美人物，引导大众见贤思齐、崇德向善、争当先锋的良好风尚。在这个过程中，一批赞颂英雄的影视作品广受好评，依法处置侮辱诽谤英烈的事件得到公众热烈响应，营造了全社会铭记英雄、崇尚英雄、捍卫英雄、学习英雄、争做英雄的舆论氛围。

主流媒体的职责之一就是通过塑造英雄进行舆论引导，进而传播社会主义核心价值观，强化英雄的榜样意义，激发和鼓励社会公众表现出更多的亲社会行为。随着互联网的发展和媒体融合的不断推进，以短视频为代表的新媒体已经成为信息传播的重要平台，短视频的即时性、互动性、碎片化、多样性等特点迥异于传统媒体的报道手法，甚至颠覆了传统的报道方式，这为英雄形象的塑造以及其背后的价值观传播带来了机遇的同时，也带来了新的挑战。中共中央十九届六中全会强调，意识形态工作是为国家立心、为民族立魂的工作，必须以社会主义核心价值观为引领，重视传播手段建设和创新，唱响主旋律、弘扬正能量。这启发本研究在新媒体背景下，以主流媒体发布的英雄主题短视频为切入口，探讨新媒体时代英雄形象塑造与价值观传播的经验，反思当前传播实践中存在的问题，探索未来进一步优化的可能。

二　文献综述

（一）英雄及英雄主义

英雄是社会公众十分关注的话题，但学界关于英雄的定义却莫衷一是（Allison & Goethals，2011；Franco et al.，2011；Sullivan & Venter，2005）。不同学科、不同学者对英雄概念的界定差异较大，而且这些定义往往缺乏严密性和足够的覆盖面（Gregg，Hart，Sedikides，& Kumashiro，2008）。

在西方语境中，英雄可以追溯到古希腊，英雄人物通常体魄强壮、勇敢无畏，具有崇高精神和伟大人格（胡为雄，1994）。从哲学层面看，卡莱尔唯心主义英雄史观将一切能影响历史进程的人都称为英雄，认为英雄主宰和改变了历史（卡莱尔，1841）；普列汉诺夫（2010）的社会决定论认为伟人并不能拨动历史表针，而是时势造就了英雄。胡克对上述两种观点进行折中，提出了历史选择论和事变创造性人物（event-making man）的英雄观（胡克，2006）。

在心理学领域，英雄是一个相对被忽略的研究议题（Becker & Eagly，2004；Blau，Franco，& Zimbardo，2009）。近年来心理学界对英雄的研究主要关注英雄的类型划分（津巴多，2010；Goethals & Allison，2012），特别强调情境（风险的存在和预期的牺牲）中的英雄（Glazer，1999；Franco，Blau，& Zimbardo，2011）。研究者还用社会表征理论，关注公众如何认知和理解英雄，即公众如何识别英雄特征（Kinsella，Ritchie，& Igou，2015），也有研究者尝试用词汇联想法厘清人们对于不同类型英雄的社会表征差异（Keczer，File，Orosz，& Zimbardo，2016）。

英雄作为一种社会文化现象，由英雄人物、英雄事迹、英雄精神三个要素构成（韩立新、张秀丽、杨新明，2018）。英雄人物和英雄事迹集中展现为具体的英雄形象，而英雄事迹和英雄精神则更为抽象和宏观，它突出地表现为英雄主义，它是某一时期社会群体整体思维的最高形式，是时代精神的人格体现（陆贵山，2009），是社会价值观具体而典型的表达。英雄主义具有鲜明的民族和国家特色，中国的英雄带有更多的家国情怀，为了集体可以牺牲自我（潘天强，2007）。也有学者把儒家英雄的特征概括为高度的道德自觉，重视知识和学习，强调才德并重，尊重社会规范，强调人与社会关系的和谐（崔子修、丁四海，2005）。

对于英雄和英雄主义的未来发展，有学者认为现代社会应该更加尊重科学家、诗人、法学家或哲学家等具备科学成就与艺术才能的、给予人民以见解、方法和知识的人（胡克，2006）。西方心理学界近年来提出并积极倡导"日常英雄"（everyday heroes），即为了更美好的世界而贡献一己之力的心存善念的普通人（津巴多、库隆布，2016），甚至提出"小英雄主义"（small heroism）的概念以区别于以往的杰出英雄，更强调那些通常发生在日常生活中微小但具有挑战性的善行（Farley，2012），他们认为任何人都可以克服社会及心理阻力，做出有益于他人及社会的事情，成为自己的英雄。

由文献综述可以看出，"英雄"概念既有哲学层面的意义，又有社会文化色彩，本文主要借鉴心理学界对英雄的研究，并吸收哲学和文化研究的成果，将英雄的本质界定为利他行为，即凡是能够推动历史进步和社会发展，或强调勇武过人、能够抵抗外部的从众压力，为保护和促进人民福祉挺身而出甚至甘愿冒险和牺牲，自己做出或带领人们做出对社会、对他人有意义的事情，或是能够无私忘我、爱岗敬业、坚持不懈，并得到他人敬佩与社会认可的个人（或者群体），均可被纳入"英雄"的范畴。

（二）价值观传播与榜样学习

价值观是主体按照客观事物对其自身及社会的意义或重要性进行评价和选择的原则、信念和标准，对个人的思想和行为具有导向和调节作用（彭聘龄，2004）。西方的价值观研究始于 20 世纪 30 年代（Allport & Vernon，1931），研究者将价值观定义为一种外显或内隐的看法（Kluckhohn，1951），价值观具有动机功能，是个人的也是社会的现象（Rokeach，1973）。国内学术界对价值观研究始于 20 世纪 80 年代（彭凯平、陈仲庚，1989；黄希庭、张进辅、张蜀林，1989）。目前，基于社会心理学角度的价值观被认为是个体的选择倾向，是个体态度、观念的深层结构，主宰个体对外在世界感知和反应的倾向，因此它既是重要的个体社会心理过程和特征，又作为群体认同的根据而表现为重要的群体社会心理现象（杨宜音，1998），还是一个文化中的成员在社会化过程中被教导的一套价值体系（杨中芳，1994）。

英雄反映了社会价值观，是时代精神的要求（崔子修、丁四海，2005），不同文化背景下的评价者对于什么样的人和怎样的行为可以被称为英雄有不同的解释，形成了他们独特的英雄观（李弋菲，2015），也反映出他们不同的价值观。英雄主义的价值在于传播，大众传媒对英雄形象的塑造和传播，使英雄具有了榜样意义。

班杜拉的社会行为学习理论认为，人的社会行为是通过观察学习获得的，通过对榜样的观察可以学到新的行为，即观察榜样的行为和行为的结果及理解这种行为如何适用于自己，使得榜样（特别是人们尊敬的人物）的行为具有替代性的强化作用（Bandura，1965）。同时，班杜拉在社会学习理论中也强调电视的出现扩展了榜样对儿童乃至成人的作用范围，以电视形式呈现的榜样在吸引注意力方面非常有效，不需要任何诱因观众就可以从中学到很多东西（Bandura，1966），因此电视及其他视觉媒介所提供的极为丰富的各种各样的符号性示范作用，被认为是社会学习的重要影响来源（Bandura，1973）。

（三）英雄塑造与亲社会行为

英雄是如何塑造和构建起来的，不同学科有不同的理解，但心理学研究者认可英雄主义受到了传媒信息的极大影响（Franco，Blau，& Zimbardo，2011）。社会心理学研究多聚焦于社会表征理论，即基于受众视角研究社会公众对于英雄的理解和共识。而新闻传播学研究更关注传播者视角，研究者认为近年来新闻报道中英雄形象多集中在灾难报道（曾庆香，2004），从忽略"人性"转变为接地气的普通人形象（裴鸣、吴迪，2014），并认为媒体报道应突出英雄的平民特征（陈新民、张华，2008），以正义的对立面为叙事中心反衬其光辉形象（邱鸿峰，2010），在报道手法上应把握理性与感性的平衡，让英雄形象能够多元化呈现（晏青，2015）。

作为新闻报道的特殊类型，典型人物报道与英雄形象传播密不可分。典型人物报道指一定时期一定范围内对个别人物进行的重点报道，是新闻宣传中重要的舆论手段（朱清河、林燕，2011）。新闻媒体在以英雄为主题的典型人物报道中，不仅授予"英雄"以社会声誉，而且传播了其所表征的社会价值观。在传统报刊和广播电视时期，人们对典型人物报道的研究主要集中在总结其传播策略（麦尚文，2006），以及探讨典型人物的时代变迁（张征，2007）等方面。网络时代的新媒体强调富媒体类型（包括音视频和图文等）、强互动性和社交属性等（彭兰，2020），在典型人物塑造中要选择平民化视角，全方位多角度地进行融合报道（唐恩思，2021），重视科技力量，打造沉浸式传播，为读者创造阅读快感、交互体验（黄杨、李媛，2018）。

亲社会行为是指任何自发性地或者有意图地帮助他人的行为，这种行为是个体在社会化过程中学习的结果，其中模仿和强化非常重要（侯玉波，2002）。利他行为属于亲社会行为，它是个人出于自愿，不计较外部利益而帮助他人的行为，社会规范和榜样等因素可以影响或促进人们产生利他行为（卢牡丹，2009），当人们看到别人在帮助他人时，自己更容易为别人提供帮助（Coon，2004）。利他行为的关键特征是不求回报，而英雄人物恰恰是在毫无回报的期待下表现出志愿帮助他人的行为（刘文芳，2012；张啸宇，2014），在描述英雄时，用利他行为更为准确。因此，大众传媒需要展现和传播更多的英雄及其利他行为。

综合上述文献研究成果，我们可以看出英雄的本质是利他行为，媒体通过塑造的英雄形象树立起社会学习的榜样，大众传播不仅使得榜样的示范意义扩大化，而且通过媒介的社会规范强制功能，将英雄反映出的价值观上升为社会主流意识形态，因此英雄形象及其所反映出的价值观的传播，有助于鼓励社会公众表现出更多的利他行为。新媒体时代日益丰富和立体的信息环境，为受众的社会学习提供了更加便利的条件，本研究基于社会学习理论，从传播者的视角出发，探究以短视频为代表的新媒体时代舆论生态中：（1）主流媒体塑造了什么样的英雄形象；（2）这些英雄形象反映出怎样的价值观；（3）如何借助新媒体优势塑造英雄形象并传播英雄所反映的价值观。

三　研究方法

（一）研究对象

在中国传媒体制中，主流媒体被认为代表党和政府、人民的声音，体现并传播社会主义意识形态与主流价值观。因此，本研究选择《人民日报》、中央广播电视总台、新华社，[①] 以这三家主流媒体为例进行分析。在传播渠道和平台选择上，我们选出了抖音、微信和微博。原因在于，截至2020年底，抖音日活跃用户数量突破 6 亿（不包括海外版 TikTok），是全球规模最大的短视频平台；[②] 微信日活跃用户为 10.9 亿，[③] 是中国规模最

---

① 三家媒体均开设有多个自媒体账号，在实际操作中均选取其中最具影响力的一个账号，分别是@人民日报、@央视新闻、@新华社。

② 数据源自新华社 2020 年 9 月 15 日发布的《抖音：未来一年让创作者收入 800 亿》，http://www.xinhuanet.com/tech/2020 – 09/15/c_1126496935.htm。

③ 数据源自界面新闻 2021 年 1 月 19 日发布的《微信最新数据：每天有 10.9 亿用户打开微信》，https://baijiahao.baidu.com/s? id = 1689318242811647928&wfr = spider&for = pc。

大的自媒体平台；微博作为中国最早出现的社交媒体平台，仍保持5.21亿的活跃用户规模，[①] 因此这三个平台是当下中国影响力最大也最具代表性的自媒体平台。本研究搜集和整理分析了三家主流媒体在这三个大众化平台上发布的短视频作品。

从时间范围考虑，本文选择了2021年7月1日至10月31日，原因在于7月1日是建党100周年纪念日，庆祝建党的相关报道走向高潮，随后有建军节、抗战胜利纪念日、烈士纪念日、国庆节、纪念中国人民志愿军抗美援朝出国作战70周年等一系列重大的时间节点，因此该时间段对英雄的报道较为集中，便于我们快速收集到大量符合标准的研究资料。[②] 融媒体往往采取"同一内容多渠道发布"的策略，因此三家媒体各自在三个平台上发布的内容多有重合（三家媒体之间发布的内容也有重合），比如发布在抖音上的短视频往往也会在微博和微信上发布。从短视频类内容发布频率来看，三家媒体每天发布5~8次，三家媒体在上述时段内总计发布不重合的视频内容约1600条。

（二）编码类目

本文主要采取内容分析法，内容分析法是社会科学中以研究人类传播信息内容为主的研究方法，其显著特征是客观性、系统性、定量性和描述性，常用来描述传播内容的倾向性或特征（柯惠新等，2010），是最适合本研究的方法。

研究实施过程中，本文按照前述对"英雄"的界定，对该时间段内发布的不重复短视频约1600条逐一筛查，最终确定405条属于展现"英雄"题材的内容，占该时段短视频发布总量的比例约为25%。本研究以单条短视频作品为分析单元，由6名硕士研究生担任编码员，按照内容分析程序，以40条短视频为例进行试编码，以训练编码员并进行编码员信度试点评估。[③] 在编码员对编码类目的理解达到较高一致性后，6名编码员各自完成90~120条短视频编码任务，并按照短视频发布时间等距抽取60条短

---

① 数据源自腾讯新闻2021年3月18日发布的《微博发布财报，2020年活跃用户5.21亿》，https://new.qq.com/omn/20210318/20210318A0D0K900.html。

② 由于新闻媒体的属性，其往往会优先发布重大时政新闻，英雄题材就有些属于重大时政新闻，比如志愿军遗骸回国，但更多的民间英雄属于"软新闻"，只能在无重大时政新闻的前提下发布，因此英雄题材短视频出现频率并不高，若非此时间段则出现频率会更低。

③ 依据周翔在《传播学内容分析研究与应用》（重庆大学出版社，2014年出版）中所述的内容分析操作流程，对编码员信度进行试点评估时，一般法则是选取30个以上样本单元。

视频作为通用内容，即 6 名编码员都需对这 60 条短视频进行编码，① 以对编码员信度进行最终评估，编码类目及 Cohen's Kappa 信度②如下。

表 1 内容分析编码类目示例③

分析内容		具体类目设计	信度
视频标题（文本）			/
视频内容		英雄人物（以人物报道为主，主要展现人物）｜英雄事迹（以事迹报道为主，主要报道事件，对人物没有过多渲染）｜英雄精神（没有明确的人物和事迹）	0.86
人物形象	数量	1 人｜2 人｜3～10 人｜群体（10 人以上，无特定个人）	0.92
	性别	男｜女｜男女都有	0.94
	年龄	儿童（7 岁以下，小学之前）｜少年（7～14 岁，小学生｜初中生）｜青年早期（15～17 岁，高中生）｜青年中期（18～24 岁，大学生）｜青年晚期（25～35 岁，刚参加工作的青年人）｜中年（36～60 岁）｜老年（60 岁以上）｜无法判断年龄	0.88
	职业	以短视频中英雄人物出现时对其介绍的职业为准，未编码	/
	侧面反映者	有｜无	1.00
	反面衬托者	有｜无	1.00
价值观念	历史和社会层面*	推动历史进步｜推动社会发展｜强国富民｜建功立业｜热爱祖国｜忠于人民｜其他	0.82
	职业和工作表现*	爱岗敬业｜无私忘我｜任劳任怨｜精益求精｜攻坚克难｜执着追求｜其他	0.86
	个性和人格特征*	勇武过人｜挺身而出｜责任担当｜顽强拼搏｜朴实无华｜待人友善｜其他	0.83

---

① 依据周翔在《传播学内容分析研究与应用》（重庆大学出版社，2014 年出版）中所述的内容分析操作流程，对编码员信度进行最终评估时，一般应不少于 50 个分析单元，或者是整体样本的 10% 以上。

② 此处的 kappa 系数是对 6 位编码员进行两两配对，分别计算编码员信度后再取平均值得到的结果；数据处理和分析均使用 SPSS 23。

③ 编码表中主要是英雄人物的属性（如性别、年龄、职业），以及基于视听媒介特征分析的音乐、同期声、字幕、画面等较为客观的要素，我们在编码时只是进行数据化记录并归类。对英雄人物展现的价值观念类目划分主要参考杨中芳、杨宜音等对价值观的研究，其中历史和社会层面对应社会价值观，即隐含在社会结构及制度内的价值体系，通过社会奖惩等使人就范，操作化标准为是否获得国家任命、荣誉称号或奖励；群体或组织中反映出的价值观念，操作化标准为是否通过其职业和工作表现而予以褒扬；个人价值观的操作标准为是否展现个体表现出的个性和人格特征。

续表

分析内容		具体类目设计	信度
表现手法	音乐/配乐	有 ｜ 无	1.00
	同期声	有 ｜ 无	1.00
	同期声类型 *	人物说话 ｜ 访谈对话 ｜ 解说旁白 ｜ 内心独白	0.89
	字幕	有 ｜ 无	1.00
	字幕功能 *	信息性 ｜ 说明性 ｜ 强调性	0.90
	画面 *	远景 ｜ 全景 ｜ 中景 ｜ 近景 ｜ 特写 ｜ 特效	0.85
视频属性	视频来源	自行采制 ｜ 其他媒体发布 ｜ 网友上传 ｜ 未知/其他	0.90
	拍摄设备	专业设备 ｜ 手机拍摄 ｜ 监控画面 ｜ 未知/其他	0.88

注：标 * 的类目为多重选项设计，本研究在计算信度的过程中将具体类目统一转换为二分变量后分别进行计算，此处呈现的信度数值为多个类目信度的平均值。

除人工编码外，本研究还使用在线网页版分词工具微词云（www.weiciyun.com）对短视频的标题等文本内容进行自动分词及词频统计，并生成词云图，[①] 对其中的地域词、称谓词等进行文本分析，对文本分析过程中登录的英雄人物职业进行重新编码归类。

四　研究结果

（一）短视频塑造的英雄形象

数据结果显示，展现英雄人物类的短视频数量最多，高达306条，占比为75.6%，英雄事迹类的短视频数量占比为19.5%，英雄精神类的短视频数量占比为4.9%。可见英雄与人物密不可分，人物是英雄的外在载体，以人物形象来表现英雄是最常见的手法，短视频作为视听媒介，更擅长以人物为抓手来塑造英雄。

---

① 微词云是在线网页版分词工具，登录（www.weiciyun.com）导入需分析的文本，就可以进行文本分词和词频统计，并制作专业的词云图，据微词云官网介绍，其分词依据是结巴分词库。

表 2　短视频内容分类

视频类型	占比	英雄人物		典型示例
		人数	占比	
英雄人物	75.6%	1 人	66.7%	肩扛祖国第一旗，国旗卫士张自轩心中的中国红
		2 人	7.2%	荣耀时刻！马龙、樊振东升国旗奏唱国歌
		3~10 人	11.1%	英雄归来，欢迎神十二航天员回家，敬礼
		群体（10 人以上）	15.0%	抗洪子弟兵撤离，上演了一出特殊的拦网
英雄事迹	19.5%	/	/	听主播海霞为您读志愿军烈士安葬祭文
英雄精神	4.9%	/	/	有一种精神，从未变过！

1. 兼顾集体形象

在表现英雄人物的短视频中，突出单一英雄人物形象者最多，占比高达 66.7%（见表 2），其次是展现 10 人以上的群体形象，占比为 15.0%。但如果考虑 3 人以上的群体，那么集体英雄的短视频数量占比为 26.1%，集体主义关注团体的目标和需要，强调团体的规范与责任，并乐于接受他人，英雄群像的呈现在一定程度上反映了中国英雄的集体主义色彩。

2. 地域分布较广

从视频标题文本中提取出的地域名词显示，由于福建疫情、河南暴雨等事件较为突出，标题多次提及河南、郑州、福建、福州、莆田等省市地域。除此以外，西藏、山西、广西、江西、云南、杭州等地也多次被提及，可见短视频中呈现的英雄地域分布较广。

3. 人口特征集中

在性别层面（见表 3），男性英雄占据绝对优势，占比高达 71.9%，这与军人、警察、消防员等职业以男性为主有关；女性英雄占比仅为 19.0%，多为教师、医护人员等。

在年龄层面（见表 3），18 岁以上的成年人口是英雄的主体，占比达到了 81.1%，其中以 25 岁至 35 岁的青年人居多（29.4%），而中年和老年群体的占比分别达到了 25.2% 和 20.0%，18 岁以下未成年人口占比仅为 2.9%，这体现出较为成熟理性的英雄主义宣传策略。未成年的"少年英雄"如 20 世纪 80 年代因救火而牺牲的赖宁，对其宣传报道曾引发不少舆论争议和反思，近年来不再提倡和鼓励青少年见义勇为，因此短视频中的未成年英雄主要是展现其自强不息、孝敬父母等。

表3 短视频中英雄人物的人口特征

人口特征		占比
性别	男	71.9%
	女	19.0%
	男女都有	9.1%
年龄	儿童（7岁以下，小学之前）	1.0%
	少年（7~14岁，小学生/初中生）	1.6%
	青年早期（15~17岁，高中生）	0.3%
	青年中期（18~24岁，大学生/研究生）	6.5%
	青年晚期（25~35岁，刚参加工作的青年人）	29.4%
	中年（36~60岁）	25.2%
	老年（60岁以上）	20.0%
	无法判断年龄	6.0%

4. 职业结构多元

本研究根据短视频的具体内容，对英雄的职业身份进行编码统计，在306条描述英雄人物的短视频中，能够明确识别出职业身份的视频有280条，职业分布如表4所示。

表4 短视频中英雄人物的职业构成

职业身份	出现频次	比例	职业身份	出现频次	比例
军人相关	62	22.1%	工人/员工/职员	5	1.8%
运动员	31	11.1%	农民/牧民/渔民	4	1.4%
航天员	26	10.7%	公益志愿者	3	1.1%
警察相关	25	8.9%	外卖员	3	1.1%
科学家	24	7.5%	护边员	2	0.7%
消防员	19	6.8%	艺术家	2	0.7%
教师	18	6.4%	演艺人员	2	0.7%
医护人员	15	5.4%	手工艺人	2	0.7%
政治家/革命家	8	3.2%	企业家	1	0.4%
司机/列车长/客运员	9	2.9%	基层干部	1	0.4%
学生	8	2.9%	救生员	1	0.4%
商贩/个体户	7	2.5%	记者	1	0.4%

数据显示，短视频展示的英雄形象涵盖了 24 个职业类型，其中军人数量最多，其他诸如航天员、警察、消防员、政治家/革命家等传统的英雄占比较高，这突出了传统英雄的职业特殊性，而运动员、科学家、教师、医护人员等并非面临危险情境的职业群体也相对较多。上述 9 类职业人群累计占比达到了 82.1%，构成了短视频中英雄的主体。

其余职业的英雄虽然占比仅为 17.9%，但职业构成极其分散（涵盖 15 类职业群体），相对比较突出的有司机/列车长/客运员（2.9%）和学生（2.9%）。商贩/个体户占比达 2.5%，比工人/员工/职员（1.8%）和农民/牧民/渔民（1.4%）还要靠前，凸显了在中国市场经济中个体商贩得到了主流社会价值观的认可。其他如公益志愿者、外卖员则是近些年活跃起来的职业，艺术家、演艺人员、手工艺人是凭借自身某方面的特殊才华成为英雄的，但总体数量不多。护边员因工作的特殊性被人们认可，其他如企业家、基层干部、救生员、记者等职业虽有出现，但数量极少。这些极其分散的职业构成整体上表现出日益多元化的英雄形象。

（二）英雄反映的价值观

1. 热爱祖国

短视频虽然以画面和声音为主传递信息，但文字标题仍然起着重要的作用，特别是在信息爆炸和碎片呈现的网络世界里，标题不仅可以吸引受众注意、激发点击冲动、引导受众观看，而且能提炼视频主题、表达价值倾向。我们对 405 条短视频的标题文本进行分词和词频分析可以看出，中国英雄呈现显著的中国特色，"中国"成为出现频率最高的词汇之一（24次），除"中国"外，"国旗/五星红旗"出现了 15 次，"祖国/国家"出现了 14 次，可见爱国是英雄的核心要义。

图 1　短视频标题文本词云

内容分析结果同样显示，从历史和社会层面表现出的价值观念来看（表5），"热爱祖国"这一英雄特征表现突出（53.3%），这与标题文本分析相互印证。此外，建功立业（34.0%）、强国富民（14.4%）也是当前时代推崇的英雄特征。

表 5　短视频中英雄人物的价值观念

历史与社会层面	占比	职业和工作表现	占比	个性和人格特征	占比
推动历史进步	11.1%	爱岗敬业	73.5%	勇武过人	18.0%
推动社会发展	22.5%	无私忘我	37.6%	挺身而出	40.8%
强国富民	14.4%	任劳任怨	23.2%	责任担当	38.2%
建功立业	34.0%	精益求精	7.5%	顽强拼搏	20.6%
热爱祖国	53.3%	攻坚克难	16.3%	朴实无华	22.2%
忠于人民	61.4%	执着追求	20.6%	待人友善	28.1%
其他	21.2%	其他	6.2%	其他	4.6%

2. 根植人民

"人民"这个词有着浓郁的中国特色，中国自古以来就有以人为本的民本思想，习近平总书记多次强调"江山就是人民"，中国共产党始终把人民放在中心位置，立足于维护人民利益、造福人民，这是由中国的政治制度和马克思主义指导思想所决定的，所以英雄也是为人民的利益而奋斗甚至牺牲，天安门广场上矗立的"人民英雄纪念碑"便是最好的证明。因此，主流媒体塑造的英雄也必然体现出英雄的人民性。内容分析结果显示（见表5），在历史与社会层面"忠于人民"是英雄最突出的特征（61.4%）。

英雄热爱祖国，人民致敬英雄，标题文本分析中"致敬"一词同样出现了24次，表达了对英雄的敬意。"烈士/英烈"出现了19次，"牺牲/救人/铭记"各出现了5次，"守护"（4次）、"告别"（4次）、"缅怀"（3次）也多次出现，既呈现了英雄维护人民利益的一面，也呈现了公众对英雄的崇敬与缅怀的一面。"破防"出现了9次，"心疼"和"震撼"各出现了5次，这流露出大众的无限感动。

3. 日常本分

从职业和工作表现来看（见表5），日常"爱岗敬业"是英雄最突出的特征，占比高达73.5%，这是英雄在所有细分维度上最典型的特征。无私忘我表现突出（37.6%），彰显出"功成不必在我，功成必定有我"的利他主义精神。其他特征如任劳任怨（23.2%）、执着追求（20.6%）也多与爱岗敬业相关，这些特征更强调平凡工作中的英雄，即普通人也有成为英雄的可能，这与国外研究者近年来提倡的日常普通人微小善行的"小英雄主义"较为类似，但"爱岗敬业"更具普及性，也更容易实现。

借鉴研究者对英雄的分类，我们可以按照职业身份把其划分为职责英雄（duty-bound heroes，指工作暴露于高风险环境中，英雄行为是其义不容辞的职责）和日常英雄（civil heroes）。[①] 如表6所示，职责英雄占比为55.2%，日常英雄为44.8%。从日常英雄具体职业来看，既有院士/教授这些新时代涌现的知识精英，也有教师/老师这样的知识分子，而且后者数量远高于前者。医生相关群体出现9次（与抗击新冠肺炎疫情有关），学生/大学生也出现8次，司机7次，而以人民/群众/网友身份出现的普通人累计22次，占比为12.8%，仅次于军人相关职业，体现出短视频突出英雄来自人民，或是以普通人视角来表现英雄的特征。

表6　短视频标题文本中的身份特征词汇[②]

类型	身份词汇	出现频次	占比	合计
职责英雄	志愿者/老兵/退役军人/战士/战士官兵/军人/子弟兵/海军/礼兵/武警	53	30.8%	55.2%
	消防员	15	8.7%	
	航天员/聂海胜	16	9.3%	
	民警/交警/辅警	11	6.4%	
日常英雄	教师/老师/张桂梅	17	9.9%	44.8%
	医生/医护人员/医学生	9	5.2%	
	院士/教授/钱学森	8	4.7%	
	学生/大学生	8	4.7%	
	司机	7	4.1%	
	运动员	6	3.5%	
	人民/群众/网友/杨巧蓉	22	12.8%	

4. 勇敢亲和

在个性和人格特征方面表现出的价值观念中（见表5），英雄突出表现

① 在以往的研究中，与职责英雄相对应的是平民英雄（civil heroes，指明知自己生命可能存在危险却试图拯救他人免于伤害或死亡的平民），但考虑到本研究中的英雄面临的情境并非如此危险，所以用"日常英雄"可能更确切。

② 在标题文本中明确提及姓名的人物有四个，其中钱学森是科学家、张桂梅是教师、聂海胜是航天员、杨巧蓉是普通人，编码时根据其身份特征分别归入最接近的类型。

为挺身而出（40.8%）和责任担当（38.2%），这体现出英雄的道德勇气，但这种勇敢在中国更多与责任感相关。传统意义上强调强健体魄的勇武过人（18.0%）特征相比之下并不突出，表明随着社会发展，对英雄体格的要求有所降低。待人友善（28.1%）也较为突出，呈现英雄"接地气"的特征，即英雄有较强的社会亲和力。同时朴实无华（22.2%）、顽强拼搏（20.6%）体现了英雄的凡人特征和坚韧品格。

英雄的亲和还集中体现在标题文本的称呼语中，像爷爷、妈妈、儿子、女儿，以及小伙、小哥、姑娘等家庭化、亲民化的关系类称呼词汇在标题文本中共计出现了76次，占所有身份特征词汇的30.6%，说明中国的英雄产生于人民中间，既拉近了英雄与普通人之间的距离，也反映了英雄置身于中国传统人际关系之中的格局。

（三）新媒体塑造英雄的优势

1. 正面凸显崇高感

数据显示（见表7），短视频以正面展现英雄为主（82.2%），以英雄周围人物的视角侧面反映英雄的短视频较少（16.8%），用英雄对立面人物来反面衬托英雄的表现手法很少（1.0%）。在以侧面反映方式塑造英雄的短视频中，侧面反映者的性别以女性为主，多为学生身份，与英雄多为亲属关系或师生关系，以"软新闻"方式报道"硬主题"，旨在烘托英雄铮铮铁骨背后的似水柔情，彰显其作为普通人的一面。

表7 短视频中英雄人物的表现手法

表现手法	正面展现英雄	侧面反映英雄	反面衬托英雄
百分比	82.2%	16.8%	1.0%

在拍摄手法上（见表8），主流媒体充分利用其强大的新闻采编和拍摄制作能力，自行采制视频居多（69.1%），且多使用专业设备进行拍摄（71.1%），用高质量的视频体现其权威性。这与当前短视频平台中充斥大量粗糙视频形成鲜明对比，凸显了英雄题材短视频的严肃性。比如在志愿军烈士遗骸回国、神舟飞船发射等重大事件中，媒体更是提前设置议程进行策划，使用多机位拍摄，多角度、全方位呈现与突出英雄的崇高感。

表8　英雄题材短视频的来源与拍摄设备

视频来源	占比	拍摄设备	占比
自行采制	69.1%	专业设备	71.1%
其他媒体发布	19.3%	手机拍摄	15.1%
网友上传	5.2%	监控画面	8.9%
未知/其他	6.4%	未知/其他	4.9%

对崇高的欣赏是大众用审美的方式对人尊严的确认，英雄的崇高感更契合中国文化中"天行健，君子以自强不息"的人格美，令人心向往之。另外，正面描写也是一种褒扬的态度表达，学习理论认为，当亲社会行为受到表扬时，会强化人们更倾向于表现出亲社会行为，因此正面凸显英雄的崇高感还有利于增加公众的亲社会行为。

2. 信息强化冲击感

短视频与信息量存在天然矛盾，多数短视频时长在60秒以内，有些甚至只有15~20秒，时间短导致信息量少，进而导致英雄形象过于单调，不能给公众留下深刻印象，为弥补该缺陷，短视频穷尽办法（利用字幕、画面、景别等）补充和丰富内容，以求给受众带来强烈的信息冲击感。

如图2所示，英雄短视频基本上都配有字幕（93.1%），其中说明性字幕最多（82.2%），以弥补短视频时间短、承载信息有限的缺点。73.0%的短视频配有信息性字幕，以视觉方式帮助受众更加清晰地知晓并理解听觉信息。另有41.9%的短视频配有强调性字幕，以发挥其烘托氛围的作用，吸引观众的注意并激发其思考。

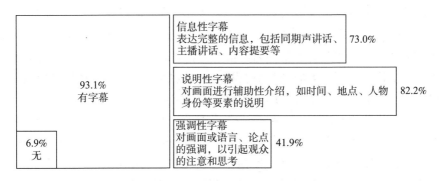

图2　英雄题材短视频的字幕及功能

传播者还在短视频的空间上做文章，短视频的空间主要体现在景别上（见图3），英雄题材短视频虽然各种景别都有，但远景使用最多（51.9%），远景画面包括人物所处场景（外在环境），比如士兵所处的训练场、航天员所处的发射场等，因此画面传递的信息会更丰富，英雄的形象也因此而更加饱满和立体。从认知心理的角度来说，人们接收的信息越丰富，会认为自己形成的判断更准确，因此信息冲击会强化人们对英雄亲社会行为的认知。

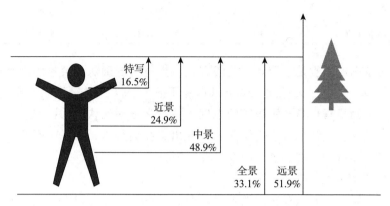

图 3　英雄题材短视频的景别

3. 镜头传递真实感

影视艺术研究认为，景别越远，环境因素越多；较远镜头有一种使场面客观化的作用，景别越远，受众在情感上参与程度就越小，观看时就越冷静。远景（51.9%）和中景（48.9%）镜头的广泛使用，表现出当下英雄题材短视频多数保持新闻纪实的冷静风格，以客观呈现为主，从而更加突出英雄的真实可信。

与远景呈现的客观性相比，近景别使受众能够在感情上更接近人物，尤其是特写镜头，能细微表现人物面部表情，起到提示信息、营造悬念的作用，因此在影视作品中被广泛使用，特写通过放大细节凸显人物特征，所以特别适合表现英雄人物的内心世界。但数据显示，仅有 16.5% 的短视频使用了特写，可见英雄题材短视频纪实性更强，艺术性偏弱，镜头语言相对朴实，更强调英雄人物的真实感（见图 4）。

与客观性相对应的另一种镜头语言是视觉特效，影视作品的"造梦"本质使得其特别强调特效运用，偏娱乐化的短视频中特效使用也极其广泛，比如滤镜、放大、定格、慢动作，以及在画面中叠加星光、火焰、雪花等。但数据显示，在英雄题材的短视频中特效并不普遍，仅有 4.4% 的短视频使用了特效，而且仅仅是氛围特效，或者是模拟弹幕以增强互动性。由此可见，英雄题材需要传递真实感以增强英雄的可信度，在此基础上受众才会通过观察学习英雄来增加自己的亲社会行为。

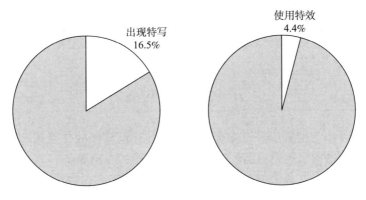

图 4　英雄题材短视频中的特写与特效

4. 声音激起临场感

声音具有天然的唤起情绪、调动情感达到情感共鸣的作用。数据显示，绝大多数英雄题材短视频（89.1%）配有音乐。同期声指拍摄画面的同时进行录音，以记录现场真实声音，带给观众"在场"体验，数据显示64.0%的短视频有同期声。

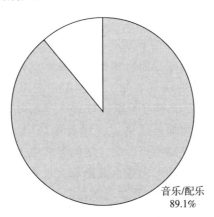

图 5　英雄题材短视频的声音类型

最常见的同期声是人物说话（67.2%），英雄人物接受采访时话语表达占比为37.1%，让英雄人物自己说话是增强真实性和感染力的常用方法，可以有效吸引受众注意，调动受众情绪。影视作品中经常使用画外音呈现当事人的内心独白，但这种手法在短视频中极其少见（1.8%），可能是它带来的不真实感受让人觉得突兀。短视频中解说旁白使用相对较多（21.7%），这是新闻播报的传统手法，不仅可以丰富信息内容，而且一些经过训练的播音员的声音，比如"听主播海霞为您读志愿军烈士安葬祭文"，声情并茂、铿锵有力，其本身既具美感，又具有强大感染力，可以让受众有临场感，使其不由自主沉浸其中，通过情绪共鸣增强对英雄亲社会行为的认同。

五　结论与讨论

主流媒体短视频塑造的英雄形象，既具有世界性的普遍意义，也带有深深的中国烙印。热爱祖国和忠于人民是英雄的典型特征，既突出集体主义和爱国情怀，又强调英雄与人民血脉相连；既有传统意义上的职责英雄，在危险情境中敢于挺身而出，也有日常工作和生活中爱岗敬业、恪守本分的普通人。同时英雄也更具时代感，职业结构多元，兼具勇敢与亲和。以短视频为代表的新媒体通过凸显崇高感、强化冲击感、传递真实感、激起临场感，塑造了可敬、可亲、可爱、可学、可成的英雄形象，传递出祖国和人民利益至上、坚守职责与本分、关键时刻敢于牺牲、日常生活中乐于奉献的价值观。

（一）英雄的激励性："平凡英雄"与"不平凡英雄"

研究结果表明，短视频中塑造的主要英雄群体，仍以军人、消防员、航天员、警察等重大时刻挺身而出的人员构成。这些英雄具有英勇无畏的品质，他们自身职业的特殊性在很大程度上注定其会成为"不平凡的英雄"。同时，在全社会广泛学习英雄、争做英雄的氛围中，一定数量的学生、外卖小哥、农民等普通人成为"平民英雄"，虽然这些群体在英雄中绝对数量不大，但职业类型相当广泛，使得英雄的主体更加多元化。

英雄作为社会价值观的风向标，鼓励着人们争做英雄，但成为英雄并不轻松。一方面，要想成为"不平凡英雄"，不仅需要强大的内在动力，在关键时刻挺身而出，还会受到职业特殊使命的驱动；另一方面，普通人想成为"平凡英雄"，需要具备爱岗敬业、无私忘我等优秀品质。因此，全社会都应该积极向英雄看齐，崇尚英雄，学习英雄的精神气质，争取成为日常生活中的平凡英雄。

（二）英雄的立体化：英雄的"平凡"与"不平凡"

不平凡的英雄必定有其"不平凡"之处，短视频在塑造英雄形象时，重点还是刻画其"不平凡"的特征，尤其是较多媒体报道特殊职业的男性英雄，夸赞其在特殊情境中能够挺身而出，表现出责任担当，或者热爱祖国、忠于人民、建功立业、推动历史进步和社会发展。这与传统情境英雄表现出的特征类似。

但"不平凡"并非英雄的唯一特征，媒体在赞颂这些"不平凡英雄"的时候，也会突出其身上的"平凡"特征，强调英雄与亲人之间的关系，比如呈现英雄与伴侣之间的爱情、父母子女之间的亲情；突出英雄个人技能与兴趣爱好，例如热爱作诗、做饭、打乒乓球等；重点刻画英雄的日常生活细节，与普通人一样需要满足衣食住行需求，这可以拉近英雄与普通人的距离。

（三）英雄的民族性：忠于人民的家国英雄

短视频中塑造的英雄，其最突出的特征是热爱祖国，与国家层面的联系是英雄的基本内涵，这与中国传统文化中家国情怀密不可分，"家"是国的基础，"国"是扩大了的家，"国家"和"家国"同为一体，体现出浓郁的中国特色。中国英雄的另一突出特征是忠于人民，英雄来自人民，在英雄背后，是无数的人民，短视频中宣扬英雄，更强调英雄之于人民的意义，希望能唤起人民对英雄的感念。

中国特色的英雄还体现在日常家庭化称呼中，英雄是父母的子女，也是子女的父母，中国英雄活在中国传统的人际关系之中，表现出更多英雄与平民的关系。德才并重也是中国英雄的特色，即道德感和知识性英雄，例如，道德楷模、科学家、教师、医生等在短视频中多有呈现。中国特色的英雄要友善待人，以达到人际和谐、融入社会的目的，这些特征都与西方突出表现个人主义的抗争型英雄形象大相径庭。

（四）英雄的时代感：多元化的新时代英雄

研究发现，由于主流媒体的新闻属性，它们在短视频中呈现的英雄都是源于真实的人物，不同于传统意义上的强壮体魄和悲壮抗争的英雄，这些英雄具有新时代特征，比如科学家、教师、医护人员等，他们用自己的专业知识、立足本职岗位，推动社会发展、传播知识、改变他人命运，正在成为社会所推崇的英雄。

此外，市场经济大潮中的商贩和个体户以及提供精神文化产品的艺术工作者等也获得了社会认可，他们中的优秀者同样是英雄。在英雄群体中，除传统意义上的"劳动英雄"（工人和农民）外，还出现了市场化企业中的员工和职员。同时，未成年英雄不再被推崇，而成年英雄成为主体，更具时代感的英雄是外卖小哥和公益志愿者。上述多元化的新时代英雄，体现了社会的发展和时代的进步。

（五）英雄的传播性：新媒体的视听化表达更具真实性

短视频作为新媒体时代的典型应用，在传播英雄价值观方面发挥着不可替代的作用。英雄形象与价值观传播更强调新闻纪实的客观属性，营造真实感，因此与传统影视作品中表现英雄的手法有所不同，比如较少出现特写、极少使用特效，而是采用较远的景别、用写实的镜头语言突出英雄的真实性。同时为了突破时间限制，短视频充分利用标题、字幕、全景、旁白等表现手法，补充和丰富内容，为受众带来强烈的信息冲击感。

与短视频大肆渲染、发泄情绪和追求娱乐化不同，短视频中的英雄形象和价值观传播，一方面对情绪极其克制，比如用客观和朴实的镜头语言进行呈现，用保持客观冷静的纪实风格和传统的新闻策划进行议程设置，以及专业拍摄和权威来源凸显英雄的崇高感；另一方面又用音乐唤起情感共鸣，用同期声增强感染力，为受众营造临场感，把握情绪引导的尺度和分寸。

（六）英雄的引申性：核心价值观的传播载体

短视频中塑造的英雄，与社会主义核心价值观高度一致，比如"爱国""敬业""友善"等。社会主义核心价值观高度凝练和抽象，英雄却极其形象化、具体化，所以英雄题材的短视频是传播社会主义核心价值观的有效载体。一方面，英雄缔结起祖国和人民，使家国情怀渗透在个人故事中，容易被普通人所接受；另一方面，英雄来自民间，还连接着普通百姓和广大受众，每个普通人都有英雄情结、梦想能成为英雄，短视频中的英雄帮助公众间接实现梦想，受人欢迎和喜爱。

同时，英雄题材的短视频也反映了当前的时代特征，暗合受众的心理期待，在中国开启第二个百年奋斗目标新征程、朝着实现中华民族伟大复兴的目标前进的过程中，文化自信显著增强，社会凝聚力和向心力极大提升，相应的社会文化和社会心态、社会情绪都需要找到新的恰当的表达方式，而新媒体中英雄题材的短视频则符合这一需求。英雄题材短视频作为既叫好又叫座的传播内容，既能赢得受众欢迎，又可以落实主流媒体舆论引导的社会责任。

六　结语与反思

短视频中塑造的英雄形象，是受众社会观察和学习的榜样，英雄形象所反映的价值观，是大众媒介所强调的社会规范，而榜样和规范都是人们表现出亲社会行为的重要影响因素。因此，媒体对英雄形象的塑造，首先要考虑选择什么样的人作为英雄来呈现，或者呈现什么样的英雄来强化其榜样意义；其次要考虑媒体所树立的榜样，反映什么样的价值观。本研究表明，中国主流媒体通过塑造英雄所树立起的榜样，有利于传播社会主义核心价值观，而新媒体传播特征更有利于受众进行观察和学习，这有助于唤起社会公众表现出更多的亲社会行为。中国媒体特别是主流媒体作为党和人民的喉舌，其担负的舆论引导职责更为突出，媒体对英雄的选择和塑造更强调人民性和集体性，其反映的价值观更具有教化意义。强调英雄就是我们身边活生生的普通人，"身边的英雄"要让公众感觉到真实、亲切，其英雄行为也更容易被模仿，这样才能营造积极向上的舆论氛围，从而服务于社会建设和治理。

英雄的亲社会内涵，是人类本性中的光辉点，利他行为使得英雄主义容易被接受和传播，所以英雄作为价值观传播的载体有其天然优势，但普通人的亲社会行为未必能在必要时表现出来，或者未必能够长期坚持下去，所以英雄题材短视频的传播要鼓励普通人成为自己心中的英雄，要拉近英雄与普通人的距离，比如"爱岗敬业"，其实也是在平凡人生中成为自己的英雄。西方心理学界近年来也在做这样的努力，比如津巴多的"英雄想象项目"，鼓励每个人做日常生活中的英雄，但它是个人发起的、希望公众参与的活动，而在中国，塑造英雄并传播价值观是大众传媒的职责所在，所以其普及性、影响力和动员性更为广泛。

在新媒体突出视听化特征的信息环境中，短视频塑造英雄和传播价值观更需重视文字信息的作用（比如标题和字幕），抽象化的文字信息越凝练，越能吸引受众注意、驱动受众选择，还可以进行归纳总结、烘托情绪和引导舆论，让受众既能有情绪体验，产生崇高美、道德感，同时又不失理智感，并将其转化为动力和责任感。此外，短视频的特性使得它更具备广告宣传或推荐导入作用，所以要真正发挥媒介深度融合的协同作用，把短视频引向长视频（比如影视剧等），甚至链接至其他诸如文字类新闻报道、图书等作品，让英雄及其反映的社会主义核心价值观成为新媒体时代最响亮的舆论主旋律。

英雄题材短视频虽然在目前主流媒体的传播实践中广泛存在，但呈现方式仍过于零散和随机。英雄题材短视频作为价值观的传播方式，是意识形态工作的重要组成部分，应该有更加宏观的、系统的规划与顶层设计，比如如何平衡不同类型、不同性别、不同行业的英雄，应该有什么样的差异化宣传方针和传播策略，应该分别用什么样的叙事模式和恰当方式去表现，应该突出哪些重点、引导什么样的方向，都需要更加深入和全面的研究。本研究使用内容分析方法仅对较为明显的特征进行了统计，未来可以尝试使用符号分析或框架分析等方法做更深入的探讨。此外，从受众视角出发，基于社会表征理论探究英雄及其背后价值观在个人层面和社会层面的传播心理效果也是未来进一步研究的重要方向。

参考文献

Dennis Coon，2004，《心理学导论：思想与行为的认识之路》，郑钢译，中国轻工业出版社。

阿尔伯特·班杜拉，2015，《社会学习理论》，陈欣银译，中国人民大学出版社。

陈新民、张华，2008，《奥运冠军"平民英雄"形象的叙事学分析》，《国际新闻界》第 8 期。

陈阳，2008，《青年典型人物的建构与嬗变——〈人民日报〉塑造的雷锋形象（1963 - 2003)》，《国际新闻界》第 3 期。

陈月华、刘懿莹，2019，《严肃游戏为载体的社会主义核心价值观传播路径探析》，《现代传播（中国传媒大学学报）》第 4 期。

崔子修、丁四海，2005，《儒家英雄主义思想的现代启示》，《株洲师范高等专科学校学报》第 6 期。

菲利普·津巴多，2010，《路法西效应：好人是如何变成恶魔的》，孙佩妏、陈雅馨译，生活·读书·新知三联书店。

菲利普·津巴多、尼基塔、库隆布，2016，《雄性衰落》，徐卓译，北京联合出版公司。

韩立新、张秀丽、杨新明，2018，《英雄淀、歌淀：白洋淀文化建设的意象隐喻——基于雄安地区英雄人物的文献分析》，《现代传播（中国传媒大学学报）》第 7 期。

侯新立，2016，《网络政治化背景下的主流意识形态传播研究》，《国际新闻界》第 11 期。

侯玉波，2002，《社会心理学》，北京大学出版社。

胡为雄，1994，《英雄观的变迁——从卡莱尔到普列汉诺夫再到胡克》，《中国社会科学》第 1 期。

黄希庭、张进辅、张蜀林，1989，《我国五城市青少年价值的调查》，《心理学报》第 3 期。

黄杨、李媛，2018，《典型人物报道的融媒体探索——以澎湃新闻"天渠"报道为例》，《青年记者》第 12 期。

柯惠新、王锡苓、王宁，2010，《传播研究方法》，中国传媒大学出版社。

李舒、宋守山，2021，《新闻媒体引导力的内涵、现状与实现层次——一种基于认同理论的分析》，《现代传播（中国传媒大学学报）》第 3 期。

李弋菲，2015，《中西方英雄主义的对比分析——以影视作品为例》，河南大学硕士论文。

刘文芳，2012，《论英雄的本质特征及时代价值：以大学生英雄为例》，《山东青年政治学院学报》第 6 期。

卢牡丹，2009，《试论利他行为的效率》，《山西煤炭管理干部学院学报》第 1 期。

陆贵山，2009，《中国当代文艺思潮》，中国人民大学出版社。

麦尚文，2006，《新时期中国典型人物"媒介形象"的变迁与突破》，《新闻大学》第 6 期。

麦尚文，2009，《价值传播与社会认同——〈感动中国〉年度人物价值观呈现与传播分析》，《国际新闻界》第 5 期。

潘天强，2007，《英雄主义及其在后新时期中国文艺中的显现方式》，《中国人民大学学报》第 3 期。

裴鸣、吴迪，2014，《英雄人物家庭观念变迁研究——以〈人民日报〉灾难报道为例》，《现代传播（中国传媒大学学报）》第 10 期。

彭聃龄，2004，《普通心理学》（修订版），北京师范大学出版社。

彭凯平、陈仲庚，1989，《北京大学学生价值观倾向的初步定量研究》，《心理学报》第 2 期。

彭兰，2020，《新媒体用户研究：节点化、媒介化、赛博格化的人》，中国人民大学出版社。

普列汉诺夫，2010，《论个人在历史上的作用问题》，王荫庭译，商务印书馆。

邱鸿峰，2010，《从"英雄"到"歹徒"：新闻叙事中心漂移、神话价值与道德恐慌》，《国际新闻界》第 12 期。

唐恩思，2020，《抗击疫情视域下人物报道的特点与策略》，《新闻与写作》第 7 期。

唐恩思，2021，《融媒体视阈下高校典型人物报道创新路径探析》，《北京教育（高教）》第 12 期。

唐文清、张进辅，2008，《中外价值观研究述评》，《心理科学》第 3 期。

托马斯·卡莱尔，2010，《论英雄、英雄崇拜和历史上的英雄业绩》，周祖达译，商务印书馆。

悉尼·胡克，2006，《历史中的英雄》，王清彬译，上海人民出版社。

新华社"舆论引导有效性和影响研究"课题组，2004，《主流媒体如何增强舆论引导有效性和影响力之一：主流媒体判断标准和基本评价》，《中国记者》第 1 期。

徐宁刚，2012，《新时期典型报道的创新策略》，《现代传播（中国传媒大学学报）》第 4 期。

晏青，2015，《"抗日英雄"的媒介化生存：国民记忆、传播逻辑与消费潜能》，《现代传播（中国传媒大学学报）》第 11 期。

杨宜音，1998，《社会心理领域的价值观研究述要》，《中国社会科学》第 2 期。

杨中芳，1994，《中国人真是集体主义的吗？——试论中国文化的价值体系》，杨国枢主编《中国人的价值观：社会科学观点》，台湾桂冠图书公司。

杨中芳，2009，《如何理解中国人：文化与个人论文集》，重庆大学出版社。

曾庆香，2004，《新闻话语中的原型沉淀》，《新闻与传播研究》第 2 期。

张啸宇，2014，《大学生英雄现象的理论解析与实践启示》，《南京工业职业技术学院学报》第 6 期。

张征，2007，《苦行僧·黑脊梁·快乐鸟——论典型人物形象的"变脸"》，《国际新闻界》第 12 期。

朱清河、林燕，2011，《典型人物报道的历史迁延与发展逻辑》，《当代传播》第 4 期。

Allison, S. T. & Goethals, G. R. (2011). *Heroes: What They Do and Why We Need Them.* New York: Oxford University Press.

Allport, G. W. & Vernon, P. E. (1931). *A Study of Values.* Boston: Houghton M ifflin.

Bandura, A. (1965). Influence of models' reinforcement contingencies on the acquisition of imitative responses. *Journal of Personality and Social Psychology*, 1 (6), 589 – 595.

Bandura, A. (1966). Observational Learning as a Function of Symbolization and Incentive Set. *Child Development.* Vol. 37, 499 – 506.

Bandura, A. (1973). *Aggression: A social learning analysis.* Prentice – Hall.

Becker & Eagly. (2004). The Heroism of Women and Men. *American Psychologist*, 59 (3), 163 – 178.

Blau, K., Franco, Z. & Zimbardo, P. (2009). *Fostering The Heroic Imagination: An Ancient Ideal and a Modern Vision.* Eye on Psi Chi, Spring.

Farley F. (2012). The Real Heroes of "The Dark Knight" [Internet]. Psychology Today. https://www.psychologytoday.com/blog/the-peoples-professor/201207/the-real-heroes-the-dark-knight.

Franco, Z., Blau, K. & Zimbardo, P. (2011). Heroism: A Conceptual Analysis and Differentiation between Heroic Action and Altruism. *Review of General Psychology*, 5 (2), 99 – 113.

Glazer, M. P. (1999). On the trail of courageous behavior. *Sociological Inquiry*, 69, 276 – 295.

Goethals & Allison. (2012). Making Heroes: The Construction of Courage, Competence, and Virtue, *Advances in Experimental Social Psychology*, Volume 46, 183 – 235.

Gregg, Hart, Sedikides, & Kumashiro. (2008). Everyday conceptions of modesty: A prototype analysis. *Personality and Social Psychology Bulletin*, 34 (7), 978 – 992.

Keczer, Z., File, B., Orosz, G. & Zimbardo, P. G. (2016). Social Representations of Hero and Everyday Hero: A Network Study from Representative Samples. *Plos One*, 11 (8), e0159354.

Kinsella, E. L., Ritchie, T. D. & Igou, E. R. (2015). Zeroing in on Heroes: a Prototype Analysis of Hero Features. *Journal of Personality and Social Psychology*, 108 (1), 114 – 127.

Kluckhohn. (1951). Values and Value – Orientations in the Theory of Action: An Exploration in Definition and Classification. In: Parsons, T. and Shils, E., Eds., *Toward a General Theory of Action*, Harvard University Press, Cambridge, 388 – 433.

Rokeach, M. (1973). *The Nature of Human Values.* New York: Free Press.

Sullivan, M. P. & Venter, A. (2005). The Hero Within: Inclusion of Heroes into the Self.

Self and Identity，4，101 –111.

Sullivan，M. P. & Venter，A. （2010）. Defining Heroes Through Deductive and Inductive Investigations. *The Journal of Social Psychology*，150 （5），471 –484.

《中国社会心理学评论》 第 22 辑
第 160～178 页
© SSAP, 2022

情绪传播下的"野性消费":场景生成、价值观共鸣与风险防控[*]

孟 达^{**}

摘 要:伴随热点舆情事件的点燃以及网络公共空间内的情绪传播,融入了中国元素、传递中国价值观念的众多国货品牌相继登上热搜,获得了较多的关注。本研究通过对 11 位消费者的焦点小组访谈和多案例分析发现,官方权威媒体的品牌宣传、消费者爱国情怀的加持、社交型商务的发展促使了国货运动品牌"野性消费"场景的产生;厚积薄发的国货运动品牌在弯道超车后面临着情绪传播极化带来的舆论反噬、品牌热度难以维持、品牌形象与品牌认知错位、粉丝应援文化带来的反向控制、品牌消费的公共场景面临信任危机等发展风险。中国企业应通过提高产品质量、增加品牌文化附加值充分彰显品牌实力与中国精神内涵,同时,匹配消费者多层次的购买需求,让消费者的"野性消费"建立在"理性价值"的基础之上,使消费者的"国货之光"的理念认知发展成"国货自信"的自豪态度,实现"双循环"发展格局下消费需求以及消费结构的升级。

关键词:情绪传播 野性消费 场景理论 文化自信 中国故事

一 引言与文献回顾

中国正在构建经济"双循环"的新发展格局,其核心是拉动内需、促

---

* 本研究受深圳市哲学社会科学规划课题"新媒体语境下深圳青年中华传统文化认同现状及其影响因素的实证研究"(SZ2022C023)的支持。感谢匿名审稿人对本文提出的修改意见。
** 孟达,深圳技术大学马克思主义学院(人文社科学院)讲师。

进消费，推动经济高质量发展。国家统计局公布的数据显示，2020 年我国最终消费率与居民消费率远低于同等发展水平国家和地域邻国。近两年，国务院、国家发展和改革委员会等部门先后印发《关于以新业态新模式引领新型消费加快发展的意见》《加快培育新型消费实施方案》等文件，旨在坚定实施扩大内需战略，推动消费线上线下融合。营销方式的创新、消费场景的升级以及消费环境的优化使国货品牌迎来前所未有的发展机遇。瑞信研究机构以及新浪财经的统计数据显示近期国货运动品牌网上销售额增势明显，[①] 线下的销售也十分火爆。[②] 有关国货运动品牌的多条话题如"李宁把新疆棉写在标签上""鸿星尔克立志成为百年品牌"相继登上微博热搜，人民日报、共青团中央等官方新媒体账号也先后聚焦李宁、鸿星尔克等国货品牌。营销学者科特勒（科特勒等，2006）认为企业从事公益活动能够强化公众对其品牌的积极认同，增加销售量。对公益事业的持续关注使国货运动品牌企业获得了较高的品牌声量与较多的产品销量，但与此同时，全民的消费狂欢也使网民的个体情绪从私人领域走向公共领域，网络舆论在"野性消费"中出现了情绪主导的倾向，极化的情绪传播使企业被架到舆论道德的制高点，品牌发展存在信用风险。以往有关"议程设置"的讨论忽视了情绪和情感的因素，近年来的传播效果研究出现情绪研究转向（魏然，2021），"议程设置"研究存在向"情绪设置"研究转变的趋势（高萍、吴郁薇，2019；徐翔，2018）。情绪传播是个体或群体的情绪及与其伴随信息的表达、感染和分享的行为（赵云泽、刘珍，2020）。情绪传播的过程不仅包含情绪的传播还包含与情绪因素相关信息的传播，情绪传播应该被纳入社会心理—情绪—态度—行为的循环模型中考量（朱天、马超，2018），情绪因素成为描述个体和群体传播不可缺少的变量（赵卫东等，2015）。在社交媒体平台上，从情绪产生到态度形成到行动促发再到分享传播，很多环节都伴随着信息的传播与扩散，受到情绪主导的信息会迅速获得较高的转发量和回复量，很多企业在品牌形象推广中也会注重情绪信息的设置与调动（Stieglitz & Dang-Xuan，2013）。另有研究指出公众对待品牌的愤怒情绪是品牌负面口碑传播的催化剂，愤怒情绪会降

---

① 瑞信发布的《中国体育用品行业报告》显示 2021 年 4 月 27 日至 5 月 3 日，同比 2020 年天猫旗舰店的销售额，中国李宁增加 419%，安踏增长 46.3%，特步增长 29.3%。"新浪财经"的统计数据显示，2021 年 7 月 25 日至 31 日，在淘宝以及抖音官方直播间关联的店铺，鸿星尔克的销售额已超 3.4 亿元。

② 《潇湘晨报》报道，同比 2020 年长沙九龙仓时代奥莱场内销售额，2021 年李宁增长 180%，安踏增长 80%。

低公众购买产品或服务的可能性（Coombs & Holladay，2005）。由此，本文提出研究问题：国货运动品牌既有流量又有销量的场景是如何生成的？国货运动品牌借助情绪传播一夜爆红出圈后又存在什么样的隐忧？该如何去控制情绪传播下品牌发展可能存在的风险？

已有实证研究发现，消费者在网络消费过程中极易产生冲动购买行为（龚潇潇、叶作亮、吴玉萍、刘佳莹，2019），平台促销以及顾客评价对青年群体的网络冲动消费会产生一定影响（张伟、冷雪妹、张武康，2019），场景、社会情境、消费者情绪对消费者的冲动购买亦会产生显著影响（Reardon & Mc Corkle，2002；李璐，2017）。传统的"场景"是指物理意义上的空间偏向，随着研究的不断进展，新的场景理论认为"场景"是人与周围景物的关系的总和，这其中既包括传统认知意义上的空间与景物等硬要素，也包括人与硬要素相关联的情绪与氛围等软要素。有学者认为场景可分为实体场景和虚拟场景（陈曦、宫承波，2021），虚拟场景包括基于市场目标人群的消费场景（陈波、彭心睿，2021），主要表现为消费者进行文化消费时所追求的价值观集合（Aaron & Nichols，2019）。移动终端、社交媒体以及基于 LBS 定位技术的推广与使用促使线下的现实场景与线上的虚拟空间场景，以及线上与线下相融合的场景并存，这使得物理空间场景突破空间与时间的限制，帮助在场个体获得前所未有的真实感。国内外学者基于理性行为理论模型①、技术接受模型②、刺激反应理论模型③、计划行为理论模型④提出研究假设并进行实证研究，以解释消费者的消费行为动机。他们认为主体因素、客体因素和环境因素影响了个体的消费行为（Arrondel & Lefebvre，2001）。这些研究主要关注产品的实用性和易用性、个人特质以及消费者所处的实体场景，但关注虚拟场景的实证研究较少，学者认为消费场景中的价值取向是人们进行实践活动的关键，如 Sheth - Newman - Gross 模型认为，产品的社会价值、情感价值和认知价值

---

① 理性行为理论模型由菲什拜因（Fishbein）和阿耶兹（Ajzen）于 1975 年所提出，其基本假设是认为人是理性的，在做出某一行为前会综合各种信息来考虑自身行为的意义和后果。

② 技术接受模型是 Davis 于 1989 年提出的，认为个体感知的有用性与易用性影响个体对系统的接受程度。

③ 刺激反应理论模型是华生（John B. Watson）于 20 世纪初期提出的，他认为人的行为是受到刺激后的反应。

④ 计划行为理论模型是由阿耶兹（Ajzen）于 1985 年提出的，由理性行为理论演变而来。计划行为理论在分析人的行为意图与实际行为时，除了考虑"态度""主观规范"影响外，还考虑了"行为控制知觉"的影响。

是消费者做出消费行为的主要原因,[①] Jing Han 以及 Juan Ling 认为文化背景中的价值观念调节着情感诉求与受众吸引力之间的关系,进而影响消费者行为 (Han & Ling, 2016), Zhang 以及 Jolibert (2000) 发现中国消费者较为看重产品的象征价值,而产品的象征价值又与中国的社会价值密切相关。效用最大化原则、供给需求理论以及凯恩斯的消费函数认为消费行为是多因素驱动的结果。因此我们不仅要关注产品本身的实用性与易用性,还要关注消费者所持有的价值观内容。

二 研究方法与创新之处

价值观具有复杂性和选择性 (贺来, 2020),仅通过量化研究的方法难以深刻揭示中国消费者的价值观内容,而质化研究则能更好了解消费者内心深处的动机和感受 (孟达, 2020)。因此,本文通过 11 位消费者的焦点小组访谈来关注消费行为发生的虚拟场景,试图在中国文化场景下用中国视角分析消费者。因青年是国货运动品牌的主要消费群体,也是社交媒体的重度使用群体,[②] 故本研究对焦点小组访谈的样本选取设置了如下条件:①年龄在 22~35 岁,②在近两年有过国货运动品牌的消费经历,③性别比例较为均衡。为了回答好本文提出的研究问题,焦点访谈的提纲依据电通公司提出的"AISAS"模型[③]设置,主要聚焦受访者对国货运动品牌的关注程度、购买动机、购买体验以及分享行为。2021 年 7 月底,带有"野性消费"的话题频频登上微博热搜榜单,引发网友热议,因此焦点小组访谈的时间安排在 2021 年 8 月 1 日,访谈内容侧重于对消费者群体的解释性观察,具体的访谈提纲详见表 1,焦点小组访谈样本的构成如表 2 所示,共得到访谈文本 99580 字。此外,我们考虑到国货品牌话题热度以及销售额增加的显著程度,还选取了李宁、安踏和鸿星尔克三个国货运动品牌进行多案例分析,探究品牌方如何对中华优秀传统文化进行解读和创

---

① 希斯 (Sheth)、纽曼 (Newman) 和格罗斯 (Gross) 在 1991 年提出消费价值的说法来解释消费者在面临某一商品时选择购买或不购买、选择此产品而不是另一个产品、选择此品牌而不是另一品牌的原因。

② 数据来源:中国互联网络信息中心 (CNNIC) 在 2021 年 2 月发布的第 47 次《中国互联网络发展状况统计报告》。

③ AISAS 是由电通公司提出的消费者行为分析模型。该模型由"attention——引起注意、interest——产生兴趣、search——进行搜索、action——购买行动、share——社交分享"五个环节组成。

新，又如何将品牌实现年轻化从而与青年消费群体产生情感共鸣。

表1 访谈提纲

访谈主题	访谈内容
关注程度	近期您是否有注意到鸿星尔克、李宁、安踏这些品牌？是如何注意到这些品牌的？之前对这些品牌有所了解吗？主要了解的内容有哪些？
购买动机	请您描述一下鸿星尔克、李宁、安踏这些品牌的品牌形象。您对这些品牌的使用需求主要包括哪些内容？您近期是否购买过这些品牌？您觉得是冲动性情绪主导了您的购买行为吗？您购买的理由是什么？如没有购买，原因又是什么？
购买体验	您对这几个品牌的好感度如何？购买体验是否满意？购买产品后是否后悔？如后悔，原因是什么？您觉得这些品牌未来的发展可能存在哪些问题？
分享行为	近期您是否有转发这些品牌的相关内容？因何而转发？您是否愿意推荐这些品牌给亲朋好友？原因是什么？如不愿意推荐，原因又是什么？
基本信息	性别、年龄、学历、职业、现居住城市

表2 焦点小组访谈样本的构成

编号	性别	年龄	职业	编号	性别	年龄	职业
A1	男	30	银行柜员	A7	女	28	营销策划
A2	男	28	公务员	A8	男	22	学生
A3	男	27	销售	A9	男	31	教师
A4	男	25	自由职业	A10	女	32	教师
A5	男	31	技术工人	A11	男	23	学生
A6	女	26	短视频编导				

本文可能存在的创新之处为：一是对野性消费的概念进行梳理与界定，明确其特征，提出野性消费不等同于冲动消费的学术观点；二是调查时机的把握以及调查方法的运用。以往有关情绪传播的实证研究大多在热点事件过后抓取社交媒体文本内容进行词频分析、主题分析和情感分析，而本研究是在热点舆情事件爆发之时对消费者进行焦点小组访谈，侧重探察消费者的文化价值观内容以及购买商品后的内心感受，分析品牌与消费者如何产生情绪共鸣，构建情绪传播下野性消费场景的系统理论模型。

三　结果及分析

（一）野性消费的概念与特征

1. 野性消费的概念

国货运动品牌鸿星尔克在 2021 年 7 月捐出价值 5000 万的物资帮助河南暴雨受灾地区，其电商平台直播间评论区被网友刷屏，主播在直播间内呼吁大家"理性消费"，然而网友却以"野性消费"刷屏回应。《咬文嚼字》编辑部在人民日报客户端发表的文章认为，野性消费是指不受约束的消费，网友用自己的情绪传播内容以及消费行动来表达自己的立场与态度，其率性的语言表达以及购物行为彰显的是爱心行动。[①]

> 编号为 A9 的受访者："我本来对运动服饰就有购买需求，热点公益事件让我关注到了鸿星尔克这个品牌，通过横向对比后，我认为鸿星尔克的确性价比高，所以才从网络下单购买。后来，很多周围朋友想要购买鸿星尔克时，网上店铺已经没有货了，他们只能去线下实体店购买。"

野性消费场景是供给端、平台端与消费端整个产业链合作发力的结果，消费场景始于线上直播间，并通过传统媒体与社交媒体的议程互动，加之大众的口碑传播，使消费场景得以延伸至线下，产生了产业链、全渠道融合渗透的 O2O（online to offline）消费场景。

2. 野性消费的特征

本研究通过定性访谈发现，野性消费并不等同于冲动消费（impulsive buying）。学者普遍认为，冲动消费是指消费者并没有仔细考虑相关信息便很快做出购买决策，购买氛围在一定程度上刺激了消费者的冲动行为，消费者感到愉悦且难以抗拒（Dennis，1987）。冲动消费的特点有以下几个方面：一是消费者并没有经过考虑和事前计划，是一种突然的购买过程（邓士昌、高隽，2015）；二是冲动消费通常被看作消费者在购买行为中自我控制和自我调节失败的结果，消费者往往不考虑商品的工具理性与价值理

---

① 人民日报客户端 2021 年 12 月 8 日文章：《咬文嚼字》发布 2021 年度十大流行语：野性消费、赶考、破防等入选。

性，忽视了商品的使用价值，由于自我控制资源的匮乏导致了冲动行为（Stephen & George，1991）；三是虽然消费者在冲动消费中会体验到兴奋和愉悦，但是冲动消费过后可能会增加消费者的负面情绪，降低消费者自尊水平（Baumeister，2002）。

　　编号为 A2 的受访者："之前也在一些主播的直播间购买过商品，当时受到直播间亢奋情绪的刺激没经过思考就产生了冲动购买行为，囤了一堆货到现在还没拆封，后悔买了那么多没什么用的产品。我此次购买鸿星尔克主要是想表达自己的立场和态度与这个品牌是一致的，我为自己的热爱买单，买过无悔。"

　　编号为 A5 的受访者："购买的李宁专业跑鞋的包裹性和透气性的确好，穿着体验佳，还搭载了防泼水的黑科技，即使是雨天也不用担心湿鞋的问题，可以畅快地在雨水路面上奔跑，我一直穿在脚上，还打算再入一双。"

　　野性消费的特点有以下几个方面：首先，很多消费者在购买前对商品进行了比较，注重商品的价格、质量和性能，会考虑商品的使用价值与使用需求，消费者通常经过冷静思考后才会产生消费行为，并大概率地存在复购行为；其次，外界激情亢奋的情绪刺激并不是消费者产生购买行为的主要动力，而家国情怀、文化自信这些内生的情感才是消费者产生购买行为的主要原因。在购买后消费者得到了情感上的满足，部分消费者还会炫耀自己的购买行为；最后，情绪传播下的冲动消费不同于情绪传播下的野性消费，冲动消费的在场情绪是由电商平台的表演导致的，消费者一旦不在场，这种情绪很快退去，用户情绪难以留存，甚至可能出现"疯狂退货"的现象，商品虽然有"流量"但难以有"留量"，而野性消费的价值观与情绪是基于认同和信任的，这易于生成高黏性消费者群体，消费者对企业有较强的信任感并认同其品牌文化，便于塑造品牌与消费者之间的密切关系。

3. 野性消费的价值取向

　　个体行动的合理性取向包括工具理性（zweckrational）和价值理性（wertrational）（韦伯，2010），工具理性的行动是基于目的的合理性，价值理性的行动是基于信念和理想的合理性（郝雨、田栋，2019）。

　　编号为 A11 的受访者："鸿星尔克奇弹系列运动鞋可以很方便地

穿上与脱下，舒适度较高且鞋体重量较轻，是我这种懒癌患者的必入好物。"

编号为 A8 的受访者："颜值即正义，安踏在鞋盒包装、鞋带等一些细节方面的用料及设计都十分有诚意。"

场景理论认为场景是各类设施的有机组合，并提供给具有共同价值观的社会成员享用（Clark，2014）。在场景中，社会成员释放爱意的野性消费行为有着良好的工具理性与价值理性基础。一方面，中国企业以消费升级为导向，从制造到质造再到智造的供给侧改革将新技术、新产品、新设计、新文化有机组合并投放到消费场景，场景中的产品得到了消费群体的认可；另一方面，Z 世代①新消费群体看似冲动，实则理性，他们既有文化自信，也懂理性消费，当国货品牌的崛起赶上了国潮文化的复兴，品牌积极的价值主张和态度也得到新消费群体的认同，他们不愿意盲目追捧高溢价的国外品牌，认为国货物超所值，自诩为国产品牌的"精神股东"。可以说，价格理性、质量理性、颜值理性、价值观理性、文化信念理性共同主导了新消费群体的野性消费行为，在多维价值理性的消费场景中，构建了中国品牌的文化价值与商业价值整合模式，也实现了品牌功能从单纯的工具理性向多维价值理性的战略升级。

（二）情绪传播下消费场景的产生

1. 媒体的品牌宣传

社会认知理论（social cognitive theory）认为环境和外部因素会对人的行为产生重要影响。② 社会影响理论（social influence theory）认为在社会影响因素作用下，个体会沿着顺从机制、认同机制和内化机制产生态度的转变（Kelman，1958）。虽然消费者对产品的主观价值感知决定了其购买行为，但商品的销售模式和销售过程也会对商品的销售结果产生重要影响（张明明，2021）。国务院将每年 5 月 10 日设为"中国品牌日"并鼓励各级各类媒体对中国品牌进行公益宣传，讲好中国品牌故事。人民日报、央视网等国家官方权威媒体以及共青团中央社交媒体帐号所传播的价值观和

---

① Z 世代也称为"互联网世代"，通常是指 1995 年至 2009 年出生的一代人，他们受数字信息技术、智能手机产品影响比较大。

② 社会认知理论（social cognitive theory）是由班杜拉（Albert Bandura）于 1977 年提出的，它着眼于观察学习和自我调节在引发人的行为中的作用，重视人的行为和环境的相互作用。

社会责任感内容在潜移默化地影响了消费者，使消费者对国货品牌更加信任和支持。

> 编号为 A5 的受访者："人民日报、共青团中央的社交媒体账号对鸿星尔克的深度报道让我们更加坚信这么有社会责任感和担当的民族企业就是 yyds，我相信他们做的产品是国货之光，我要和大家一起送这么低调务实的小伙伴上热搜。"

另有受访的"学生党"表示，在线上的促销节期间购买鸿星尔克小白鞋的均价不超百元，舒适百搭的造型、亲民的价格使产品性价比极高。国内的网络电商平台通过邀请国货品牌入驻，为其进行官方认证，帮助了众多国货老字号实现了互联网化，并用流量扶持、算法推荐以及大数据辅助服务等互联网工具为国货品牌开拓了广阔的互联网市场。网络电商平台还通过策划"挺消费、撑国货"等线上营销活动为国货运动品牌摇旗呐喊，挖掘了国货运动品牌的发展潜力。2021 年 7 月，国务院印发《全民健身计划（2021—2025 年）》指出要创新体育消费政策、机制、模式和产品，加大优质体育产品供给，促进高端体育消费回流。在"经济双循环"和"全民健身"国家战略深入实施的背景下，专注运动科技的国货运动品牌将借助媒体宣传以及良好的产业消费生态圈而步入发展的快车道，迎来发展的黄金期。对于受大众传播媒介影响深刻的年轻人来说，媒体对中华优秀传统文化的解读以及对国产品牌的宣传使受众将国货品牌与中国精神、中国力量自主联系起来，国货品牌的消费是消费者文化优越感与自豪感的寄托，这既是消费者通过媒体了解企业文化、产品文化后的理性选择，也是对品牌高度信任后作为品牌粉丝进行应援的有力支持。

2. 社群情感的强连接

Dwivedi 等（2021）提出的结构方程模型认为对品牌的信任程度以及情绪支持影响消费者的购买行为以及使用体验，Handarkho（2020）认为消费者在购买产品和服务时需要一定的情感沟通和支持。随着社交媒体的发展，产生了社交商务（social commerce）现象（Liang & Turban，2011），消费者将搜索、分享、讨论等社交行为融入网络购物的过程，用网络社交引导他人产生购物行为。青年是社交消费的主力军，他们容易被"种草"，也喜欢搜索产品在不同平台的评测网文，还乐于分享购买感受和使用体验。

编号为 A8 的受访者:"我和小伙伴们不遗余力地支持国货品牌除了认同国货品牌的价值主张外,好评如潮的高分评价以及朋友圈的精致买家秀也让我们相信跟随大家一起购买爆款产品不会错。"

在情绪传播的场域中。在情绪传播的场域中,信息传播带来的情绪感染、态度极化、行为模仿与文化认同四个层面的传播效应相互影响、互相交织(Dai,2015;胡虹智,2015)。个体情绪通过情绪感染与行为模仿升级为群体情绪,决定着群体行为的选择。我们通过定性访谈发现,在社交媒体上搜寻国货运动品牌有关的信息的确有助于年轻消费群体进行评估并做出购买决策,但在野性消费的过程中,还需要一定的互动支持与情感支持才能帮助年轻消费群体完成购买行为。场景理论认为,共同的价值观形成了人们场景象征意义的表达愿望,使场景具备了公共性(克拉克、李鹭,2017),品牌传达的价值观念赋予品牌灵魂并与消费者产生共鸣,让消费者感受到亲切,具有相同选择偏好的消费者通过社交媒体形成了社交圈,这种基于共同情感和价值观念的强连接帮助用户在网络族群中找到身份认同感和价值感,帮助品牌建设具有强连接关系的用户社群。在品牌社群中,一方面,社群成员主动参与社群的情绪互动来寻求存在感和归属感,在社群情绪传播的过程中,社群成员通过信息的表达及分享传播了产品信息,提升了社群的活跃度,帮助其他社群成员做出消费决策;另一方面,社群成员的满足感和归属感也强化了族群意识的生成,通过情绪感染催化了个人的购买意愿,产生了集体购买行为,促进品牌社群进行商业化变现。

(三) 消费场景中的价值观共鸣

情绪传播的核心是共鸣与认同(田维钢、张仕成,2021),国货运动品牌不仅在产品质量、科技体验以及用户好评上逐渐超车国外运动品牌,而且还注意在品牌文化和品牌性格上与竞争对手进行区别,强化消费者与品牌情感上的沟通连接,让本土消费者清晰认识到了品牌价值的不可替代性。网友们不仅在直播间与主播、鸿星尔克总裁积极互动,还在社交媒体上参与产品的设计研发、内容营销以及品牌共创,更加个性、自信和注重消费感受的"90 后网络原住民",通过品牌相关内容的接梗、玩梗以及接力打榜帮助品牌丰富细节,并讲述品牌往事,帮助品牌完成人格化的立体展现,彰显了青年群体互动参与式消费的强大力量。

1. 消费者本土意识的觉醒

消费者的文化自信是消费自信的基础（魏永刚，2017），消费场景的本质是文化空间的延伸，其中蕴含着人们消费观念的文化倾向（李昊远、龚景兴，2020）。年轻消费者对中华优秀传统文化的认同程度日益提高，这种心理也投射到了对运动产品的选择上，他们将中国元素审美、购买国货运动品牌作为追求自我表达的新形式，消费者强烈的文化自信、家国情怀正是国货运动品牌流量与销量暴涨的精神内核。我们通过多案例的分析发现，国货运动品牌的"野性消费"与正能量价值观传播、集体主义价值观念以及公益事业等公众行为紧密相连，如新疆棉事件后，支持新疆棉的运动国货品牌李宁、安踏成了自带流量的公众话题。

> 编号为 A3 的受访者："大家都在晒购买的国货来彰显自己的爱国心，购买国货带来的国家认同感和自我满足感是购买洋货无法达到的。"

消费者通过购物行为定义生活方式（希夫曼，2017），这种生活方式不仅包括对物质享受的追求，而且包括对自我明确的认知以及产品购买带来的愉悦和快感，中国年轻消费者的本土意识正不断增强，爱国情怀是青年群体的心理积淀和民族记忆，极易被唤醒和扩散。情绪传播具有行为指导的特性，受众对与自身情绪相一致的内容更为敏感，更容易接受情绪相近的信息，也更容易促成二次传播行为的发生，通过具有爱国情怀公共场景的引导，青年的国家归属感会被融汇成群体的基本共识，成为青年的集体行为准则（包雅玮，2021）。这种强烈的文化自信、消费自信以及国家归属感促成了消费者的相互传播与集体购买。

2. 品牌文化中的本土基因

消费者对商品的文化价值感知影响了他们的消费行为。文化具有民族性和地域性，其替代弹性较小，国货运动品牌根植于中华民族的本土文化，很难被外来竞争品牌所取代。受访的消费者普遍表示品牌文化的解读会让产品具备内涵与特色，如李宁尝试将"敦煌壁画""丝绸之路""中国山水"等中国传统文化元素进行创新设计并融入现有的产品线，试图将品牌打造成具有中国文化特色又能被世界认可的一流时尚专业运动品牌，李宁悟道系列将"自省，自悟，自创"的中国精神作为品牌内涵，这种独特的价值主张和价值观念输出使消费者对其产品产生了特定感知，形成了消费者对产品的特定印象，这可以帮助产品走进消费者的内心世界。国货运动品牌通过融入本土文化和本土设计，在产品的文化价值观念层面与消费者建立了稳定的情感连接,打造了品牌价值的不可替代性,使国货运动品牌受到消费者追捧,国货运动品牌的话题相继出圈,企业也获得了相应的品牌溢价。

> 编号为 A3 的受访者:"虽然也有洋品牌将中国元素融入了服饰的设计,但我会觉得这些洋品牌画虎画皮难画骨,反而弄巧成拙,我还是喜欢穿上印有中国李宁四个大字的运动服。"

情绪传播具有建构性,情绪传播不仅可以推动个体情绪的社会化,还会积蓄并形成特定的社会情绪记忆(刘珍、赵云泽,2021)。情绪传播主导下的野性消费行为不是消费者短时的应激冲动反应,除了单纯的生理驱动性因素外,消费者还想通过情绪传播进行社会文化的建构,在情绪传播的场域中塑造符合群体共识的文化和价值观念,国外品牌在品牌形象本土化的过程中可能存在文化误解,消费者选择自己认同的文化呈现形式,通过扩散的情绪传播扩大了本土文化构建的民间话语权,使本土品牌文化的共鸣在螺旋上升的话语扩散场域中具备了得天独厚的优势。

3. 拟人化的品牌人设

在网络空间的公共场景中,社交行为对购买意愿的正向促进作用是通过消费者在公共场景内对品牌精神的感知、认同和内化过程实现的(刁雅静、何有世、王念新、王志英,2019)。在鸿星尔克直播间,主播适时与消费者互动沟通,注意观察消费者情绪,不断劝消费者"理性购买""有需要再购买""不要刷礼物",官方店铺关闭预售后又关闭了直播,并声明旨在更好地为用户服务,给用户带来更好的购买体验。

> 编号为 A11 的受访者:"鸿星尔克捐款是有担当的爱国行为,所以我支持鸿星尔克也是爱国的行为,我以后认准了这个低调的小伙伴,力挺到底。"

情绪传播具有认知以及交流的功能,相近情绪的对象更容易被注意并产生进一步的联系。鸿星尔克站在消费者的角度为消费者考虑的行为使其树立了踏实本分、爱国善良、能为他人思考的品牌人设形象,这激起了网友的共情,网友疯狂参与互动、评论与转发,并自发制作短视频和表情包帮助品牌进行人设建构和人设传播,通过认同机制和内化机制使消费者对品牌产生了好感,品牌的网络口碑持续提升。

四 结论与讨论

（一）情绪传播下野性消费的风险及防控

有研究者将后现代社会诠释为风险社会（贝克，2004），风险社会中的风险多是在不确定性和复杂性的场景中产生的。野性消费场景的拓展使企业在短期内营销成本降低，企业的边际成本递减、边际效益递增，但被释放的消费欲望和传播冲动触发了网民的情绪参与，助长了反智主义情绪的扩散与蔓延，这会导致社会认识分化、意见对立（张小平、蔡惠福，2020），使品牌的发展面临风险。

1. 警惕商品成为宣泄情绪和恶意攻击的工具

受外部突发事件的影响容易让人产生突发性的情绪反应，情绪是社会信息的一部分，会影响社会的公共决策（Van Kleef，2009）。社会化媒体不仅更容易出现情绪传播，并且负面情绪的传播比正面情绪更为普遍（唐雪梅、朱利丽，2019），情绪化谣言会弱化受众的理性分析能力，导致非理性的转发行为（赖胜强、唐雪梅，2016）。Sarita 与 Yardi（2010）的实证研究发现，网络事件发生后容易出现群体极化用户，滋生正负双峰分布的极端情绪内容。Standing 等（2016）发现突发事件发生后，社会化媒体用户更倾向表达愤怒、焦虑等负面情绪，负面口碑传播者还会使用更多的情绪词汇来表达不满情绪。鸿星尔克在被野性消费的过程中也出现了个体极端情绪化的行为，个别网友把品牌从商品属性中剥离出来，成为表达个人极端情绪的攻击性工具，他们涌入其他运动品牌的直播间，用弹幕起哄、逼捐、嘲讽甚至辱骂，推动网络情绪狂欢向极端化发展，影响正常的商业经营活动。一些别有用心之人为了博眼球、获取流量抑或是带有特定政治目的，在社群中抢占网络话语霸权，用网络虚拟空间和传播平台煽动制造对立情绪，非法诋毁和攻击民族品牌。

品牌方要加强对网络情绪极化传播的识别和感知，积极应对部分网友的极端情绪。首先，品牌方要提倡包容对话的品牌竞争思想，积极对圈层化的粉丝进行引导，尽量避免品牌粉丝向群体极化方向发展，积极组织品牌社群中的骨干成员加强社群的自我管理与维护，设立社群成员的退出机制，对于情绪向极化方向发展的高风险社群可以考虑将其解散，以免社群失控。其次，监管部门对于自媒体账号特别是营销号要加大监管力度。最后，网友应自觉提升媒介素养，保持理性。媒体在转载发布信息前要对内容予以核实求证,给予品牌更多的包容和理解,不过度苛责品牌方。

2. 避免极化的情绪传播带来舆论反噬

社会网络中突发事件的信息传播往往伴随着话题和情感的传播(Cai,Luo,Meng,& Cui,2021),品牌借助情绪传播容易成为公众话题,但品牌热度变高后,受众对其负面消息容忍度反而容易降低,具有热度的话题容易失控(黎竹、刘旺,2021),情绪传播的负面效应也会逐渐显现。人设品牌化的思路是一种脆弱的商业模式,这种模式让品牌形象走在前面,而产品质量居于其次,这种本末倒置会引起人们质疑品牌方的行为是否与品牌形象保持了一致,放大了品牌发展的不确定性风险(朱春阳、曾培伦,2019)。鸿星尔克已被网友树立成"低调公益、有大爱担当"的完美品牌形象,这不能为品牌带来长久的话题热度,反而有可能成为部分消费者道德绑架下的极端情绪出口,使企业被舆论及道德裹挟,给品牌日后的经营带来潜在风险。除此之外,品牌与消费者之间的强精神关联容易带来消费者对品牌的反向控制行为,消费者对品牌不仅有支持与爱,还有因爱而生的控制欲和占有欲。公众议题的热度和模糊性造成了谣言在传播过程中的"平化"(leveling)、"削尖"(sharpening)与"同化"(assimilation)效应(Allport & Postman,1947),这些效应会促使信息变异,使网民难以认清事实原貌。网友在参与品牌文化构建、共创品牌形象的过程中出现了对品牌文化进行曲解甚至通过群体压力控制品牌发展方向的行为。

国货运动品牌应尽量避免过度神化其品牌形象,以免被网络谣言以及网络舆论反噬。首先,品牌方应保持清醒,必须在第一时间联合慈善机构公开捐款细节,积极回应网友的质疑,避免自我膨胀形成傲慢姿态,让品牌形象失去支撑,乃至崩塌。其次,品牌方应实事求是地与网友互动交流,品牌议程设置的焦点应回归产品本身,聚焦消费者的渠道体验与售后服务,在维护好品牌与用户强关系的同时尽量用产品功能和服务质量来提高品牌黏性,驱动消费者产生复购行为。最后,品牌方应与网络意见领袖和官方媒体互动合作,引导公众在公共场景空间内理性发表言论。

3. 消费场景外部空间与内部组织存在不可控因素

我们通过焦点小组访谈还发现,部分消费者的国货意识和集体情绪还源于世界政治、经济形势的变化,特别是西方国家与中国发生的一系列贸易摩擦会使消费者产生应激反应,触发中国网友的抵触情绪,网友们自发为一些被制裁的国产品牌进行话题造梗,成了国产品牌的养成系粉丝,但外部的社会环境以及个人的主观态度倾向并不是稳定的状态,国际形势以及相关政策随时可能发生变化,情绪传播生成的公共场景并非品牌的长久之计。此外，集体公共场景生成后，其本身也存在不确定性和风险性。不确定性是指公共场景虽然可以把人们从弱连接关系变为强连接关系，但这种强连接关系并不稳定，属于非正式的松散连接，如果没有社群规则，网络公共场景的使用频率会变低，互动性会变弱，那么，用户的强连接关系自然会退回到弱连接关系。风险性是指开放且匿名的公共场景存在着信任危机，如果公共场景缺乏管理和秩序维持，那么，就容易被别有用心之人利用，黑色产业链相关组织可能渗透公共场景并产生欺诈、骗贷、刷单、信息贩卖等行为（尹振涛、程雪军，2019），场景、技术与金融多因素的叠加使场景的风险具有隐蔽性、快速性和套利性特点，真实性与合法性是场景存在以及发挥重要作用的基础，因此，一旦失去场景的真实和信用，场景也将不复存在。

面对场景内外的不可控因素，首先，企业要解决好"流量"到"留量"的转化问题，企业不能长期沉醉在"爱国情怀"的公共场景氛围，要针对消费者的不同需求以及身份属性进行公共场景的细分和转化，将产品的独特卖点精准传达给目标消费者，朝着国潮方向打造品牌的 IP 吸引力，维系用户留存，稳定社群连接。其次，企业要解决寻找品牌市场增量的问题。在访谈中我们发现政策导向以及线上场景话题热度使女性群体和中年群体对运动产品的注意力在不断提升，国货运动品牌可以考虑中年广场舞爱好者以及爱好健身的时尚女性等消费群体的需求，并对中国消费者的生活习性、审美标准以及细分需求进行精准把握，通过产品的多品类扩展或者子品牌的孵化来满足不同用户的需求，以此获得品牌的增量市场。最后，企业要解决好品牌面临的老化问题，品牌拥有较高的知名度后进入品牌发展的成熟期，可能会出现高知名度低增长率甚至负增长率的现象，因此要推动品牌年轻化，将社会流行文化导入品牌文化，强化品牌的社交分享基因，使品牌有情怀、有温度。

（二）情绪传播下野性消费场景的系统模型

中国特色社会主义进入了新时代，我国社会主要矛盾已经转化为人民日益增长的美好生活需要和不平衡不充分的发展之间的矛盾，消费者的消费品位在不断提升，差异化需求在不断增强，消费的定制化和个性化趋势越发明显（李雨轩、赵志安，2021），这要求企业首先要以产品为本，推动供给侧结构性改革，创新研发产品功能；其次还需要用品牌的文化价值观内容为产品赋能，使产品的个性化定制服务水平不断提升，进而培养品牌忠诚度的长尾效应；最后要高度警惕情绪传播的网络舆情风险点，积极与消费者进行沟通，主动疏导公众负面情绪。场景理论认为合法性、真实性与戏剧性是组成场景的基本维度（徐晓林、赵铁、克拉克，2012）。消费场景中的产品质优且价格低，满足了消费者需求，这让场景本身的存在具有合理性与合法性，是"野性消费"场景生成的逻辑基点；场景中的文化与价值观连接了场景中的产品与消费者，让产品的真实卖点与消费者的真实感受形成有效的对话沟通，产生价值观共鸣，这是"野性消费"场景生成的逻辑核心；消费者的互动参与及意识觉醒让场景充满戏剧性，但与此同时也要注意消费者在场景的实践行为中可能产生的情绪化与集群化（见图1）。

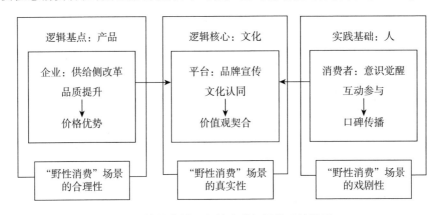

图1　情绪传播下野性消费场景的系统模型

近年来，国货在工艺改进、科技创新、设计突破上做了大量努力，国货也不再是低端山寨的代名词。凭借着对中国消费者更深入的洞察，国货企业让产品具有了更好的用户体验，使其成了年轻消费者的心仪之选。中国品牌的挺身而出彰显了其责任与担当，获得了中国消费者善意的反馈。国货运动品牌被野性消费不仅让我们看到中国青年的强大民族凝聚力，更让我们对中国品牌的发展充满信心。中国企业通过践行慈善精神、致力公益事业，既承担起回馈社会的责任，还为自身品牌创造了价值。企业要注意不能以灾情或是重大危机事件进行刻意的捆绑营销，情绪传播虽然能有效提升品牌的关注度与曝光量，但亦会给品牌发展带来潜在风险。中国企业要弘扬中国的工匠精神，依托"中国智造"的发展，沉下心做产品研发，在品牌精神、文化价值上与中国消费者建立稳定的情感连接，靠实力在品牌行列站稳脚跟，用过硬的质量提升产品的复购率以及品牌的好感度。政府、媒体和相关部门可以提供国货产品质量的公共信息服务，树立公众对中国制造的信心，为国货发展提供良好的外部环境，帮助国货树立消费者口碑。相关电商平台还应积极组织策划促销活动，头部网络电商主播也应给予国货品牌更多的曝光机会，打破部分消费者对洋品牌的执念，使消费者对国货品牌的"野性消费"升级成"理性热爱"。

参考文献

包雅玮，2021，《新媒体环境下青年爱国表达的新特征——以"B 站"弹幕文化为例》，《中国青年研究》第 7 期。

陈波、彭心睿，2021，《虚拟文化空间场景维度及评价研究——以"云游博物馆"为例》，《江汉论坛》第 4 期。

陈曦、宫承波，2021，《场景理论视野下智能音频用户体验模型探究》，《当代传播》第 2 期。

邓士昌、高隽，2015，《大五人格对冲动消费的影响：一个中介模型》，《中国临床心理学杂志》第 6 期。

刁雅静、何有世、王念新、王志英，2019，《朋友圈社交行为对购买意愿的影响研究：认同与内化的中介作用及性别的调节作用》，《管理评论》第 1 期。

菲利普·科特勒，2006，《企业的社会责任》，姜文波译，机械工业出版社。

菲利普·科特勒等，2006，《市场营销原理》，何志毅等译，机械工业出版社。

高萍、吴郁薇，2019，《从议程设置到情绪设置：中美贸易摩擦期间人民日报的情绪引导》，《现代传播》（中国传媒大学学报）第 10 期。

龚潇潇、叶作亮、吴玉萍、刘佳莹，2019，《直播场景氛围线索对消费者冲动消费意愿的影响机制研究》，《管理学报》第 6 期。

郝雨、田栋，2019，《媒介内容生产取向性偏差及"合理性"调适——基于工具理性、价值理性的辩证视角》，《国际新闻界》第 6 期。

胡虹智，2015，《突发事件信息的网络传播与网络心理计算》，复旦大学博士学位论文。

赖胜强、唐雪梅，2016，《信息情绪性对网络谣言传播的影响研究》，《情报杂志》第 1 期。

黎竹、刘旺，2021，《"野性消费"之后，鸿星尔克情绪营销下的冷思考》，《中国经营报》，2021 年 7 月 31 日。

李昊远、龚景兴，2020，《场景理论视域下城市阅读空间服务场景生成与策略研究》，《图书馆研究》第 6 期。

李璐，2017，《网络购物中情境因素对消费者冲动购买的影响研究》，华南理工大学硕士学位论文。

李雨轩、赵志安，2021，《用户消费视域下的耳朵经济市场现状及前景研究》，《编辑之友》第 8 期。

利昂·希夫曼，2017，《消费者行为学》，清华大学出版社。

刘珍、赵云泽，2021，《情绪传播的社会影响研究》，《编辑之友》第 10 期。

马克斯·韦伯，2010，《经济与社会（第二卷）》，阎克文译，上海人民出版社。

孟达，2020，《5G 物联网时代中华传统文化品牌的塑造——基于文化消费的视角》，《新疆社会科学》第 3 期。

唐雪梅、朱利丽，2019，《社会化媒体情绪化信息传播研究的理论述评》，《现代情报》第 3 期。

特里·N·克拉克、李鹭，2017，《场景理论的概念与分析：多国研究对中国的启示》，《东岳论丛》第 1 期。

田维钢、张仕成，2021，《唤醒、扩散、共振：短视频负面情绪传播机制研究》，《新闻与写作》第 8 期。

魏然，2021，《新闻传播研究的情绪转向》，《新闻与写作》第 8 期。

魏永刚，2017，《消费自信源于文化自信》，《经济日报》，2017 年 7 月 18 日。

乌尔里希·贝克，2004，《风险社会》，何博闻译，译林出版社。

徐翔，2018，《从"议程设置"到"情绪设置"：媒介传播"情绪设置"效果与机理》，《暨南学报》（哲学社会科学版）第 3 期。

徐晓林、赵铁、特里·克拉克，2012，《场景理论：区域发展文化动力的探索及启示》，《国外社会科学》第 3 期。

尹振涛、程雪军，2019，《我国场景消费金融的风险防控研究》，《经济纵横》第 3 期。

张明明，2021，《网红品牌 IP 营销、消费心理及消费意愿的动态关系》，《商业经济研究》第 5 期。

张伟、冷雪妹、张武康，2019，《大学生冲动消费因素及对企业营销创新的影响》，《科研管理》第 9 期。

张小平、蔡惠福，2020，《情绪传播与民族精神品格培育》，《内蒙古社会科学》第 5 期。

赵卫东、赵旭东、戴伟辉、戴永辉、胡虹智，2015，《突发事件的网络情绪传播机制及仿真研究》，《系统工程理论与实践》第 10 期。

赵云泽、刘珍，2020，《情绪传播：概念、原理及在新闻传播学研究中的地位思考》，《编辑之友》第 1 期。

朱春阳、曾培伦，2019，《圈层下的"新网红经济"：演化路径、价值逻辑与运行风险》，《编辑之友》第 12 期。

朱天、马超，2018，《互联网情绪传播研究的新路径探析》，《现代传播（中国传媒大学学报）》第 6 期。

Arrondel, L. & B. Lefebvre. (2001). Consumption and Investment Motives in Housing Wealth Accumulation a French Study. *Journal of Urban Economics*, 5 (1), 112 – 137.

Craig Standing, Markus Holzweber & Jan Mattsson. (2016). Exploring Emotional Expressions in E – Word – of – Mouth from Online Communities. *Information Processing and Management*, 52 (5), 721 – 732.

Cai Meng, Luo Han, Meng Xiao & Cui Ying. (2021). Topic-emotion Propagation Mechanism of Public Emergencies in Social Networks. *Sensors (Basel, Switzerland)*, 21 (13).

Coombs, W. T. & Holladay, S. J. (2005). An Exploratory Study of Stakeholder Emotions：Affect and Crises. *Research on Emotion in Organizations*, 1 (1), 263 – 280.

Dennis W. R. (1987). The Buying Impulse. *Journal of Consumer Research*, 14 (2), 189 – 199.

Dai W H. (2015). Cyber Psycho Social and Physical (CPP) Computation Based on Social Neuroma Chanism.

Gerben A. Van Kleef. (2009). How Emotions Regulate Social Life. *Current Directions in Psychological Science*, 18 (3), 184 – 188.

Gordon W. Allport & Leo Postman. (1947). *The Psychology of Rumor*. New York: Henry Holt & Co. p. 75, p. 86, p. 100.

Handarkho, Y. D. (2020). Impact of Social Experience on Customer Purchase Decision in the Social Commerce Context. *Journal of Systems and Information Technology*, 22 (1), 47 – 71.

Roy F. Baumeister. (2002). Yielding to Temptation: Self-control Failure, Impulsive Purchasing, and Consumer Behavior. *Journal of Consumer Research*, 28 (4), 670 – 676.

Jing Han & Juan Ling. (2016). Emotional Appeal in Recruitment Advertising and Applicant Attraction: Unpacking National Cultural Differences. *Journal of Organizational Behavior*, 37 (8), 1202 – 1223.

Kelman H. C. (1958). Compliance, Identification and Internalization: Three Processes of Attitude Change. *Journal of Conflict Resolution*, 2 (1), 51 – 60.

Liang, T. P. & Turban, E. (2011). Social Commerce: A Research Framework for Social Commerce. *International Journal of Electronic Commerce*, 16 (2), 5 – 13.

Reardon, J. & Mc Corkle, D. E. (2002). A Consumer Model for Channel Switching Behavior. *International Journal of Retail &Distributio Management*, 30 (4), 179 – 185.

Silver Daniel Aaron & Clark Terry Nichols. (2019). *Scenescapes: How Qualities of Place Shape Social Life*. Chicago : University of Chicago Press.

Sarita & Yardi. (2010. Dynamic Debates: An Analysis of Group Polarization Over Time on Twitter. *Bulletin of Science, Technology & Society*, 30 (5), 316 – 327.

Steven Best. (1994). *The Commodification of Reality and the Reality Commodification: Baudrillard, Debord and Postmodern Theory*. In Baudrillard: A Critical Reader, ed Douglas Kellner, Cambridge.

Stephen, J. Hoch & George, F. Loewenstein. (1991). Time-inconsistent Preferences and Consumer Self – Control. *Journal of Consumer Research*, 17 (4), 492 – 507.

Stefan Stieglitz & Linh Dang – Xuan. (2013). Emotions and Information Diffusion in Social Media – Sentiment of Microblogs and Sharing Behavior. *Journal of Management Information Systems*, (29), 217 – 247

Terry Nichols Clark. (2014). *Can Tocqueville Karaoke? Global Contrasts of Citizen Participation, the Arts and Development*. Emerald Group Publishing Limited, 22 – 23.

Yogesh K. Dwivedi et al. (2021). A Meta – Analytic Structural Equation Model for Understanding Social Commerce Adoption. *Information Systems Frontiers*, 1 – 17.

Zhang, M. & Jolibert, A. (2000). Culture Chinoise Traditionnelle Et Comportement De Consomation, Decision Marketing, Jan. France.

《中国社会心理学评论》 第 22 辑

第 179～202 页

© SSAP，2022

压力与社会支持利用：自我表露和忍式
表达策略的作用[*]

王志云　蒲鹤引　赖颖冰^{**}

摘　要： 本研究旨在检验面对面和在线自我表露在压力与社会支持利用之间的中介作用，以及忍式表达策略对两个中介变量的调节作用。本研究通过在线调查网站征集了 578 名被试，问卷调查结果表明：压力对社会支持利用具有显著的负向直接效应；对于抑郁、焦虑情绪，面对面自我表露在压力与社会支持利用之间具有显著的遮掩效应，而通过在线自我表露的间接效应不显著；对于抑郁情绪，忍式表达策略在压力与面对面自我表露之间具有显著的调节作用；以及忍式表达策略对两个间接效应的调节作用都不显著。这些研究结果表明，在压力情境下，提高面对面的抑郁、焦虑表露深度可以为改善个体的社会支持利用提供一条有效的途径，而忍式表达策略对于提高面对面的抑郁表露深度具有积极意义。

关键词： 自我表露　社会支持利用　忍式表达

一　引言

社会支持是人们管理压力的一种重要的应对资源，可以缓冲压力对个

　*　本文得到教育部人文社会科学研究青年基金项目（15YJC190019）资助。

**　王志云，武汉大学哲学学院心理学系副教授，通讯作者，E-mail：zwangpsy@ whu. edu. cn；
蒲鹤引，武汉大学哲学学院硕士研究生；赖颖冰，武汉大学哲学学院硕士研究生。

体可能造成的消极影响（Lazarus & Folkman，1984；Taylor，Sherman，Kim，Jarcho，Takagi，& Dunagan，2004）。以往研究表明，社会支持对个体在压力情境下的身体和心理健康都具有积极效果，包括降低抑郁、焦虑等心理痛苦程度，提高幸福感等（Eisenberger，Taylor，Gable，Hilmert，& Lieberman，2007）。但是，也有研究发现人们在面对压力时，可能会因为担忧社会支持寻求带来的消极后果，比如担心给别人造成麻烦、损失面子等，而不愿意主动地寻求社会支持，这种情况在集体主义文化下比个体主义文化下可能更显著（Kim，Sherman，Ko，& Taylor，2006；Mojaverian & Kim，2013）。因此，如何改善个体在压力情境下的社会支持利用水平成了一个具有理论意义和实践意义的研究问题。

促进社会支持利用的一个可能途径是提高个体的自我表露水平。自我表露（self-disclosure）是个体把自己表现出来的一种行为，个体通过展示自己从而使别人可以感知到自己（Jourard，1971）。它是人们在进行社会交往时一种不可或缺的行为表现，包括个体与他人交流时主动地表达自己的行为、思想和感受的整个过程（Fisher，2007；Schug，Yuki，& Maddux，2010）。现有研究显示，自我表露具有重要的社会功能，是人们获得社会支持的一个重要前提，对个体的身心健康、人际关系质量、社交互动和社会适应都具有重要的影响，（Cheung，Lee，& Chan，2015；Joanna，Masaki，& William，2010）。有研究人员（Kim，Sherman，& Taylor，2008；Mojaverian & Kim，2013）在社会支持的跨文化研究中也认为，集体主义文化下的人们为了避免给别人带来负担，可能不会表露他们的个人痛苦并且不去寻求明确的社会支持。鉴于此，提高自我表露水平可能有助于改善人们在压力情境下的社交互动，带来更高的社会支持利用。

近年来，随着互联网服务的快速发展，在传统的面对面社交之外，越来越多的人开始使用社交网站和社交 APP 软件与家人、朋友、工作伙伴，甚至陌生人进行网络或在线的自我表露和社交活动。在线自我表露的形式多样，既可以通过微信、QQ 等聊天软件与他人进行即时性的自我表露和社交活动，也可以通过微博等社交网站以文字、图片等方式进行延时性的自我表露（谢笑春、孙晓军、周宗奎，2013；Zimmer，Arsal，Al‐Marzouq，& Grover，2010）。现有研究已经对影响在线自我表露的因素进行了比较深入的研究，包括性别、年龄等人口学信息变量，网络匿名性、网络安全性和表露对象的互动性等网络环境因素，以及个体的自我意识、社交动机和信任等心理因素（参见谢笑春、孙晓军、周宗奎，2013）。而关于面对面和在线自我表露之间可能存在的差异以及不同的后果，相关研究尚处于探索阶段（Nguyen, Bin, & Campbell, 2012）。我们认为考察在线自我表露与面对面自我表露对于社会支持利用的影响，将为改善人们在压力情境下的社会支持利用提供更丰富的干预途径，具有很重要的理论和现实意义。

（一）压力与社会支持利用

当人们面对压力时，一个常见的应对方式是向其他人寻求社会支持。寻求和使用社会支持可以有很多不同的形式，例如，Kim, Sherman 和 Taylor（2008）区分了显性的和隐性的社会支持寻求。显性的社会支持寻求（explicit social support seeking）指的是个体直接向其他人寻求建议、工具性帮助或情感安慰来解决自己的问题。隐性的社会支持寻求（implicit social support seeking）指的是个体不通过表露或讨论自己的问题和压力事件而从其他人那里寻求安慰，比如与关系亲密的人待在一起而不讨论问题。

显性的和隐性的社会支持寻求之间的一个重要区别在于使用社会支持的过程是否存在自我表露。与显性的社会支持寻求不同，隐性的社会支持寻求强调的是个体对自己的压力事件没有进行明确的表露和分享（Taylor, Welch, Kim, & Sherman, 2007）。一般来说，与集体主义文化相比，个体主义文化下的人们更看重情绪表达和自我表露，因而面对压力时，欧裔美国人通常比亚裔个体报告了更高水平的社会支持使用情况，进行更多的显性社会支持寻求，而亚裔个体可能倾向于进行隐性的社会支持寻求（Butler, Lee, & Gross, 2009; Kim, Sherman, Ko, & Taylor, 2006; Kim, Sherman, & Taylor, 2008; Schug, Yuki, & Maddux, 2010）。

肖水源和杨德森（1987）在国外研究成果的基础上提出，了解个体的社会支持状况不仅需要考察人们获得的客观社会支持以及感受到的主观社会支持，而且需要关注个体对社会支持的利用情况，由此他们编制了社会支持评定量表（Social Support Rate Scale, SSRS）。该量表在国内研究领域获得了广泛的应用，其中的社会支持利用维度主要测查个体在遇到问题时是否会主动向别人寻求帮助，对不同人群的压力应对和心理健康状况都显示出良好的预测效度（刘悦、童永胜、殷怡、李铃铃、伍梦洁，2020；辛素飞、岳阳明、辛自强、林崇德，2018；张玲、周晓琴、程方烁、项瑞、王磊、赵科，2020）。由于社会支持利用强调个体主动地表露自己的问题并且寻求社会支持，与上述的显性社会支持寻求（Taylor, Welch, Kim, & Sherman, 2007）比较接近，本研究预期在我国社会文化背景下，人们可能不太愿意明确地利用社会支持来应对压力，因此，提出假设 1。

假设1：压力与社会支持利用之间存在显著的负向关系。

（二）面对面自我表露与在线自我表露的中介作用

现有研究表明，个体进行的自我表露与压力、社会支持使用之间都存在着的密切的联系。

首先，在压力研究领域，很多研究者都认为，对自己的压力事件和情绪感受进行表露是一种有效的压力应对方法，因为情绪表露可以促进个体更好地理解痛苦的来源，帮助他们消除痛苦并且改善人际关系（Frattaroli，2006；Kahn，Hucke，Bradley，Glinski，& Malak，2012；Kennedy - Moore & Watson，2001）。压力痛苦与自我表露之间的正向联系也得到了大量实证研究的支持（Pachankis，2007）。例如，Richardson 和 Rice（2015）在一项为期一周的日记研究中发现，被试的日常压力水平与日常表露之间存在显著的联系，在被试报告压力水平更高的日子里，他们也报告了更高水平的情绪表露情况。但是，也有研究发现人们在压力下会减少情绪表露，或者抑制自己对压力的情绪反应（Kelly & Yip，2006）。这表明在压力与自我表露反应之间可能存在一些调节因素，其中包括文化价值观。如前所述，研究者发现与个体主义文化相比，集体主义文化下的个体较少看重自我表露，因而可能更少地使用显性的社会支持寻求（Butler，Lee，& Gross，2009；Kim，Sherman，& Taylor，2008；Schug，Yuki，& Maddux，2010）。鉴于此，本研究预期在我国社会文化背景下，人们感受到压力时可能不太愿意进行自我表露，即压力与自我表露之间存在显著的负向关系。

其次，个体进行的自我表露被认为是人们获得社会支持的一个重要前提。具体来说，当个体向其他人表露自己的痛苦或者他们需要什么时，听众更可能为他们提供信息、建议和指导，帮助他们解决问题；即使表露的问题很难得到解决，听众也可以为他们提供鼓励或者动机支持（Derlega，Metts，Petronio，& Margulis，1993）。自我表露和社会支持之间的正向联系也获得了实证研究支持。例如，Ko 和 Kuo（2009）发现，那些对自我信息（比如他们的想法和感受）表露更多，或者公开、诚实地与他人分享这些信息的博主会获得更多的社会支持。Li，Coduto 和 Morr（2019）在一项网络支持论坛研究中向被试展示一个页面，包含寻求支持者的个人资料以及一篇寻求支持的帖子，结果发现与情绪表露程度有限的寻求支持者相比，被试认为情绪表露程度高的寻求支持者的网上寻求支持行为更合理，从而增强了人们为其提供支持的意愿。

需要注意的是，自我表露的信息内容可能会影响表露对于社会支持使用的效果（Martins et al.，2013）。自我表露的信息可以根据不同的维度进行区分，根据信息的性质，可以分为表露正性的积极信息与表露负性的消极信息（DeVito，1998）。根据信息的深度，个体可以表露关于自己的描述性信息，例如身份、性别、个人经历等，也可以表露关于自己的评价性信息，例如自己的内心感受、对事物的评价等（蒋索、邹泓、胡茜，2008）。以往研究发现与表露客观信息相比，对于情绪和感受的自我表露通常可以带来更有益的结果（Ho，Hancock，& Miner，2018；Pennebaker & Chung，2007）。因此，本研究将考察对于抑郁、焦虑和愤怒三种常见消极情绪的自我表露在压力与社会支持利用之间可能具有的中介作用。根据情绪的社会功能理论（Fischer & Manstead，2008；Frijda & Mesquita，1994；Parkinson，1996），个体在人际互动中的情绪表达可以为他人提供信息。例如，表达快乐传递的信息可能是个体对周围环境的评价情况是良好的；表达愤怒传递的信息可能是个体评价自己的目标受阻并且责任在其他人，其可能对别人形成攻击性，进而对人际互动产生一定的消极影响；而表达悲伤和担忧传递的信息可能会让他人感受到个体对自己的需要和依赖，从而促进他们合作并使个体获得支持（Van Kleef，2010）。基于此，本研究预期在我国社会文化背景下，个体对于抑郁、焦虑的自我表露与社会支持利用之间存在正向的关系，而对于愤怒情绪的表露与社会支持利用之间存在负向的关系。

综上所述，关于自我表露与压力、社会支持利用之间的关系，本研究提出假设 2。

假设 2a：面对面自我表露在压力与社会支持利用之间具有显著的中介作用。具体来说，个体的压力水平上升会降低他们对于抑郁、焦虑的面对面自我表露，进而降低社会支持利用的水平；而个体的压力水平上升会降低他们对于愤怒的面对面自我表露，进而提高社会支持利用。

假设 2b：在线自我表露在压力与社会支持利用之间具有显著的中介作用。具体来说，个体的压力水平上升会降低他们对于抑郁、焦虑的在线自我表露，进而降低社会支持利用的水平；而个体的压力水平上升会降低他们对于愤怒的在线自我表露，进而提高社会支持利用。

随着在线表露和在线社交的快速发展，越来越多的研究者开始关注面对面和在线自我表露之间可能存在的差异。目前，同时考察面对面和在线自我表露的研究仍然比较少，研究结果也不一致。

首先，有些研究结果显示个体通过在线的方式进行的自我表露在频率和深度上会高于面对面表露（Antheunis, Valkenburg, & Peter, 2007; Tidwell & Walther, 2002）。这可能是因为与现实社交相比，个体进行在线自我表露时会感受到更低的压力和焦虑水平，从而影响个体的在线社交行为（参见贺金波、陈昌润、贺司琪、周宗奎，2014; Valkenburg & Peter, 2007; Yen et al., 2012）。

其次，也有一些研究表明相对于在线方式，人们会通过面对面的方式进行更多、更深入的自我表露（Dias & Teixeira, 2008; Park, Jin, & Jin, 2011），并且面对面的自我表露可能会比在线表露对个体的人际关系具有更显著的影响。例如 Li, Chen, Gao, Li 和 Ito（2021）在一项为期七天的日记调查中同时检验了面对面和在线（比如通过微信或 QQ 软件）进行的自我表露频率与个体的关系满意度和友谊信任之间的联系，发现面对面自我表露可以显著地预测被试的关系满意度和友谊信任，而在线自我表露没有表现出显著的影响。

最后，还有一些研究发现面对面自我表露和在线自我表露之间不存在显著的差异（Buote, Wood, & Pratt, 2009; Chiou & Wan, 2006）。沟通背景和策略等相关的因素会对人们通过面对面和在线方式进行的自我表露程度发挥调节作用（Chan & Cheng, 2016; Nguyen, Bin, & Campbell, 2012）。因此，对于面对面和在线自我表露之间可能存在的差异仍需更多研究探索，本研究预期压力通过面对面自我表露和在线自我表露对社会支持利用都具有间接效应（假设 2a 和 2b），但对于两个中介效应的大小不提出假设。

（三）忍式表达策略的调节作用

人们通过面对面和在线方式进行自我表露的水平可能受到多种因素的影响。例如，女性的自我表露水平往往高于男性（谢笑春、孙晓军、周宗奎，2013），个人自我意识、社会支持和内部控制源水平越高的个体更容易对心理痛苦进行自我表露（Greenland, Scourfield, Maxwell, Prior, & Scourfield, 2009）。当在亚洲等集体主义文化背景下考察个体的自我表露时，一个重要的文化现象就是这些社会中的个体往往表现出更多的情绪控制和抑制，他们可能因为害怕造成人际冲突或者引起其他人担忧而不太愿意与别人分享个人的问题（Markus & Kitayama, 1991; Yeh, Arora, & Wu, 2006）。研究者由此开始关注这一类侧重于保护关系的压力应对策略，比如忍耐应对（forbearance coping）。

忍是人们在日常生活中广泛使用的一种应对策略。Moore 和 Constantine（2005）将忍定义为个体将自己的问题或顾虑隐藏起来或最小化的一种倾向，以避免给其他人带来麻烦或负担。这个定义强调的是忍与抑制的联系，表明忍在某种程度上意味着个体倾向于抑制自己对帮助的需要（Wei, Su, Carrera, Lin, & Fei, 2013）。不过，忍是一个复杂的心理机制。黄囇莉、郑琬蓉和黄光国（2008）对存在权力层级的上下级关系中的忍的策略进行了研究，发现在忍的前期阶段里个体会进行自我压抑，而进入忍的后期阶段时，个体会对自己进行认同，并且能够以适当的方式表达出自己的意见和感受。陈依芬、黄金兰和林以正（2011）综合本土心理学对于忍的研究成果，整理出五种忍的情绪调控策略。其中的"隐忍式忍"和"转移式忍"与抑制的联系较强，对心理适应具有消极的影响；而"同理式忍"、"精神式忍"和"修养式忍"与认知转换的联系较强，具有较好的心理适应。因此，忍对自我表露可以具有正向的影响。

我们借鉴情绪表达领域的直接表达和间接表达概念进行观察（Fischer & Evers, 2011），当个体使用忍的应对策略时，他们可能更倾向于进行间接的自我表露，而不是直接的自我表露。以往研究发现，当人们向权力地位低的对象表达愤怒等消极情绪时，倾向于进行直接表达，而面对地位平等或地位高的对象时，人们倾向于进行间接的表达，从而避免引发对方的消极反应并更好地实现他们的沟通目标（Kuppens, Van Mechelen, & Meulders, 2004；Lelieveld, Van Dijk, Van Beest, & Van Kleef, 2012）。基于此，在压力情境下，当个体使用间接的、带有情绪控制的忍式表达策略时，有可能减少他们对人际关系消极后果的担忧，从而促进自我表露。本研究提出假设 3。

假设 3a：忍式表达策略在压力与面对面自我表露之间具有显著的调节作用，即当个体使用更多的忍式表达策略时，压力与面对面自我表露（包括抑郁、焦虑、愤怒）之间的负向关系减弱。

假设 3b：忍式表达策略在压力与在线自我表露之间具有显著的调节作用，即当个体使用更多的忍式表达策略时，压力与在线自我表露（包括抑郁、焦虑、愤怒）之间的负向关系减弱。

综上所述，本研究提出了一个有调节的中介作用模型（见图 1），考察面对面和在线自我表露在压力与社会支持利用之间的中介作用，以及忍式表达策略对面对面和在线自我表露的中介效应的调节作用。关于有调节的中介效应，本研究提出假设 4。

假设 4a：压力通过面对面自我表露影响社会支持利用的中介效应受到忍式表达策略的调节。具体来说，当个体使用更多的忍式表达策略时，面对面自我表露在压力与社会支持利用之间的中介效应减弱；当个体使用更少的忍式表达策略时，中介效应增强。

假设 4b：压力通过在线自我表露影响社会支持利用的中介效应受到忍式表达策略的调节。具体来说，当个体使用更多的忍式表达策略时，在线自我表露在压力与社会支持利用之间的中介效应减弱；当个体使用更少的忍式表达策略时，中介效应增强。

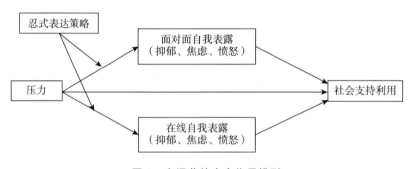

图 1　有调节的中介作用模型

二　研究方法

（一）被试

本研究通过某在线调查网站一共征集了 727 名被试完成问卷调查，被试提交数据后可以获得五元被试费。删除填答不认真、IP 地址重复的无效数据，最终样本包括 578 名被试，合格率为 79.5%。被试的平均年龄是 20.87 岁（$SD = 3.77$；14 份数据未填写年龄）。被试中包括 184 名（31.8%）男性和 394 名（68.2%）女性。绝大多数被试的最高受教育程度是本科毕业或在读，共 474 人（82.0%）；其次是研究生学历或在读，共 92 人（15.9%）；以及 12 人（2.1%）报告了高中及以下学历。

（二）研究工具

1. 抑郁－焦虑－压力量表（Depression Anxiety Stress Scale, DASS－21）

DASS－21 是由 Lovibond 和 Lovibond（1995）设计的，包括三个分量表，分别测量个体的抑郁、焦虑和压力三种负性情绪综合征。该量表已经被翻译为中文，并且在各群体中得到应用，表现出了很好的心理测量学特性（龚栩、谢熹瑶、徐蕊、罗跃嘉，2010；Wang et al.，2016）。本研究选取了压力分量表，共七个题目，测量被试在过去的一周内感受到的压力唤醒和紧张程度，并使用李克特四点计分量表进行报告，0 = 完全不符合，3 = 非常符合。在本研究中，该量表的 α Cronbach's alpha 系数为 0.87。

2. 情绪自我表露量表（Emotional Self－Disclosure Scale, ESDS）

ESDS 测量人们在多大程度上愿意向不同的对象表露八种具体的情绪：抑郁、快乐、嫉妒、焦虑、愤怒、平静、冷漠和恐惧（Snell, Miller, & Belk，1988）。本研究首先请被试回忆在最近的一周里，通过面对面和在线（包括微信、QQ、邮箱、论坛、微博、抖音等网络服务平台）这两种方式分别向家人、好友/恋人、熟人和陌生人表露情绪的频率，要求按频率从高到低分别给出排序（没有进行过表露的对象可以空置），以了解两种自我表露的对象情况。然后，选取 ESDS 的抑郁、焦虑和愤怒分量表（每个分量表包括五个题目），请被试分别针对面对面以及在线（包括微信、QQ、邮箱、论坛、微博、抖音等网络服务平台）的自我表露进行两次答题，报告在过去的一周内，当他们体验到抑郁、焦虑和愤怒情绪时，他们会通过面对面/在线的方式进行何种程度的表露。对于被试感知到的表露深度我们使用李克特五点计分量表（1 = 从无，5 = 非常深入）进行报告，并对所有被翻译成中文的量表题目进行了回译检查。在本研究中，三个分量表的 α（面对面/在线）系数分别为 0.88/0.88，0.87/0.88，以及 0.88/0.89；三个分量表综合起来的 α（面对面/在线）系数为 0.95/0.95。

3. 社会支持评定量表（Social Support Rating Scale, SSRS）

该量表包括客观支持、主观支持以及对支持的利用度三个分量表（肖水源、杨德森，1987；汪向东、王希林、马弘，1999），应用广泛（辛素飞、岳阳明、辛自强、林崇德，2018）。本研究选取对支持的利用度分量表，共三个题目，测量被试在过去的一周内使用社会支持的情况。题目示例是"你遇到烦恼时的求助方式是？"，被试的报告使用李克特四点计分（1 = 只靠自己，不接受别人帮助；4 = 有困难时经常向家人、亲友、组织等求援），得分越高表明利用社会支持的情况越好。在本研究中，该量表的 α 系数为 0.51。

4. 忍式情绪表达问卷（Expressive Forbearance Questionnaire，EFQ）

该问卷包括 15 个题目，测量被试在过去的一周内是否使用了五类忍式表达策略：掩饰、共情、暗示、以柔克刚和语言表达（王志云、杨小莉，2018）。其中的掩饰策略与情绪抑制相关最高，以柔克刚、语言表达和暗示策略其次，而共情策略与情绪抑制不存在显著的相关（Wang，Chen，& Yang，unpublished）。题目示例是"我尽量用暗示的方式把我的情绪迂回地传达给对方"和"我尽量压住情绪，用语言详细地告诉对方我的感受是什么"，我们使用李克特五点计分量表（1 = 完全不符合，5 = 非常符合）进行报告。在本研究中，该量表的 α 系数为 0.80。

（三）统计处理

本研究使用 SPSS 22.0 进行统计分析，包括单因素方差分析（ANOVA）、GLM 重复测量方差分析和偏相关分析，并采用 bootstrap 方法检验面对面和在线自我表露的中介作用以及忍式表达策略的调节作用，分别使用宏程序 PROCESS VERSION 3.5（Hayes，2013；Hayes，2015；Preacher & Hayes，2008）的并行多重中介模型（model 4）和有调节的中介作用模型（model 7）进行分析。

三 结果

（一）描述性分析

表 1 列出了各变量的平均数、标准差以及控制了性别之后的偏相关系数。根据单因素方差分析（ANOVA）结果，女性和男性被试在面对面自我表露与在线自我表露、社会支持利用以及忍式表达策略的水平上都存在显著的性别差异 $[F_{(1,576)} = 5.93 \sim 24.68, ps < 0.05]$。在接下来的数据分析中，我们将哑变量女性（0 = 男性，1 = 女性）作为控制变量进行控制。

表 1 各变量的平均值（M）、标准差（SD），以及偏相关系数（$N=578$）

	M	SD	1	2	3
1. 压力	1.86	0.66	1		
2. 忍式表达策略	3.18	0.51	0.15 ***	1	
3. 社会支持利用	2.48	0.56	− 0.17 ***	− 0.09 *	1

	M	SD	1	2	3
4. 面对面自我表露					
面对面抑郁表露	2.48	0.83	0.31 ***	0.14 ***	0.10 *
面对面焦虑表露	2.60	0.81	0.32 ***	0.18 ***	0.06
面对面愤怒表露	2.52	0.90	0.29 ***	0.11 *	0.03
5. 在线自我表露					
在线抑郁表露	2.71	0.90	0.38 ***	0.20 ***	-0.01
在线焦虑表露	2.70	0.87	0.33 ***	0.21 ***	-0.002
在线愤怒表露	2.67	0.96	0.30 ***	0.15 ***	-0.01

注：在偏相关分析中，对哑变量女性（0 = 男性，1 = 女性）进行了控制；* $p < 0.05$，*** $p < 0.001$。

我们对被试给出的面对面自我表露对象排序进行统计，结果显示，287人（49.7%）报告表露频率最高的对象是好友/恋人，177人（30.6%）报告是熟人，106人（18.3%）报告是家人，还有8人（1.4%）报告是陌生人。然后，我们对被试报告的在线自我表露对象排序进行统计，结果显示，327人（56.6%）将好友/恋人排在表露频率的第一位，141人（24.4%）将家人排在第一位，72人（12.5%）将熟人排在第一位，还有38人（6.6%）将陌生人排在第一位。因此，大部分被试通过面对面和在线方式经常向自己关系亲密的人进行自我表露。

使用 GLM 重复测量方差分析对被试报告的面对面自我表露与在线自我表露深度得分进行差异检验，结果显示，被试通过在线的方式表露了更深程度的抑郁 $[F_{(1,576)} = 9.59, p = 0.002]$ 和愤怒 $[F_{(1,576)} = 6.64, p = 0.010]$；而在焦虑 $[F_{(1,576)} = 3.40, p = 0.07]$ 的表露深度上不存在显著的差异。

（二）中介效应分析

使用宏程序 PROCESS（model 4）分别检验抑郁、焦虑和愤怒三种情绪表露的并行多重中介模型，结果见图 2~4。对于抑郁情绪，压力对社会支持利用的直接效应显著，当个体感知到更高水平的压力时，他们会倾向于减少社会支持利用。压力通过面对面抑郁表露对社会支持利用的间接效应同样显著（B = 0.05，SE = 0.02，95% CI [0.0177，0.0782]）。压力通过提高面对面抑郁表露的深度，从而提升被试的社会支持利用。由于间接效应与直接效应异号，面对面抑郁表露在压力与社会支持之间具有遮掩效应（温忠麟、叶宝娟，2014）。也就是说，面对面的抑郁表露在一定程度上掩饰了压力对社会支持利用的负向影响。另外，压力通过在线抑郁表露对社会支持利用的间接效应没有达到显著水平（$B = -0.006$，$SE = 0.02$，95% CI $[-0.0380, 0.0248]$）。虽然压力对在线抑郁表露的深度具有显著的正向影响，但是后者与社会支持利用之间不存在显著的关系。两个中介效应之间存在显著的差异（95% CI $[0.0011, 0.1046]$）。

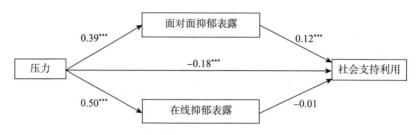

图 2　面对面和在线抑郁表露的遮掩效应模型

如图 3 所示，对于焦虑情绪，压力对社会支持利用存在显著的负向直接效应，并且通过面对面焦虑表露对社会支持利用具有显著的间接效应（$B = 0.04$，$SE = 0.02$，95% CI $[0.0070, 0.0696]$）。压力通过提高面对面焦虑表露的深度，从而促进被试的社会支持利用。同样，该间接效应与直接效应异号，因而面对面焦虑表露具有遮掩效应，在一定程度上掩饰了压力对社会支持利用的负向影响。压力通过在线焦虑表露的间接效应不显著（$B = -0.002$，$SE = 0.01$，95% CI $[-0.0311, 0.0279]$）。这两个中介效应之间的差异检验未达到显著水平（95% CI $[-0.0109, 0.0907]$）。

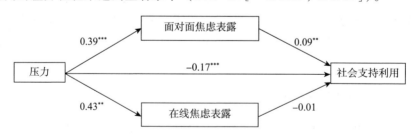

图 3　面对面和在线焦虑表露的遮掩效应模型

对于愤怒情绪（见图 4），压力对社会支持利用具有显著的负向直接效应，但是通过面对面愤怒表露（$B = 0.02$，$SE = 0.01$，95% CI $[-0.0052, 0.0499]$）以及在线愤怒表露（$B = -0.001$，$SE = 0.01$，95% CI $[-0.0273, 0.0254]$）对社会支持利用的间接效应都不显著。虽然压力对面对面和在线愤怒表露的深度都具有显著的正向影响，但是面对面和在线愤怒表露与社会支持利用之间都不存在显著的差异。

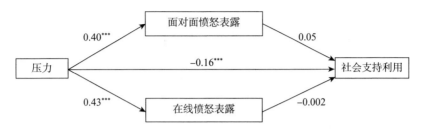

图4　面对面和在线愤怒表露的遮掩效应模型

（三）　有调节的中介效应检验

使用宏程序 PROCESS（model 7）分别检验抑郁、焦虑和愤怒三种情绪表露的有调节的中介作用模型，结果发现忍式表达策略只对面对面抑郁表露具有显著的调节作用（见表2），而在焦虑和愤怒模型中都没有表现出显著的调节作用，因而此处我们只报告抑郁模型的结果。如表2所示，压力和忍式表达策略都与面对面抑郁表露存在显著的正向关系。当个体使用更多的忍式表达策略时，他们会通过面对面的方式表露更深程度的抑郁情绪。压力与忍式表达策略的交互效应也达到了0.05的显著性水平，调节效应模式见图5。当个体使用更多的忍式表达策略时，压力与面对面抑郁表露之间的正向关系减弱。进一步的分析显示，当忍式表达策略处于 M −1SD（$B = 0.47$，$SE = 0.07$，$t = 6.83$，$p < 0.001$，95% CI［0.3382，0.6110］）、M（$B = 0.38$，$SE = 0.05$，$t = 7.69$，$p < 0.001$，95% CI［0.2820，0.4756］），以及 M + 1SD（$B = 0.28$，$SE = 0.06$，$t = 4.40$，$p < 0.001$，95% CI［0.1568，0.4093］）的水平时，压力对面对面抑郁表露的正向效应减小，但都达到了0.05的显著性水平。

表2　对于抑郁情绪的有调节的遮掩效应模型检验（$N = 578$）

因变量	自变量	B	SE	t	95% 的置信区间
面对面抑郁表露					
	压力	0.98	0.29	3.35 ***	［0.4063，1.5564］
	忍式表达策略	0.53	0.19	2.80 **	［0.1578，0.9013］
	压力 × 忍式表达策略	− 0.19	0.09	− 2.12 *	［− 0.3651，− 0.0136］

续表

因变量	自变量	B	SE	t	95% 的置信区间
在线抑郁表露					
	压力	0.55	0.31	1.80	[−0.0517, 1.1564]
	忍式表达策略	0.31	0.20	1.56	[−0.0808, 0.7002]
	压力×忍式表达策略	−0.03	0.09	−0.27	[−0.2100, 0.1593]
社会支持利用					
	压力	−0.18	0.04	−4.77***	[−0.2519, −0.1049]
	面对面抑郁表露	0.12	0.03	3.64***	[0.0541, 0.1810]
	在线抑郁表露	−0.01	0.03	−0.41	[−0.0727, 0.0475]

注：B = 非标准化系数；* $p < 0.05$，** $p < 0.01$，*** $p < 0.001$。

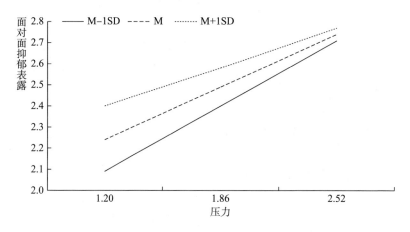

图5 忍式表达策略对面对面抑郁表露的调节效应

我们进一步检验压力通过面对面抑郁表露的间接效应是否受到忍式表达策略的调节作用，有调节的中介指数（Index of Moderated Mediation）并不显著（Index = −0.02，SE = 0.01，95% CI [−0.0538, 0.0033]）。这表明面对面抑郁表露在压力与社会支持利用之间的遮掩效应不会依据忍式表达策略水平的变化而发生变化，即忍式表达策略对这一遮掩效应没有表现出调节作用。同样，检验压力通过在线抑郁表露的间接效应是否受到忍式表达策略的调节作用，有调节的中介指数也不显著（Index = 0.0003，SE = 0.004，95% CI [−0.0078, 0.0094]），表明忍式表达策略对这一间接效应也没有表现出调节作用。

四　讨论

本研究以问卷方式收集数据，用以考察面对面和在线自我表露在压力与社会支持利用之间的中介作用，以及忍式表达策略对面对面和在线自我表露的中介效应的调节作用。研究结果显示，压力对社会支持利用具有显著的负向直接效应，也就是说当个体感知到高水平的压力时，他们会倾向于减少使用社会支持利用。肖水源和杨德森（1987）对社会支持利用的定义比较强调个体对社会支持的主动寻求和使用，这与 Kim, Sherman 和 Taylor（2008）提出的显性社会支持寻求比较接近。压力与社会支持利用之间的负向直接效应也支持了 Kim 等（Kim, Sherman, Ko, & Taylor, 2006; Mojaverian & Kim, 2013）关于显性社会支持寻求的研究发现，即亚洲等集体主义文化背景下的个体可能会因为担心给其他人造成负担而不太愿意寻求明确的社会支持。

在压力对社会支持利用的直接效应之外，本研究发现压力还通过促进个体对抑郁、焦虑情绪的面对面表露深度，对社会支持利用具有显著的正向间接效应。因为间接效应与直接效应异号，所以面对面的抑郁、焦虑表露在压力与社会支持利用之间具有遮掩效应（温忠麟、叶宝娟，2014），这在一定程度上掩饰了压力对社会支持利用的负向影响。这些结果支持了压力与自我表露之间的正向关系（Pachankis, 2007; Richardson & Rice, 2015），但没有支持本研究预期的文化影响（Markus & Kitayama, 1991; Yeh, Arora, & Wu, 2006），即集体主义文化下的个体感受到压力时倾向于降低自我表露程度，从而减少社会支持利用（假设 2a 和 2b）。对此我们可以从两个方面进行解释。一方面是本研究测量了人们通过面对面和在线方式表露情绪的深度，而没有限定是直接表达还是间接表达（Fischer & Evers, 2011）。在我国社会文化背景下，人们感受到压力时可能不太愿意直接地表露自己的情绪，但可能会通过间接的方式来表露自己，比如使用忍的策略。另一方面是本研究中被试报告的自我表露对象主要是好友/恋人和家人。与一般的人际关系不同，人们在家庭和类家庭的亲密关系中倾向于进行程度较高的情感和社交互动（Wang, Schoebi, Shi, & Perrez, 2014）。因此，未来研究需要考察人际关系类型、自我表露策略等因素的影响，以更全面地理解集体主义文化背景下的个体面对压力时如何进行自我表露，特别是间接的情绪表露可能对于改善人们的社会支持利用具有重要意义。

另外，个体使用的忍式表达策略对压力影响社会支持利用的间接效应没有表现出调节作用。也就是说，无论个体使用忍式策略的水平是高还是低，面对面抑郁、焦虑表露的遮掩效应都保持不变。不过，忍式表达策略在压力与面对面抑郁表露之间确实具有显著的调节作用。研究结果显示，压力和忍式表达策略对个体面对面抑郁表露都具有显著的正向主效应。当个体使用更多的忍式策略时，他们会通过面对面的方式表露更深程度的抑郁情绪。这表明个体可以使用忍式策略来进行自我表露，支持了本土心理学研究对于忍的认识，即忍不一定必须抑制自我表露，而是可以选择合适的方式进行间接的表达（陈依芬、黄金兰、林以正，2011；黄曬莉、郑琬蓉、黄光国，2008；李敏龙、杨国枢，1998）。

　　压力与忍式表达策略对面对面抑郁表露具有显著的交互效应。随着个体使用的忍式策略增多，压力对于面对面抑郁表露的正向影响虽然保持显著，但影响效应减弱；或者随着压力水平增高，忍式表达策略对面对面抑郁表露的促进作用开始减弱。出现这一趋势的原因可能是随着压力增高，个体担心给其他人造成负担而倾向于使用与抑制相关更高的忍式策略，或者个体由于应对资源的损耗而影响了忍式策略的使用灵活性及效果。这一研究发现很重要，它支持了黄曬莉、郑琬蓉和黄光国（2008）提出的忍是一种动态发展的多阶段历程，个体在每个阶段的自我抑制和表达是发展变化的。未来研究可以对个体在不同压力水平下使用的忍式策略进行更系统的考察，以更好地揭示忍的动态心理过程。

　　这些遮掩效应和调节效应的研究结果有助于理解个体在压力下使用社会支持的心理机制，也为干预和改善人们的社会支持利用提供了更丰富的途径，具有很好的理论与实践意义。虽然人们在感受到压力后不愿意直接使用社会支持，但他们会通过面对面以及在线的渠道向朋友、家人等表露自己的抑郁、焦虑和愤怒情绪，进而获得社会支持。自我表露的遮掩效应表明人们可能高估并过于担忧主动寻求社会支持可能带来的消极后果。在临床实践中，研究人员可以通过鼓励人们进行自我表露（不管是直接地还是间接地表达自我），从而帮助他们更好地使用社会支持来缓解压力。

　　下面我们将围绕四个方面讨论这些研究结果的贡献与意义。

　　第一，本研究关注的是个体感知到的自我表露深度。自我表露是一个多维度概念，我们可以从频率、广度和深度等方面对其进行考察，也可以基于每个维度进行客观地或主观地测量。例如，Coleman，Paternite 和 Sherman（1999）通过对被试在讨论任务中表露的个人信息类型进行编码来客观地测量自我表露的深度，比如不包含信仰或观点的事实表达得 1 分，而暴露个人信仰或情绪的陈述得 3 分，分数越高代表表露的程度越深。事实上，个体感知到的自我表露深度可能与他们实际的表露深度不完全一致。研究者目前还没有形成一致意见，即实际的或感知的自我表露哪一种对个体更有意义，更有利于关系的健康发展（Schiffrin, Edelman, Falkenstern, & Stewart, 2010）。未来研究可以对实际的与感知的自我表露进行更深入的对比。

第二，本研究发现个体通过面对面与在线方式都可以进行很好的自我表露。如图 2～4 所示，当个体感知到更高水平的压力时，他们通过面对面与在线两种方式表露的抑郁、焦虑、愤怒情绪深度都会显著增加。重复测量方差分析的结果还显示，对于抑郁和愤怒，个体通过在线方式比面对面方式的表露程度更深。这些结果符合社会信息加工理论（social information processing theory, SIP 理论）的解释。简单来说，SIP 理论认为在面对面自我表露的过程中，个体会使用语言和非语言线索作为沟通的渠道来传递信息；当个体基于文本进行在线自我表露时，那些原本可以通过语调、手势和面部表情等线索传递的非语言信息就需要被"翻译"成文字，因此人们会提高在线表露语言信息的程度（Walther & Burgoon, 1992）。鉴于在线方式是人们进行自我表露的一个重要途径，未来研究可以进一步探索如何更好地利用这一途径来促进人们的自我表露和社交互动。

第三，本研究发现只有面对面的抑郁、焦虑表露对社会支持利用具有正向的影响，而在线自我表露与社会支持利用之间没有显著的关系。Li 等（2021）在一项日记研究中测量了被试与同一个现实朋友进行面对面与在线自我表露的频率，发现只有面对面自我表露可以显著地预测关系质量和友谊信任，而且个体的自尊与朋友关系亲密度都只对面对面自我表露具有调节作用。虽然本研究使用的自我表露测量方法与 Li 等（2021）的研究不同，但是两个研究的结果具有一致性，包括本研究发现个体使用的忍式表达策略只对面对面抑郁表露具有调节作用。这表明虽然人们可以通过在线的方式进行很好的自我表露，但是这种在线自我表露对于社交互动的效果可能要弱于面对面自我表露。

Li 等（2021）对于面对面自我表露在关系发展方面的优势采用了类似于媒介丰富理论（media richness theory, MRT）的解释。该理论认为面对面的表露方式可以进行实时反馈，并且使用手势、言语和辅助语言渠道进行交流，因而相比在线方式，是更丰富的表露媒介；丰富的媒介更适合信息交流，因此面对面表露会比在线表露具有更好的宽度和深度（Daft, Lengel, & Trevino, 1987）。对比 MRT 与前面的 SIP 理论，在线自我表露的不足之处是缺乏丰富的非语言线索，如果可以通过成功的应对（比如 SIP 理论提出的用表露更多的语言信息来进行弥补)来提升个体的在线自我表露水平,那么是否也可以通过一些应对策略来改善在线自我表露对人际关系发展的效果呢?未来研究需要对在线自我表露与人际关系后果之间的联系以及背后的心理机制进行更深入的探索。

第四,本研究发现个体对抑郁、焦虑情绪的面对面表露在压力与社会支持利用之间具有遮掩效果,而对愤怒的面对面表露不具有间接效应,这表明自我表露的内容对其功能具有影响。具体来说,本研究选择测量个体对抑郁、焦虑和愤怒情绪的自我表露,具有三方面的考虑。首先,抑郁、焦虑和愤怒是重要的压力情绪反应,也是压力管理研究和心理干预实践中都需要关注的心理健康关键性指标(Lazarus & Folkman, 1984)。其次,我们分别针对抑郁、焦虑和愤怒情绪来考察面对面与在线自我表露的作用,如果能够得到类似的模型检验结果,那么就可以为研究结果提供一定程度的验证。最后,虽然抑郁、焦虑和愤怒都是与压力关系密切的消极情绪,但是它们对于人际关系发展和社交互动的意义并不相同。如前所述,情绪的社会功能理论(Fischer & Manstead, 2008; Frijda & Mesquita, 1994; Parkinson, 1996)认为,个体在人际互动中的情绪表达可以为其他人提供关于表达者本人以及关系目标等信息。基于此理论,人们对于抑郁、焦虑的表露可能有助于促进社会支持利用,而对于愤怒的表露可能不利于人际和谐。本研究的结果确实支持了这一理论,即压力通过面对面的抑郁、焦虑(而非愤怒)表露对社会支持利用具有显著的正向影响。未来研究可以对自我表露的信息内容、性质等进行更深入的考察,为改善人们的社会支持利用提供更好的建议和指导。

此外,本研究在以下方面存在不足,需要未来进一步深化研究。首先,研究样本主要由大学生组成,并且女性被试占多数。这一群体确实在社交网站和APP软件使用上非常活跃,因而适合进行面对面和在线自我表露的相关研究。但是,考虑到这一群体与其他社区群体在年龄、受教育程度、职业、生活方式等方面可能存在的差异,本研究的结果在推广到其他群体时需要非常谨慎。未来研究应选取其他群体进行验证。其次,本研究使用的社会支持利用量表只包括三个题目,α信度系数低。该量表在国内大量研究中都得到了应用,在本研究中也得到了与以往研究一致的结果(Li, Chen, Gao, Li, & Ito, 2021),例如面对面抑制、焦虑表露在压力与社会支持利用之间具有显著的遮掩效应。不过,社会支持研究领域存在多种细致的支持类型区分,比如社会情感支持(socio-affective support)和认知支持(cognitive support)(Rimé, 2009),未来研究可选取更为全面的社会支持量表，甚至结合其他的人际互动变量，以更系统、更深入地检验面对面与在线情绪表露的差异和影响。最后，本研究测量了被试在过去一周的日常生活中使用忍式表达策略的水平，而没有针对面对面和在线自我表露分别测量对应的忍式策略使用，未来研究应做出改进，对面对面和在线自我表露各自的对象、信息内容、表露策略、情境背景、关系后果等方面进行更周密的测量和控制，以拓展研究结果。

五　结论

第一，压力对社会支持利用具有显著的负向直接效应。具体表现为，随着压力水平增高，个体倾向于减少社会支持利用。

第二，对于抑郁情绪，面对面自我表露在压力与社会支持利用之间具有显著的遮掩效应，而通过在线自我表露的间接效应不显著。具体表现为，压力可以增加面对面的抑郁表露深度，进而促进个体的社会支持利用。

第三，对于焦虑情绪，面对面自我表露在压力与社会支持利用之间具有显著的遮掩效应，而通过在线自我表露的间接效应不显著。具体表现为，压力可以增加面对面的焦虑表露深度，进而促进个体的社会支持利用。

第四，对于抑郁情绪，忍式表达策略在压力与面对面自我表露之间具有显著的调节作用，而对在线自我表露不具有调节作用。具体表现为，当个体使用更多的忍式表达策略时，压力与面对面抑郁表露之间的正向关系减弱。

参考文献

陈依芬、黄金兰、林以正，2011，《忍的情绪调控策略与心理适应之关联》，《本土心理学研究》第 35 期。

龚栩、谢熹瑶、徐蕊、罗跃嘉，2010，《抑郁 – 焦虑 – 压力量表简体中文版（dass – 21）在中国大学生中的测试报告》，《中国临床心理学杂志》第 18 期。

贺金波、陈昌润、贺司琪、周宗奎，2014，《网络社交存在较低的社交焦虑水平吗?》，《心理科学进展》第 22 期。

黄曬莉、郑琬蓉、黄光国，2008，《迈向发声之路：上下关系中"忍"的历程与自我之转化》，《本土心理学研究》第 29 期。

蒋索、邹泓、胡茜，2008，《国外自我表露研究述评》，《心理科学进展》第 16 期。

李敏龙、杨国枢，1998，《中国人的忍：概念分析与实证研究》，《本土心理学研究》第 10 期。

刘悦、童永胜、殷怡、李铃铃、伍梦洁，2020，《农村自杀及自杀未遂与社会支持和生命质量的关系》，《中国心理卫生杂志》第 34 期。

谢笑春、孙晓军、周宗奎，2013，《网络自我表露的类型、功能及其影响因素》，《心理科学进展》第 21 期。

汪向东、王希林、马弘，1999，《心理卫生评定量表手册（增订版）》，中国心理卫生杂志社。

王志云、杨小莉，2018，《家庭，宿舍情境下的情绪表达忍耐：家庭/宿舍情感和情绪智力的影响》，《心理学进展》第 8 期。

温忠麟、叶宝娟，2014，《中介效应分析：方法和模型发展》，《心理科学进展》第 22 期。

肖水源、杨德森，1987，《社会支持对身心健康的影响》，《中国心理卫生杂志》第 1 期。

辛素飞、岳阳明、辛自强、林崇德，2018，《1996 年至 2015 年中国老年人社会支持的变迁：一项横断历史研究》，《心理发展与教育》第 34 期。

张玲、周晓琴、程方烁、项瑞、王磊、赵科，2020，《留守儿童社会支持在依恋和应付方式的中介效应》，《中国健康心理学杂志》第 28 期。

Antheunis, M. L., Valkenburg, P. M. & Peter, J. (2007). Computer-mediated Communication and Interpersonal Attraction: An Experimental Test of Two Explanatory Hypotheses. *Cyberpsychology and Behavior*, 10 (6), 831 – 835.

Buote, V. M., Wood, E. & Pratt, M. (2009). Exploring Similarities and Differences Between Online and offline Friendships: The Role of Attachment Style. *Computers in Human Behavior*, 25 (2), 560 – 567.

Butler, E. A., Lee, T. L. & Gross, J. J. (2009). Does Expressing Your Emotions Raise or Lower Your Blood Pressure? The Answer Depends on Cultural Context. *Journal of Cross – Cultural Psychology*, 40, 510 – 517.

Chan, M. P. S. & Cheng, C. (2016). Explaining Personality and Contextual Differences in Beneficial Role of Online Versus Offline Social Support: A Moderated Mediation Model. *Computers in Human Behavior*, 63, 747 – 756.

Cheung, C. M. K., Lee, Z. W. Y. & Chan, T. K. H. (2015). Self-disclosure in Social Networking Sites: The Role of Perceived Cost, Perceived Benefits and Social Influence. *Internet Research*, 25 (2), 279 – 299.

Chiou, W. & Wan, C. (2006). Sexual Self-disclosure in Cyberspace Among Taiwanese Adolescents: Gender Differences and the Interplay of Cyberspace and Real Life. *Cyberpsychology and Behavior*, 9, 46 – 53.

Coleman, L. H., Paternite, C. E. & Sherman, R. C. (1999). A Reexamination of Deindividuation in Synchronous Computer-mediated Communication. *Computers in Human Behavior*, 15 (1), 51 – 65.

Daft, R. L. , Lengel, R. H. & Trevino, L. K. （1987）. Message Equivocality, Media Selection, and Manager Performance: Implications for Information Systems. *Mis Quarterly*, 11 （3）, 355 – 366.

Derlega, V. J. , Metts, S. , Petronio, S. & Margulis, S. T. （1993）. Sage Series on Close Relationships: *Self – disclosure*. Thousand Oaks, CA: Sage.

DeVito, J. A. （1998）. *The Interpersonal Communication Book* （8th ed. ）. New York: Longman.

Dias, A. C. G. & Teixeira, M. A. P. （2008）. Self – disclosure in the Internet: A Study With University Students. *Aletheia*, 27, 23 – 35.

Eisenberger, N. I. , Taylor, S. E. , Gable, S. L. , Hilmert, C. J. & Lieberman, M. D. （2007）. Neural Pathways Link Social Support to Attenuated Neuroendocrine Stress Response. *NeuroImage*, 35, 1601 – 1612.

Fisher, D. V. （2007）. A Conceptual Analysis of Self – disclosure. *Journal for the Theory of Social Behaviour*, 14 （3）, 277 – 296.

Fischer, A. H. & Evers, C. （2011）. The Social Costs and Benefits of Anger as a Function of Gender and Relationship Context. *Sex Roles*, 65, 23 – 34.

Fischer, A. H. & Manstead, A. S. R. （2008）. Social Functions of Emotion. In M. Lewis, J. Haviland & L. Feldman Barrett （Eds. ）, *Handbook of emotion* （3rd ed. ）. New York: Guilford Press.

Frattaroli, J. （2006）. Experimental Disclosure and its Moderators: A Meta-analysis. *Psychological Bulletin*, 132, 823 – 865.

Frijda, N. H. & Mesquita, B. （1994）. The Social Roles and Functions of Emotions. In S. Kitayama & H. S. Markus （Eds. ）, *Emotion and Culture: Empirical Studies of Mutual Influence* （pp. 51 – 87）. Washington, DC: American Psychological Association.

Greenland, K. , Scourfield, J. , Maxwell, N. , Prior, L. & Scourfield, J. （2009）. Theoretical Antecedents of Distress Disclosure in a Community Sample of Young People. *Journal of Applied Social Psychology*, 39, 2045 – 2068.

Hayes, A. F. （2013）. *Introduction to Mediation, Moderation, and Conditional Process Analysis: A Regression-based Approach*. New York, NY: Guilford Press.

Hayes, A. F. （2015）. An Index and Test of Linear Moderated Mediation. *Multivariate Behavioral Research*, 50, 1 – 22.

Ho, A. , Hancock, J. & Miner, A. S. （2018）. Psychological, Relational, and Emotional Effects of Self-disclosure after Conversations with a Chatbot. *Journal of Communication*, 68 （4）, 712 – 733.

Joanna, S. , Masaki, Y. & William, M. （2010）. Relational Mobility Explains between-and Within-culture Differences in Self-disclosure to Close Friends. *Comparative Study*, 21 （10）, 1471 – 1478.

Jourard, S. M. （1971）. *Self-disclosure: An Experimental Analysis of the Transparent Self.* John Wiley; Oxford, England.

Kahn, J. H. , Hucke, B. E. , Bradley, A. M. , Glinski, A. J. & Malak, B. L. （2012）. The

Distress Disclosure Index: A Research Review and Multitrait-multimethod Examination. *Journal of Counseling Psychology*, 59, 134 – 149.

Kelly, A. E. & Yip, J. J. (2006). Is Keeping a Secret or Being a Secretive Person Linked to Psychological Symptoms? *Journal of Personality*, 74, 1349 – 1370.

Kennedy – Moore, E. & Watson, J. C. (2001). How and When Does Emotional Expression Help? *Review of General Psychology*, 5, 187 – 212.

Kim, H. S., Sherman, D. K., Ko, D. & Taylor, S. E. (2006). Pursuit of Happiness and Pursuit of Harmony: Culture, Relationships, and Social Support Seeking. *Personality and Social Psychology Bulletin*, 32, 1595 – 1607.

Kim, H. S., Sherman, D. K. & Taylor, S. E. (2008). Culture and Social Support. *American Psychologist*, 63, 518 – 526.

Ko, H. & Kuo, F. (2009). Can Blogging Enhance Subjective Well-being Through Self-disclosure? *Cyberpsychology & Behavior*, 12, 75 – 79.

Kuppens, P., Van Mechelen, I. & Meulders, M. (2004). Every Cloud has a Silver Lining: Interpersonal and Individual Differences Determinants of Anger – related Behaviors. *Personality and Social Psychology Bulletin*, 30, 1550 – 1564.

Lazarus, R. S. & Folkman, S. (1984). *Stress, Appraisal, and Coping*. New York: Springer.

Lelieveld, G. J., Van Dijk, E., Van Beest, I. & Van Kleef, G. A. (2012). Why Anger and Disappointment Affect Other's Bargaining Behavior Differently: The Moderating Role of Power and the Mediating Role of Reciprocal and Complementary Emotions. *Personality and Social Psychology Bulletin*, 38, 1209 – 1221.

Li, L., Chen, Q., Gao, H., Li, W. & Ito, K. (2021). Online/Offline Self-disclosure to Offline Friends and Relational Outcomes in a Diary Study: The Moderating Role of Self-esteem and Relational Closeness. *International Journal of Psychology*, 56 (1), 129 – 137.

Li, S., Coduto, K. D. & Morr, L. (2019). Communicating Social Support Online: The Roles of Emotional Disclosures and Gender Cues in Support Provision. *Telematics and Informatics*, 39, 92 – 100.

Lovibond, P. F. & Lovibond, S. H. (1995). The Structure of Negative Emotional States: Comparison of the Depression Anxiety Stress Scales (DASS) with the Beck Depression and Anxiety Inventories. *Behaviour Research and Therapy*, 33, 335 – 343.

Markus, H. R. & Kitayama, S. (1991). Culture and the Self: Implications for Cognition, Emotion, and Motivation. *Psychological Review*, 98, 224 – 253.

Martins, M. V., Peterson, B. D., Costa, P., Costa, M. E., Lund, R. & Schmidt, L. (2013). Interactive Effects of Social Support and Disclosure on Fertility-related Stress. *Journal of Social and Personal Relationships*, 30 (4), 371 – 388.

Mojaverian, T. & Kim, H. S. (2013). Interpreting a Helping Hand: Cultural Variation in the Effectiveness of Solicited and Unsolicited Social Support. *Personality & Social Psychology Bulletin*, 39 (1), 88 – 99.

Moore, J. L. & Constantine, M. G. (2005). Development and Initial Validation of the Collectivistic Coping Style Measure with African, Asian, and Latin American International

Students. Journal of Mental Health Counseling, 27, 329 – 347.

Nguyen, M. , Bin, Y. S. & Campbell, A. (2012). Comparing Online and Offline Self-disclosure: A Systematic Review. *Cyberpsychology, Behavior, and Social Networking*, 15 (2), 103 – 111.

Pachankis, J. E. (2007). The Psychological Implications of Concealing a Stigma: A Cognitive – Affective – Behavioral Model. *Psychological Bulletin*, 133, 328 – 345.

Park, N. , Jin, B. & Jin, S. A. A. (2011). Effects of Self-disclosure on Relational Intimacy in Facebook. *Computers in Human Behavior*, 27 (5), 1974 – 1983.

Parkinson, B. (1996). Emotions are Social. *British Journal of Psychology*, 87, 663 – 683.

Pennebaker, J. W. & Chung, C. K. (2007). Expressive Writing, Emotional Upheavals, and Health. In H. S. Friedman & R. C. Silver (Eds.), *Foundations of Health Psychology* (pp. 263 – 284). New York, NY: Oxford University Press.

Preacher, K. J. & Hayes, A. F. (2008). Asymptotic and Resampling Strategies for Assessing and Comparing Indirect Effects in Multiple Mediator Models. *Behavior Research Methods*, 40, 879 – 891.

Richardson, C. & Rice, K. G. (2015). Self – critical Perfectionism, Daily Stress, and Disclosure of Daily Emotional Events. *Journal of Counseling Psychology*, 62 (4), 694 – 702.

Rimé, B. (2009). Emotion Elicits the Social Sharing of Emotion: Theory and Empirical Review. *Emotion Review*, 1, 60 – 85.

Schiffrin, H. , Edelman, A. , Falkenstern, M. & Stewart, C. (2010). The Associations Among Computer – Mediated Communication, Relationships, and Well-being. *Cyberpsychology Behavior & Social Networking*, 13 (3), 299 – 306.

Schug, J. , Yuki, M. & Maddux, W. W. (2010). Relational Mobility Explains Between- and Within-culture Differences in Self-disclosure to Close Friends. *Psychological Science*, 21 (10), 1471 – 1478.

Snell, W. E. , Miller, R. S. & Belk, S. S. (1988). Development of the Emotional Self-disclosure Scale. *Sex Roles*, 18 (1), 59 – 73.

Taylor, S. E. , Sherman, D. K. , Kim, H. S. , Jarcho, J. , Takagi, K. & Dunagan, M. S. (2004). Culture and Social Support: Who Seeks it and Why? *Journal of Personality and Social Psychology*, 87, 354 – 362.

Taylor, S. E. , Welch, W. T. , Kim, H. S. & Sherman, D. K. (2007). Cultural Differences in the Impact of Social Support on Psychological and Biological Stress Responses. *Psychological Science*, 18, 831 – 837.

Tidwell, L. C. & Walther, J. B. (2002). Computer – mediated Communication Effects on Disclosure, Impressions, and Interpersonal Evaluations. *Human Communication Research*, 28 (3), 317 – 317.

Valkenburg, P. M. , & Peter, J. (2007). Preadolescents' and Adolescents' Online Communication and Their Closeness to Friends. *Developmental Psychology*, 43 (2), 267 – 277.

Van Kleef, G. A. (2010). The Emerging View of Emotion as Social Information. *Social and Personality Psychology Compass*, 4 (5), 331 – 343.

Walther, J. B. & Burgoon, J. K. (1992). Relational Communication in Computer-mediated Interaction. *Human Communication Research*, 19 (1), 50 – 88.

Wang, Z., Schoebi, D., Shi, L. & Perrez, M. (2014). Cultural Difference in Family Work Division Between Chinese and Swiss Families: On the Role of Support. In T. Xie, L. Hale, J. Zhang, et al. (Eds.), *Proceedings of The First Summit Forum of China's Cultural Psychology* (pp. 117 – 123). The American Scholars Press, Inc.

Wang, K., Shi, H. S., Geng, F. L., Zou, L. Q. & Chan, R. C. K. (2016). Cross-cultural Validation of the Depression Anxiety Stress Scale – 21 in China. *Psychological Assessment*, 28 (5), e88 – 100.

Wei, M., Su, J. C., Carrera, S., Lin, S. P. & Fei, Y. (2013). Suppression and Interpersonal Harmony: A Cross-cultural Comparison between Chinese and European Americans. *Journal of Counseling Psychology*, 60 (4), 625 – 633.

Yeh, C. J., Arora, A. K. & Wu, K. A. (2006). A New Theoretical Model of Collectivistic Coping. In P. T. P. Wong & L. C. J. Wong (Eds.), *Handbook of multicultural perspectives on stress and coping* (pp. 55 – 72). New York, NY: Springer.

Yen, J. Y., Yen, C. F., Chen, C. S., Wang, P. W., Chang, Y. H. & Ko, C. H. (2012). Social Anxiety in Online and Real-life Interaction and Their Associated Factors. *Cyberpsychology Behavior & Social Networking*, 15 (1), 7 – 12.

Zimmer, J. C., Arsal, R. E., Al – Marzouq, M. & Grover, V. (2010). Investigating Online Information Disclosure: Effects of Information Relevance, Trust and Risk. *Information & Management*, 47 (2), 115 – 123.

《中国社会心理学评论》 第22辑

第203~221页

© SSAP, 2022

流动的现代性视角下社交媒体用户的身份认同建构

——基于侠客岛微信群组互动的考察

陈梓鑫　闫玉荣[*]

摘　要：现代社会时空分离的加深使身份认同的建构面临危机，流动的现代性视角绕开对稳定身份认同与稳定共同体的追求，对身份认同建构机制提供有别于社群主义的逻辑。基于媒体信息生长出的文化实践是构成信息社会活动、形塑人们生活的重要组成部分，是对信息流动和关系流动的双重反映。本文基于对侠客岛微信群组用户的深度访谈和参与观察，发现社交媒体使用行为对建构身份认同的影响，兼具稳定和流动身份认同建构机制的特征。流动性的媒介消费实践及以此建构身份认同的方式并未完全消解理性规则与情感累积对于个人的意义，围绕媒介信息的交流互动也并未完全隔断个人与现实社会关系的关联，因而身份认同呈现交染、混杂的特征。借由流动的现代性视角发现的用户接触信息以及交流互动时的特征所反映出的心理需求会给予媒体实践更多的可能，使得信息生产者与用户在重新平衡感性与理性的共同追求中达到新的共存。

关键词：社交媒体　身份认同　流动的现代性　侠客岛群组

---

* 陈梓鑫，浙江大学传媒与国际文化学院博士研究生；闫玉荣，西北政法大学新闻传播学院讲师，通讯作者，E-mail：yanyurong2008@hotmail.com。

一 引言

身份认同（identity）蕴含着"同一性"和"独特性"的统一（张淑华、李海莹、刘芳，2012），既涉及对自我的理解（Norton，2000：5），又涉及个人对其与世界关系的理解，以及对未来可能性的理解（Ghosh，2000）。认同可以从自我认同与社会认同两个方面考虑。自我认同是基于个体内在属性和意义的自我定义（Snow，2001；Stets & Burke，1994）；社会认同强调个体认知到自己所在群体成员所具备的资格，以及这种资格在价值和情感上的重要性，也可以是个体基于社会角色的自我定义（Tajfel & Turner，1979）。

现代社会催生个体意识，彰显个人化，个体不断意识到自己的独特性，在生产和生活组织中的自觉性、自主性、创造性得到提升（郑杭生，2010）。个人认同感也不再依据自身在稳固秩序中所处的位置、所属的群体以及扮演的角色获得（吴玉军，2005），而越来越由个体生活方式和自我理解来确定（阎云翔，2012：334~335）。但是，这种个人化的过程也带来了建构身份认同的危机。同时，在社会媒介化日益加深的背景下，已有研究也肯定了社交媒体使用对身份认同建构所产生的影响。这既与网络时代信息使用和信息表达特性有关，也要身份认同机制的时代特性变化影响。

传统的身份认同建构机制旨在建立稳定的个体及其群体身份，但在现代社会中，个人活动的空间、交往的领域从传统的熟人关系网络延展至广泛的社会领域，面对着碎片化时间和流动空间的挑战。回答如何直面流动性，直面未来和周遭世界的不确定性及其给予人们的无法控制感（穆宝清，2013），如何建立适应的机制，弱化人们被割裂的状况（甄峰等，2016）等问题愈发重要。与此相应地，在身份建构中最需关注的不是如何看到这个生命工程进行到最后，而是固定性是一个"良好建构"的身份标志（穆宝清，2013）。考虑到个人的流动性不仅表现在现实空间，也反映在已经嵌入现实当中的网络虚拟空间，所以，社交媒体使用对身份认同的影响具有不同的机制。本文通过在侠客岛用户群组中的调查，以信息接触为中心，分析社交媒体使用对身份认同建构的影响机制。

二　文献综述

面对认同危机，一些社群主义者认为在共同之"善"和"德性"上达成共识可以调和个人理性利益间的冲突，共同体免除个体选择与外部风险的无限性，为个人选择判断提供来自他者的参考，通过鼓励平等讨论、协商，促进社会整合（胡百精、李由君，2016）。我们可以发现，即便是贝尔提出的基于信任和合作原则建立的、感受"共生共存感"的心理性社群共同体（贝尔，2002），也试图构建稳定的身份认同。以此为目标，一些研究认为社交媒体对身份认同的影响是积极的。例如在网站、博客、论坛等社交媒体上，人们依赖于一定的边界，通过图像、共享的叙述和话语策略来进行社交，从而有助于形成社会身份认同（Adegoju & Oyebode，2015；Anderson & Grace，2015）和集体身份认同（Bilgrei，2018；Chiluwa，2012），这也给予了一些相对弱势群体话语权（Hardaker & Mcglashan，2016）。另外，网络空间的匿名性可以使人们构建出与现实生活中截然不同的身份，并跨越现实生活中的地理限制，加入更多的共同体（杨逐原、陈莉，2019）。

然而也有研究提出了不同的观点，他们认为个人维持外在形态在不同时空中的同一性以及情感、价值等的内在统一性颇为困难；同时，与他者社会关系的非固定性，以及在社会共同体中确立身份、找到归属的不确定性，也常使个人陷于"我究竟是谁"的追问中（吴玉军、李晓东，2005），导致无力感和无知感缠身（鲍曼，2018：140）。也就是说，稳定的共同体和稳定的身份认同在现代社会似乎是一个伪命题。

现代性行至"流动性"阶段，个人在被"脱域"之后看不到"重新嵌入"的希望，缺乏行动的参考规则，处于永无止境的自我监督、自我改善当中（鲍曼，2018）。从购物逻辑来看，个体身份认同不仅仅在于通过对某次购物或某件物品的占有来表征位置，更在于不断的流动状态。当消费行为及体验折射出现代个人生活状态时，"购物逻辑"或已经超越商品购买、场景体验，其中就包括对媒体信息的消费（鲍德里亚，2019：95）。从网络社会的核心特征来看，互联网呈现卡斯特所谓的"无时间之时间"与"流动性空间"的支配逻辑（霍德华，2019），动摇了基于"累积性时间"与"固定性空间"构建的社会组织和结构形态。其中，拥有多重身份、随时在线的"超级个体"围绕海量信息内容，短暂而迅速地聚集又退去，形成"衣帽间共同体"，并且在不同的"衣帽间"自由流动（曲慧，2017）。

在这种情况下，已有研究针对社交媒体使用对身份认同的建构提出质疑。从建构的有效性来看，社交媒体的模式化和日常化可能使人们更多利用这些工具来进行诸如收集信息、协调和动员的组织性活动，而不是被用来进行建立集体身份认同一样的象征性活动（Flesher Fominaya，2015），身份认同的改变更多依赖于现实的制度改革与社会安排（王锡苓、李笑欣，2015）。从建构的特点来看，社交媒体形成的一些所谓"圈子"其实内部认同性较低，具有流动性与"非卷入性"等特点，难以形成长久、稳定、强效的认同与归属（吴瑶、韦妙，2018）；社交媒体的碎片化、多样性创造出的可能本身就是"脆弱的、易损的、呈碎片状的自我"（吉登斯，1998：197），为个人身份认同带来虚无化的危机，使之成为无根的"流浪者"。在与现实世界相对"凝固化"的身份认同联系中才得以保持多元建构性（李盼君，2012）。

总的来看，关于社交媒体对身份认同建构的影响的研究回答了社交媒体使用的过程是否及如何建构稳定的身份认同，以及到底是现实社会因素还是社交媒体表征的信息权力才是应对认同危机、建构稳定的身份认同的主要力量来源。研究者对认同样态的认知以及网络社会技术逻辑的把握，意在引导、建构与之相适应的共识性的社会基础（吴志远，2018）。但是，本文规避非此即彼的立论，着力研究在社交媒体使用、信息消费的场景中，用户身份认同的建构是否兼有稳定与流动两种形态？现实因素和社交媒体因素是否交叠而非对立地作用于身份认同的建构？倘若身份认同表现出交染、混杂的特征，媒体又如何引导、构建与之相适应的信息社会资源和基础？

三　研究方法

本研究的发现建立在对深度访谈和参与观察所获经验材料的分析之上。个体认同和社会认同分别强调自我的身心体验与类化比较，通过深度访谈，在与受访者建立互信关系的情况下，研究者不以代言人的身份来代替受访者的态度，尽量忠于受访者本人并且承认个体间的差异（杨善华、孙飞宇，2005）。研究者能够在即时的互动中了解他们的认知及情感体验，让受访者进行真实的表露。

本研究聚焦侠客岛微信群组，主要考虑到它兼具官方媒体的定位和社交媒体互动的性质，便于呈现网络社群互动的多种样态。具体而言，第一，侠客岛媒体定位明确，作为《人民日报》官方微信公众号，注重时政评论，对信息时效与内容质量的平衡有着特殊的要求（高海珍、杨建楠，2016）；第二，侠客岛用户以"85""90""95"的青年为主（侠客岛，2015），是主要的民网群体，能够反映人们在网络环境下信息接触的特点；第三，侠客岛也是较早组建受众群的官方媒体，这样的群体对用户而言既是一个获取信息、表达意见的相对稳定的网络空间，同时因群组构成的自主性和虚拟性，也为用户对其在所处的整体信息环境中加以定位提供了便利。

"侠客岛"微信运营团队根据职业类别将受众分为 6 个群组进行日常管理，本研究选取其中较为活跃的四个——公务员群、企业群、金融群、学生群。群组最早建立于 2014 年，至深入观察之时，这些群组人数均已达到微信群组设置的 500 人上限。基于 2020 年 9 月至 2021 年 2 月的参与式观察，研究者留意群组日常互动的时机、频率、焦点以及规则，也注意到部分热点事件发生后群组内的回应和交流情况。

基于此，研究在每个群里根据活跃程度（参与群组交流的主动性和频繁程度）在高、中、低层面上分别选取了 3~5 位访谈对象。受访者的分层有助于获取信息的最大差异，在他们的自由表述以及研究者对达成目标判断的共同建构中实现信息饱和（潘绥铭、姚星亮、黄盈盈，2010）。最终，进入本文经验分析的访谈对象有 30 位群组岛友，基本情况如表 1 所示。在提示下，30 位受访者就日常获取信息的方式、了解并加入侠客岛群组的契机、对侠客岛公众号内容和发文形式的认知与评价、对侠客岛群组的参与和认同归属等内容自由表述。在经得访谈对象同意后，研究者以现场录音的方式将资料保存下来，并对转录文本进行分析。

本研究经验材料的分析方法，即访谈文本的整理按照传统的内容分析（conventional content analysis）操作。具体而言，研究在重复通读访谈文本获得概览式认识的基础上，逐字读取捕获关键代码，例如"每天浏览"与"偶尔刷"、"随缘看"，"谁也说服不了谁"与"更在意群体的氛围"，并依据代码间的相似性或关联性将其组织成有意义的集群，构成子类别，例如"弹性时间""共识达成"；再基于子类别组合形成意义抽象程度更高的类别概念，例如"时间规则""运行规则"。

表 1 深度访谈对象基本信息

编号	性别	职业	所属群组	编号	性别	职业	所属群组
N1	男	企业技术人员	企业群	N16	男	教师	学生群
N2	男	公务员	公务员群	N17	男	财富管理师	金融群

续表

编号	性别	职业	所属群组	编号	性别	职业	所属群组
N3	男	公司职员	企业群	N18	男	文化行业	公务员群
N4	男	政府职员	公务员群	N19	男	理财顾问	金融群
N5	男	船舶制造企业	企业群	N20	男	国企职员	企业群
N6	男	公务员	公务员群	N21	男	公务员	公务员群
N7	男	民宿老板	企业群	N22	男	产品经理	企业群
N8	男	销售员	企业群	N23	男	教师	学生群
N9	女	产品经理	金融群	N24	男	公务员	公务员群
N10	男	工程设计师	公务员群	N25	男	媒体从业者	企业群
N11	男	法律事务	金融群	N26	男	国企职员	企业群
N12	男	宣传策划人员	公务员群	N27	男	公务员	公务员群
N13	男	研究院工程师	企业群	N28	男	学生	学生群
N14	女	学生	学生群	N29	男	公务员	公务员群
N15	男	公务员	公务员群	N30	男	教师	学生群

　　媒介化社会的出现是当代社会的重要特征之一。当今的一切都被媒介化了（Livingstone，2010），除了媒介塑造的文化形态，甚至直接出现了媒介造就的行动场域和社会场域（胡翼青、杨馨，2017）。因而，本文未将社会环境因素与社交媒体的影响强行拆离，而是围绕身份认同建构的特点，将二者结合起来进行分析，具体如图1所示。

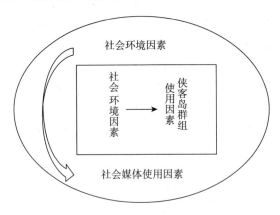

图1　对身份认同建构原因的阐释方式

四　社交媒体使用建构的稳定身份认同

基于对影响建构稳定的身份认同的机制的分析，本部分将从侠客岛用户的媒介接触与互动行为看社交媒体使用行为如何以及为何影响用户的身份认同建构。

（一）社交媒体使用建构稳定身份认同的表现

首先，身份认知受到累积性时间的塑造。现代个人时间通过社会职业角色嵌入组织时间中，在时间分层作用之下又被挤压进而处于弱势地位（Lewis & Weigert, 1981）。具体情境包括社会阶层地位高、在科层体制内权力大的人能够控制他人时间安排，青年群体的典型行为则是把工作带回家，熬夜加班（陈晨，2021）。社交媒体使用方式在时间上呈现累积性，侠客岛用户会专门分配个人时间，关注社会时事动态、获取相关的解释性信息，在开展日常生活实践的同时遵循媒体信息生产的时间。例如"有重要新闻的时候也会较早主动去查看侠客岛"（N4），如此便赋予媒体生产时间影响自身信息获取，甚至是占据个人生活实践的主导地位，进而影响身份认同的建构。

> 包括侠客岛在内的几个公众号，我每天肯定要浏览一遍，不仔细阅读也要大概浏览一下……我一般每天晚上主动去刷，而他们（侠客岛编辑）喜欢十二点左右才发，结果为了等文章，我基本都 12 点之后睡觉了。（N12）

其次，基于现实社会身份的"我们"是个人寻找同一性、与"他们"寻找差异性的基础，与社会关系相关的经历也是建构身份认同的基础性元素（赵明仁，2013）。侠客岛群组中，对于部分用户来说，现实关系中的共性是认同形成的必要条件，仅是线上交流对他们来说并不会产生归属感，归属感也不会仅因为群组成员同看一个公众号就产生。

> 你我都是公务员，我们都很关注侠客岛发布的一些时政类新闻，并且觉得还比较专业，因此我们对这类信息会更有感触，有意见发表，会对彼此更有认同感。（N10）
>
> 感觉我们企业群里面还是敢说的、比较开放的，公务员群里面的

说话风格很正确，他们平时就是这个思维。我们更讲究实效，他们更讲究和气。（N12）

再次，群体规范对群体认同影响显著，其中包括对重要他人的服从，对共享目标的守护、内化，以及对群体稳定性、合法性的维护（梁青、杜江，2016）。类似地，侠客岛用户在群组中交流时也有此特点，群组成员一则一致维护有利于群体公共利益的规则，并且不同的群体将规范发展出自身特色；二则有着对理性主义的一致追求；三则群组交流强调共同的旨趣和目标追求。

现在强调得少了，大家经过这么长时间的磨合之后，都能很自觉地遵守，之前还专门说不能随便拉人，违反的人就被踢出群了……他们股票群里面默认盈亏自负，个人赢或输都与此群无关；学生群讨论的事情特别杂，所以就是不允许在里面骂人。（N21）

我有不同的观点就会发表出来跟大家争论，最后我们争论得有些不可开交了，群主会出来比较客观地分析一下，我觉得有道理就会信服，可能是因为他通过逻辑赋予了自己合法性。（N23）

在群里跟没有见过面的朋友聊天和在现实的环境里其实很相似，都是会找一些志同道合的朋友，这本身是人们生活方式里很重要的一部分。（N12）

最后，情感是建立社群主义身份认同的重要因素，并且与个人时间、精力投入的程度以及与社群成员的熟悉程度有关。已有量化研究发现，个人对自己在特定社群的参与度认知，即主观参与度对其身份认同有显著正向预测作用（王真真、王相飞，2021）。而以侠客岛群组为例的社交媒体使用在影响身份认同建构的过程中也体现出了情感因素的作用，甚至超越最初的来自内容的吸引力，成为凝聚成员的主要动力。

你（侠客岛群组）都已经花了我这么多精力和时间了，我怎么能轻易就把你扔了呢？包括现在这些岛友，大家在群里边互相很了解，开玩笑什么的也能够找到那个点、看懂那个梗，已经到了这种程度。（N17）

能带给我归属感的事物本身就已经很少了，它既然还能是其中一个，能让我坚持关注这么长时间的是很少的。（N19）

（二）　社交媒体使用建构稳定身份认同的原因

首先，个体接触社交媒介信息时形成甚至固化下来的行为特征，会影响身份认同的建构。如果说钟表时间引发了集体守约行动，受众面对广播或电视信息接受一次次的冲刷（张梦晗，2015），那么即便网络传播为受众在获取信息的时间上提供了选择性，守约行动对部分个体的影响依然明显。媒体生产的时间周期推动用户调整自己的阅读习惯，成为与工作安排、家庭运转等共同重塑个人的日程安排与生活习惯的力量，为个人知觉或明确个人所处的社会群体地位、形成自我认知，进而为建构身份认同打下时间累积性的基础。

其次，现实的性别、阶层和职业角色等人口统计学特征、社会身份特征帮助个人确立群体归属，个人接触社交媒体、在虚拟空间中形成的关系与现实情境的连续性使得上述方面的影响依然存在（申小蓉、贺小培、杨菁，2014）。网络社会交往具有参与者在形式上缺场，沟通内容与现实生活紧密相连的特征，例如，侠客岛微信群组创建时以职业作为划分方式，保研论坛根据城市、大学或专业划分板块。现实身份赋予了这些社交媒体中群体成员内部共享的先在的一致性，类别化构成了互动共鸣的基础。个人因拥有类别化群体的普遍特征参与其中，不仅赋予自己身份标签，也以此判断他人的身份属性；同时通过比较强化与其他"外群体"的区别意识，进而强化身份认同（Ellemers & Haslam，2012）。

再次，社群主义者主张通过界定规则、以平等协商达成一致意见，建立有共同目标的共同体能够促进整合，这种路径在社交媒体社群中同样有所展现。从"群主""管理员""小助理"的角色划分到"群规则""成员虚拟级别"的形式设定，都显示了网络社群对于规则规范的普遍追求。侠客岛在专业信息和层层论据的分析下，承担着舆论引导的使命（龙强、李艳红，2017），它建立的群组也具有引导理性讨论、打造志同道合的网络共同体的特点。从"强调"到"自觉遵守"，并且信服群主"理性客观的分析"，对于受访者 N21 与受访者 N23 而言，这些构成了感知到的群体合法性特征，故而有力地影响着他们对侠客岛群体的认同。

最后，传统乡土社会以人与人之间相互熟识、对物的熟悉为特征，个人基于此产生较强的情感归属，这种情况仍体现在社交媒体群组交往中。人们在社交媒体群组中获得情感和信息支持，帮助自身确认自己的情感、理解自身的经历、品味积极的状态（Rime，2009），产生对所属群体的归属感与认同感。并且随着人们注意力在信息爆炸环境中迅速迁移，其与他者社会关系的非固定性增强，通过维系情感而建立认同对个人来说意义凸显。侠客岛群组成员被称为"岛友"，类似地，豆瓣用户拥有共同的名字"豆友"或"豆子"，微博超话社区围绕特定内容对象出现的群体昵称，宛如现实中村落或社区的标识，成为维系用户信息与精神交往的纽带。另外，不少社交平台开设个人主页专区，为用户进行自我叙述和个性化展示提供便利，这既是用户进行"自我反思从而理解自我身份"（吉登斯，1998：82）的过程，也增进了社群成员的相互了解。

五　社交媒体使用建构流动的身份认同

调查中侠客岛用户表示接触媒体信息冗杂导致个人精力分散，群规模扩大导致人际关系复杂性增大、个人交流意愿降低，这都动摇了建构稳定身份认同和重塑稳定共同体的基础。本文发现，人们在侠客岛群组的沟通中除表现出以现实身份、情感累积、尊重规则、重视理性与共识建立来建构认同之外，个人也在不断流动的媒介"购物"行为中确认身份认同。本部分即以侠客岛群组为例，说明社交媒体使用如何以及为何影响了这种流动身份认同的建构。

（一）社交媒体使用建构流动身份认同的表现

第一，不同于遵守媒体信息发布时间，部分岛友阅读侠客岛公众号内容的过程具有随意性，表现出对媒体传播计划的反叛和对个人化时间的把控。他们的信息消费穿插于通勤路上、空闲时间，"偶尔刷、随缘看、扫一扫、粗略的浏览"（N2；N6；N10），只是习惯性地"每天大概浏览"（N2）；也将随意的媒体接触行为固定于一段闲暇时间之内，例如"一周的周末时间，会集中地去看他（侠客岛）大概三四篇的文章或者浏览其他一些公众号"（N19），具有"为了闲逛而闲逛"的属性。

与此同时，在更新换代的技术环境和激烈的媒体市场竞争环境下新闻实践赋予的神话——"即时性"，被用户改造，使其衡量信息获取体验的标准具有多样性。具体而言，用户对获取信息的时间要求并不必然在于争分夺秒，他们对媒体信息的接触是在多种需求影响之下的行为选择。这些需求一是有用户对了解不同类型事件的迫切程度的差异性，二是用户给予特定媒体平台的定位，三是用户在生活常规之下了解信息环境、追踪部分社会事件的需求。也就是说，由媒介时间激发用户守约并知觉社会身份的过程，因用户扩展比较维度和信息环境而变得不确定。

对于一些突发性的事情，不只是当天就看到，而是最好一个小时之内就看到，但别的事情，比如关系不太大的政策消息发布，对新闻时效并不是很看重。（N11）

侠客岛它不必要求自己和其他媒体一样急着刷流量、刷存在感，侠客岛可以静观其变，更新频率可以在人们感觉较舒适的范围内，可以折中。（N10）

"不喜欢吃剩饭"，过了热度一般就关注不到事情发酵的过程；另外，时间上也不允许事后重温整个事情，回顾事件的动态。（N16）

第二，流动的现代性视角下，人们通过在社会生活中不断追逐无限可能性，以频繁地变更弥补无法持久的存在来建构流动的身份认同（鲍曼，2018）。用户在使用社交媒体时，在对选择平台与内容的态度上也追求流动感而非保持忠诚。一则，用户在长时间接触侠客岛后，对其表达逻辑、价值倾向已经熟识，更倾向于"求新求变"；二则，在颇具竞争性的媒体信息环境下，用户接受侠客岛发布的信息前或已接受了诸多相关甚至相似内容的刺激，这就使得侠客岛生产的特定内容在用户面对的信息流中面临着"受重视"或"被遗弃"的偶然性境遇；三则，除面对专业的媒体生产者，用户也从各种自媒体处获取信息、进行互动，并呈现在包括微信、微博、知乎、抖音等不同平台之间流动的状态。这些特征可能都让持续接收特定媒体信息、持续参与特定社群互动成为影响稳定身份认同建构的前提。

各个媒体已经铺垫了半个月甚至一个月了，一天当中文章轰炸到最后，（侠客岛）这篇文章出来的时候真的已经信息疲劳了，就完全靠着惯性看一遍。但如果对于某个热点事件，我找到侠客岛这篇文章的时候，其他媒体还都没开始介入，我就会仔细看一下……看他的文章看得很多了，看前面写的时候你就会审美疲劳。它的三段式逻辑表达方式，包括访谈专家，甚至包括面对有些问题的时候会更乐于去找的视角和突破点，都会有一些套路。（N12）

第三，在流动的现代性视角下，偏重情感体验的"感性倾向"相较于偏重理性的"功能倾向"更能成为人们选择商品、追逐体验的标准，更能够产生身份认同。用户对侠客岛的使用过程也更多受到自身生活体验和对媒体主观性认知、评价的影响，而不是单纯受理性支配而接受媒体专业理念的引导。尽管就媒体定位而言，侠客岛致力于提供严肃权威的时政信息，倾向于以严密的逻辑论证展示信息和传递观点的专业性，但用户仍会将信息与娱乐混淆，"把看侠客岛当作类似娱乐活动"（N18）。这种反差凸显了人们从媒介获取信息时进行的主观再造。可以说，用户获取信息的体验以及对其体验加以评价的过程是一次次的感性实践，不仅为"有温度、有亲和力、有人情味、说人话"（N11）的信息所吸引，也对媒体从业者的工作态度加以评价，并且随个人的即时状态而变。简言之，"具体文章看心情吧，阅读体验和自己当时工作或生活的状况有关"（N9），而围绕能够激发或契合用户瞬间体验的内容，都有成为聚合短暂共同体形成的源头。

> 不是特别在意专业性，因为玩手机是一个稍微放松的时刻，不想再像上班那样正经、严肃、费大脑。内容为王，但走心为上，这是我们欢迎的。（N11）

第四，在流动的现代性视角下，群体身份是瞬时的共同存在，人们的身份认同因受参与者构成以及互动过程的影响而展现出开放性，并在"逐店寻找"的流动状态之下建立，其不稳定且更加易变，同时还追逐、接纳更多样的可能的认同。从群体共同体的角度看，流动的现代性视角下形成的"衣帽间共同体""狂欢节式"的共同体（鲍曼，2018：325～326）有别于由共同利益与目标维系的共同体。以侠客岛群组为例的社交媒体用户清晰区分"岛友"与"朋友"，显示了个人对特定群体的认同也主要存在于具体的情境中。并且他们的群体认同与其说是产生于观点交流上的共识，不如说是在于群体成员一起花费时间、精力的经历，是共同生活的结果（鲍曼，2018：294），碎片化地投入时间和精力参与互动也被群体理解、认可。在受访者 N9 看来，"微信群就是一个很好的多元讨论空间，从以往看，争执的地方太多，谁也说服不了谁，好多时候讨论问题也是不欢而散"。有别于此的便是受访者 N24，"不管是调侃还是交流观点，聊天行为就会让人觉得对这种形式会有归属感"，与"志同道合"（N12）、信服群主的"客观分析"（N23）形成鲜明的对比。

> 之前基于爱好加过一个岛友群，时间久了发现，大家仅仅是在侠客岛这点上相同，其他方面差别挺大，可以做岛友不能做朋友，就只

是可以随意聊几句。（N8）

　　我觉得在群里，大家更在意的是一个群体的氛围，而不是聊的内容。基本上你聊啥大家都会插两句，就是兴趣、爱好、观点等各种各样的内容都不是最重要的，重要的是属于侠客岛这个空间的感觉、氛围。（N10）

　　时间、精力有限，作为参与者不用花费太多就能加入对话，有时候觉得脑子不爱动，看他们聊天跟看综艺节目一样，挺有意思、挺放松的。（N20）

（二）社交媒体使用建构流动身份认同的原因

　　在流动的现代性视角下，群体身份认同的建构有别于传统的社群主义者。人们以时间手段获取空间价值，从中确认行动的意义、交往的规则，并在一定程度上转换为对无限可能性的追逐，以侠客岛群组为例的社交媒体使用对群体身份建构的影响正在于它为建构衣帽间式的共同体提供可能。

　　首先，社交媒体的价值除具备信息传递外，其接近的便利性、参与者身体无须在场、身份可匿的特点也使人们能够流转在不同的、约束性相对较弱的网络群体当中。受访者 N12 是一个跨群居住者，他在好奇心驱动下以企业宣传策划的角色潜入侠客岛公务员微信群，在企业群他更有归属感，同时在公务员群也通过“不乱入”偶尔发言讨论与其他成员进行交流。即便微信被认为建立的是熟人主导的强连接，却也激活了潜在连接，与其他跨平台的多种社群一起构筑智能化生活（吕宇翔、纪开元，2021）。人们在“逐店寻找”的过程中随时进退，追逐着无限可能而不只是满足于在特定群体中获得一定的占位，接触着多样的群体信息，并在随意性使用、感受引导和流动实践中得到情绪的满足。社交媒体使人们进入或退出群体更加容易，通过提升群体边界的通透性（permeability）促进个体流动，使人们获得身份的解放，在多种维度上实践、扩展着个体身份的多种可能。

　　其次，虽然从理性功能论看，漫无目的的闲逛是由平台内容缺乏实用价值和吸引力所致，它犹如时间杀手，对用户造成了价值消耗，但亦有研究发现相比获知信息而言，寻求娱乐更是人们投注时间于网络的强劲动力（Luo，2002）。与后者类似，本研究发现了人们视阅读侠客岛文章为娱乐活动，重视媒体的亲和力，亲切、接地气的表达成为诸多官方媒体或政务新媒体有意识地塑造自身品牌的一种途径。因而，社交媒体群组互动更接近英国学者威廉·斯蒂芬森所说的游戏性传播，如同儿童玩过家家似的通过接触传播使自己感到愉悦，而并无外在目的（陆正兰、李俊欣，2020）。娱乐化的氛围在一定程度上解构了理性讨论建构身份认同的途径，转而求索于群组的空间氛围以及对活动参与者的认同的建构，这是基于对群组活动和参与者观察而形成的，而非自身实质性的参与。

　　此外，不同的专业媒体单位、自媒体以及人际互动中共时及历史性生产、交流的内容构成了用户所处的信息环境。当媒介被人们整合进颇具流动性的社会生活，社交媒体群组中的互动对个人而言便相对自由并且呈现碎片化。相比于通过协商达成有助于群体共同利益的共识，群体参与更重视平台的交流自由，激发个人做出真实、真诚的公开展示或个性化展演，策略性地争取自身在群体中的合法性（legitimacy），在不同氛围的群体里寻找存在于其中的各自安全可靠的位置。人们在一次次的观点呈现与争论中塑造价值观，更以永不停歇的信息追逐行动"实现、证明、巩固自身位置"（鲍曼，2002：86~87）。认同建构的过程并非基于现实的社会地位，更容易聚焦于"信息购物"空间里的个体行动而非交流互动。

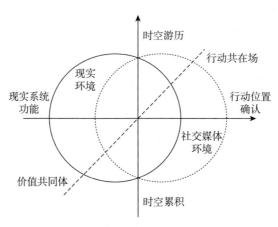

图 2　影响身份认同建构的稳定性和流动性因素

　　分析身份认同建构的影响因素，本研究发现：第一，无论是现实环境还是社交媒体环境都兼具建构稳定的身份认同和流动的身份认同的机制，且在社会媒介化趋势下两种环境相互影响，相比之下，社交媒体的时空可塑性更强，因而更加具备建构不同身份认同的条件。第二，在社交媒体环境中，人们建构的身份认同更倾向于稳定性还是流动性主要取决于以下三个方面的影响：从时空分离层面看，如果社交媒体使用过程中用户更倾向于时空游历以获取更多样的体验而非时空累积以形成习惯，那么它所建构的身份认同就更具有流动性，反之亦然；从确认身份的依据来看，如果社交媒体使用过程中用户更倾向于依据行动进行本身而不是依据现实系统的角色功能，那么它所建构的身份认同也更具有流动性，反之亦然。

六　结语

本文聚焦专业的新闻信息生产者侠客岛，展现了媒体自身定位与受众信息消费之间的张力，其中新闻生产时间的计划性与个体信息接触的随意性之间的反差，这与经验材料的选取不无关系。值得注意的是，在社交媒体时代，新闻媒体或政企自媒体围绕自身或下属栏目品牌建立互动群组以扩展影响力、增强用户黏度的形式受到重视，并且超越主体特征从定位和规则确立层面被借鉴（谢环青，2016）。例如，中央政法委官方微博"@中国长安网"在"安哥会客室"微博群组中不定期组织活动，使之成为联系受众的纽带（吕梓剑、赵鑫镖，2021）。同样，从侠客岛群组的受众访谈来看，人们已将从侠客岛公众号与其他信息发布主体获取信息、与日常生活的广泛实践融合一体，并且在互动中获得认同感的"法则"并非仅限于侠客岛。这二者均使得本个案研究的发现具有一定的代表性，即能够进行分析性推理而上升到一般性结论（王宁，2002）。

社交媒体使用行为对建构身份认同的影响，兼具不同身份认同建构机制的特征。流动性的媒介消费实践及以此建构身份认同的方式并未完全消解理性规则以及情感累积对于个人的意义，围绕媒介信息的交流互动也并未完全隔断个人与现实社会的关联，因而身份认同呈现交染、混杂的特征。鉴于此，不同景观的共存实际上展现了媒介扩展其影响的潜力，特别是借由流动的现代性视角发现的用户接触信息以及交流互动时的特征所反映的心理需求给了媒体实践更多的可能性。媒体是提供信息的平台，也是为个人提供展演机会的空间，并且基于传播的属性，突出地拥有引诱个体前来确认"信息购物"体验的动力，也就是说它需要随用户展现出的行为实践及行为逻辑而动。

从个体媒介使用与身份认同层面看，媒体可以通过不断建构内在一致的经验体验来树立品牌，例如，在新媒体兴起时，侠客岛的独特性即在于宣传主义、专业主义、煽情主义的杂糅（龙强、李艳红，2017）。未来以侠客岛为代表的专业媒体建构独特性的关键则在于对用户变化、思维多样性的需求强烈程度有更多的把握，通过打造不同形式的体验来联系用户，并借助他们的使用示范、体验传递影响更为广泛的人群。媒体建构经验体验的工具箱，从表面看是其间呈现的内容、用于表达的形式以及调动资源组织的活动，实际上是它能创造的经验体验的广度和深度，即向个体展示、引导的建构时空方式的自由程度。例如，媒体个性化推荐机制对人们生活实践发挥导向作用，虚拟仿真勾连现实生活、营造沉浸体验，为人们的"信息购物"提供多样而人性化的启动线索，这同属于媒体社会化实践的逻辑及其影响力延展的方式。

　　通过本研究我们进一步推理来看，媒体可以缩短与现实环境间的"时空距离"，便于用户从媒介获取信息、追寻事件真相，但它也可以承载用户生活所需的"时空弹性"，使得用户在使用中收获体验、养成接触习惯，并且后者富有流动的现代性特征。时空弹性意指媒体环境与现实环境、媒体与社会事件之间的时空距离移动速度，也意味着用户感知到的媒介图景与自我意识的距离。这也意味着，时空弹性大，可供解读媒介图景的节奏就宽松，更便于人们启动对世界的理性认识；时空弹性小，可供解读媒介图景的节奏就逼仄，更适合启动人们对世界的感性认识。正如当代社会理论家对理性主义的反思，即人文主义中辩证统一的感性与理性被割裂，理性主义控制压抑了原本对人性的关怀（陈嘉明，2006）。从流动的现代性视角看，人们在信息消费中建构身份认同时，尽管会面临无限选择与购物上瘾的焦虑，但实际上也获得了在自我实现的生活选择中重新平衡感性与理性的机会，媒体生产者与使用者也可以在重新平衡感性与理性的共同追求中达到新的共存。

参考文献

安东尼·吉登斯，1998，《现代性与自我认同》，赵旭东、方文译，三联书店。

陈晨，2021，《熬夜：青年的时间嵌入与脱嵌》，《中国青年研究》第8期。

陈嘉明，2006，《现代性与后现代性十五讲》，北京大学出版社。

丹尼尔·贝尔，2002，《社群主义及其批评者》，李琨译，三联书店。

菲利普·霍德华，2019，《卡斯特论媒介》，中国传媒大学出版社。

高海珍、杨建楠，2016，《侠客岛的"心法"——专访"侠客岛"微信公众号负责人独孤九段》，《新闻与写作》第10期。

胡百精、李由君，2016，《互联网与共同体的进化》，《新闻大学》第1期。

胡翼青、杨馨，2017，《媒介化社会理论下的缘起：传播学视野中的"第二个芝加哥学派"》，《新闻大学》第6期。

李盼君，2012，《赛博空间：反思"第二媒介时代"的身份认同》，《南方文坛》第6期。

梁青、杜江，2016，《青少年运动员群体规范对团队认同影响初探》，《沈阳体育学院学报》第 12 期。

龙强、李艳红，2017，《从宣传到霸权：社交媒体时代"新党媒"的传播模式》，《国际新闻界》第 2 期。

陆正兰、李俊欣，2020，《从"理性的人"到"游戏的人"：游戏的意义理论研究》，《江西师范大学学报（哲学社会科学版）》第 5 期。

吕宇翔、纪开元，2021，《流动的身份展演——重访社交媒体演进史》，《现代传播》第 5 期。

吕梓剑、赵鑫镖，2021，《政民关系的重构：政务微博形象塑造中的情感运用——以"@中国长安网"为例》，《视听》第 9 期。

穆宝清，2013，《流动的现代性：齐格蒙·鲍曼的后现代思想研究》，《中山大学学报（社会科学版）》第 5 期。

潘绥铭、姚星亮、黄盈盈，2010，《论定性调查的人数问题：是"代表性"还是"代表什么"的问题——"最大差异的信息饱和法"及其方法论意义》，《社会科学研究》第 4 期。

齐格蒙特·鲍曼，2002，《生活在碎片之中》，学林出版社。

齐格蒙特·鲍曼，2018，《流动的现代性》，中国人民大学出版社。

曲慧，2017，《大众之后：流动现代性视域下的受众观》，《传媒经济与管理研究》第 12 期。

让·鲍德里亚，2019，《消费社会》，南京大学出版社。

申小蓉、贺小培、杨菁，2014，《互联网虚拟社群组织文化认同研究——以"保研论坛"为例》，《西南民族大学学报（人文社会科学版）》第 5 期。

王宁，2002，《代表性还是典型性？——个案的属性与个案研究方法的逻辑基础》，《社会学研究》第 5 期。

王锡苓、李笑欣，2015，《社交媒体使用与身份认同研究——以"皮村"乡城迁移者为例》，《现代传播》第 6 期。

王真真、王相飞，2021，《虚拟社群跑步者的社群参与度对其身份认同的影响——感知线上支持的中介作用》，《北京体育大学学报》第 8 期。

乌尔里希·贝克、安东尼·吉登斯等，2012，《自反性现代化》，商务印书馆。

吴瑶、韦妙，2018，《颠覆与重塑：数字阅读中的身份认同》，《编辑之友》第 11 期。

吴玉军、李晓东，2005，《归属感的匮乏：现代性语境下的认同困境》，《求是学刊》第 5 期。

吴玉军，2005，《现代社会与自我认同焦虑》，《天津社会科学》第 6 期。

吴志远，2018，《离散的认同：网络社会中现代认同重构的技术逻辑》，《国际新闻界》第 11 期。

侠客岛，2015，《"侠客岛"：做让年轻人爱看的时政报道》，《中国记者》第 12 期。

谢环青，2016，《"罗辑思维"自媒体传播对高校图书馆微传播的启示》，《图书馆学研究》第 18 期。

阎云翔，2012，《中国社会的个体化》，译文出版社。

杨善华、孙飞宇，2005，《作为意义探究的深度访谈》，《社会学研究》第 5 期。

杨逐原、陈莉，2019，《流动的异乡：网络空间中的身份认同》，《青年记者》第 6 期。

张淑华、李海莹、刘芳，2012，《身份认同研究综述》，《心理研究》第 1 期。

张梦晗，2015，《媒介时间论：信息社会经验下的媒介存在与多重时间》，博士研究生学位论文，浙江大学。

赵明仁，2013，《先赋认同、结构性认同与建构性认同——"师范生"身份认同探析》，《教育研究》第 6 期。

甄峰等，2016，《跨学科聚焦的新领域：流动的时间、空间与社会》，《地理研究》第 10 期。

郑杭生，2010，《社会互构论：世界眼光下的中国特色社会学理论的新探索》，中国人民大学出版社。

Adegoju, A. & Oyebode, O.（2015）. Humour as Discursive Practice in Nigeria's 2015 Presidential Election Online Campaign Discourse. *Discourse Studies*, 17（6）, 643 – 662.

Anderson, W. K. Z. & Grace, K. E.（2015）. "Taking Mama Steps" Toward Authority, Alternatives, and Advocacy. *Feminist Media Studies*, 15（6）, 942 – 959.

Bilgrei, O. R.（2018）. Broscience：Creating Trust in Online Drug Communities. *New Media & Society*, 20（8）, 2712 – 2727.

Chiluwa, I.（2012）. Social Media Networks and the Discourse of Resistance：A Sociolinguistic CDA of *Biafra* Online Discourses. *Discourse & Society*, 23（3）, 217 – 244.

Ellemers, N. & Haslam, S. A.（2012）. Social Identity Theory. In P. A. M. Van Lange, A. W. Kruglanski, & E. T. Higgins（Eds.）, *Handbook of Theories of Social Psychology*. London：Sage Publications.

Flesher Fominaya , C.（2015）. Unintended Consequences：The Negative Impact of E-mail use on Participation and Collective Identity in Two 'Horizontal' Social Movement Groups. *European Political Science Review*, 8（1）, 95 – 122.

Ghosh, B.（2000）. Introduction. In Ghosh B,（Eds.）*Return Migration*：*Journey of Hope or Despair?* Geneva：International Organization for Migration.

Hardaker, C. & Mcglashan, M.（2016）. "Real Men Don't Hate Women"：Twitter Rape Threats and Group Identity. *Journal of Pragmatics*, 91, 80 – 93.

Hsieh, H. F. & Shannon, S. E.（2005）. Three Approaches to Qualitative Content Analysis. *Qualitative Health Research*, 15（9）, 1277 – 1288.

Lewis, J. D. & Weigert, A. J.（1981）. The Structures and Meanings of Social Time. *Social Forces*, 60（2）, 432 – 462.

Livingstone, S.（2010）. On the Mediation of Everything ：ICA Presidential Address 2008. *Journal of Communication*, 59（1）, 1 – 18.

Luo, X.（2002）. Uses and Gratifications Theory and E-consumer Behaviors. *Journal of Interactive Advertising*, 2, 34 – 41.

Norton, B.（2000）. *Identity and Language Learning*：*Gender, Ethnicity, and Educational Change*. Harlow：Pearson Education.

Rime, B.（2009）. Emotion Elicits the Social Sharing of Emotion：Theory and Empirical Review. *Emotion Review*1, 60 – 85.

Snow, D. A. （2001）. Collective Identity and Expressive Forms. In N. Smelser & P. Baltes （Eds.）, *International. Encyclopedia of the Social and Behavioral Sciences*. London: Elsevier Science.

Stets, J. E. & Burke, P. J. （1994）. Inconsistent Self-views in the Control Identity Model. *Social Science Research*, 23 （3）, 236 – 262.

Tajfel, H. & Turner, J. （1979）. An Integrative Theory of Intergroup Conflict. In W. G. Austin & S. Worchel （Eds.）, *The Social Psychology of Intergroup Relations*. CA: Brooks/ Cole.

Chinese Social Psychological Review
Vol. 22

Table of Contents & Abstracts

Exploration and Progress of Communication Psychology Study from the Perspective of Social Change(in Lieu of a Preface)

Zhang Xiaohui, Yang Yiyin ∕ 1

Abstract: Many psychological phenomena in communication have been concurrently observed in communication and psychology from their respective disciplinary perspectives. While psychology provides intellectual disciplining and paradigm for communication study, communication presents specific research questions and scenarios for psychology study to deal with. The intersection of the two has led to the formation of the interdisciplinary discipline of communication psychology. This paper provides an overview of the development in communication psychology from three aspects: the history, current situation, and future, as a clue to introduce the 9 papers in the present volume, which have made efforts and contributions in promoting the development of communication psychology. These articles reflect the frontier of the interdisciplinary discipline either by continuing traditional themes in the context of new media or by focusing on the psychology and emotional affect of social media users, a prominent theme of communication psychology research of today. It can be seen that social changes, especially, the change of media form based on technological change and the consequently practical needs of communication activities, constitute the impetus in the development of communication psychology study. The relationships among individuals, media, and society are of plurality and malleability in these changes, which brings the potential for communication psychology study for better serving media practice and social psychological life.

Keywords: communication psychology; social change; communication research approach; psychological research approach

The Sociality of Primacy Effect in Communication Behavior: Based on Psychophysical Field of Gestalt

Guo Qingguang, Xiao Aili / 24

Abstract: The primacy effect has always been regarded as the cognitive rule that the initial items presented are most effectively stored in memory. In the field of journalism and communication studies, it is considered to be a social psychological basis that public opinion should get first head start in the process of news transmission. Based on psychophysical field of Gestalt's theory, this study proposes that the primacy effect has shown its social characteristics through the influence of ego, environment and communication behavior. It points out that the primacy effect is superficially influenced by serial-position, but its essence is socialization cognition which produced by the communication behavior under the overall influence of the ego and the behavioral environment. News media should not only pay attention to the timeliness of the report, but also consider the influence of the audience's self-state, social development stage and communication characteristics in the psychophysical field. Grasping the primacy effect from the wholeness of the psychological field is beneficial for news reports, which can adapt to the increasingly complicated communication environment and realize the precise management of society.

Keywords: social cognitive; communication behavior; primacy effect; psychophysical field theory

Research on APP Use Behavior of Mobile Internet Users from the Perspective of Media Ecology

Ding Mai, Luo Jia / 42

Abstract: Under the mobile Internet environment, the application of user media is undergoing profound changes. Based on mobile Internet use practice, guided by media ecology, this paper conducts in-depth mining and analysis of behavioral data of fixed sample groups to examine the current situation of mobile Internet users using applications and explore the influence of new media of mobile Internet on user behaviors. The study found that the using behaviors of mobile Internet application users as a whole presents the characteristics of ubiquity, personalization, interaction, and tribalization. Meanwhile different types of users have different emphasis on the application of mobile Internet due to different personal attributes and lifestyles, such as personalization, conformity, entertainment, emotion, and practicality. On the one hand, the mobile Internet has shaped a new space-time continuum that balances "time deviation" and "space deviation", changes people's perception of social space and scenes, and thus prompts the daily lifestyles and media use habits of society and individuals. On the other hand, the mobile Internet brings people the integration and enrichment of sensory functions and gradually mix together with people through its gradually comprehensive functions. Through the above research, this paper hopes to further promote the understanding of the using behaviors of mobile Internet application and at the same time provide a reference for the enrichment and extension of media environmental studies in the new media environment.

Keywords: media ecology; mobile internet; APP use behavior

From Nostalgia to Media Nostalgia: An Analysis of Academic History from the Perspective of Communication Psychology

Li Ling, Yang Yiyin / 66

Abstract: In an era when the media is getting closer and closer to daily life, nostalgia is also closely related to the media. This article combs the meaning of nostalgia from medicine to sociology, management, literature, psychology and communication. It also sorts out the existing combinations of media and nostalgia, including narrow media nostalgia and analogue nostalgia with media as the object, mediated nostalgia and screening nostalgia with media as forms, and medialization of nostalgia with media as tools. Furthermore, from the perspective of communication psychology, since the previous studies focused on the emotional and affective component of nostalgia, it is necessary to replenish its cognitive component. It also points out that the essence of nostalgia is a self-based view of time, which is externally reflected in the desire to experience the past again. When new media participate in memory, this view of time becomes diversified due to its selectivity. Therefore, media nostalgia is the change of users' view of time after new media participates in memory, which is embodied in different behaviors of using media to reproduce the past, including three types: returning media nostalgia, reappearing media nostalgia and reconstructing media nostalgia.

Keywords: nostalgia; autobiographical memory; media nostalgia; communication psychology

Break the Ice: Residential Mobility and the Psychological Function of Word of Mouth

Li Yawen, Yang Jingjie, Wang Fang / 90

Abstract: Drawing insights from the socioecological psychology, the present study explored the psychological function of word of mouth (WOM) under the circumstance of high residential mobility. Study 1 and 2 found the positive correlational and casual relationship between residential mobility and WOM willingness respectively. Besides, relational uncertainty was proved to be an explanation factor in Study 2. Study 3 directly demonstrated the positive psychological function of WOM, that is, resolving relational uncertainty brought by residential mobility. The finding revealed certain psychological meaning embodied with WOM and provided implications for understanding the motivation behind contemporary communication behavior. Besides, this study can also inspire marketing strategy to adapt to social changes nowadays.

Keywords: residential mobility; word of mouth; relational uncertainty; socioecological psychology

The Influence of User Comments, Form of Information Evidence and Degree of Involvement on the Corrective Effect of Misleading Health Information

Mao Liangbin, Chen Ping / 109

Abstract: This study discussed the corrective effect and influencing factors of health misinformation related to "painless labor". A 2×2×2 between-subject factorial experimental design was used to test the main effect and interaction effect of user comment type, form of information evidence and involvement on the corrective effect. The results showed that, corrective information using narrative evidence had better corrective effect than statistical evidence; when narrative evidence is used, appropriate filtering of questioning user comments is beneficial to improve the corrective effect, while when statistical evidence is used, reserving some questioning user comments is beneficial to improve the corrective effect. The corrective information of statistical evidence is better for low involvement users, but for high involvement users, it is better to present the corrective information of narrative evidence. Therefore, attention should be paid to the matching effect of evidence, comment and involvement in the communication practice of health misinformation correction.

Keywords: misleading health information; corrective effect; form of information evidence; user comment; matching effect

Hero Image Shaping and Value Spreading in the New Media Era
—Take the Short Video of Chinese Mainstream Media as an Example

Chen Rui, Yu Xiaomei, Liu Run / 134

Abstract: The hero images created by the short videos of Chinese mainstream media can reflect, advocate and spread social values. Through the analysis of hero short videos, it is found that the heroes portrayed by new media take into account the collective image, wide geographical distribution, concentrated demographic characteristics and diversified occupational structure; the values reflected in the hero images are love for the motherland, rooted in the people, dedicated to daily duty, brave and affable; short videos portray heroes and spread values by highlighting the sublime, strengthening the impact of information, conveying the sense of reality through the lens, and arousing the sense of presence through the sound. Heroes in the new era are more diversified and three-dimensional, with more national characteristics and a stronger sense of the times. Heroes are effective carriers of core socialist values, which can inspire and encourage more pro-social behaviors. Besides, hero image shaping and value spreading need overall planning and top-level design, and corresponding adjustments should be made according to the audiovisual characteristics of new media and the psychological effects of the audience.

Keywords: new media; hero image; short video

"Wild Consumption" Under Sentiment Contagion: Scene Generation, Value Resonance, Risk Prevention and Control

Meng Da / 160

Abstract: Recently, with the ignition of hot public opinion events and the spread of emotions in the online public space, many domestic brands that integrate Chinese elements and convey Chinese values have successively boarded hot search and received more attention. Through the focus group interview and multi case analysis of 11 consumers, it is found that the endorsement of official authoritative media, the blessing of consumers' patriotic feelings and the development of social commerce have promoted the emergence of "wild consumption" scene of domestic sports brand. After overtaking in the corner, the well-developed domestic sports brand is facing development risks such as public opinion reverse bite caused by emotional communication polarization, difficult to maintain brand heat, dislocation of brand image and brand cognition, reverse control brought by fan support culture, trust crisis in the public scene of brand consumption and so on. By improving product quality and increasing the added value of brand culture, Chinese enterprises should fully demonstrate the brand strength and Chinese spirit, match consumers' multi-level purchase needs, build consumers' "wild consumption" on the basis of "rational value", Realize the upgrading of consumption demand and consumption structure under the "double cycle" development pattern.

Keywords: sentiment contagion; wild consumption; the theory of scenes; cultural confidence; Chinese story

Stress and Social Support Utilization: The Role of Self – Disclosure and Expressive Forbearance

Wang Zhiyun, Pu Heyin, Lai Yingbing / 179

Abstract: The current study aims to examine the mediating effects of face to face (FTF) and online self-disclosure on the relation between stress and social support utilization, and the moderating effect of emotion expressive forbearance on two mediators of FTF and online self-disclosure. Using a sample of 578 participants, data analyses revealed a significantly negative direct effect of stress on social support utilization. FTF disclosure, not online disclosure, of depression and anxiety showed a suppressing effect on the relation between stress and social support utilization. The moderating effect of forbearance was significant on the relation between stress and FTF disclosure of depression. The findings indicate that FTF disclosure of depression and anxiety can be potentially effective mechanisms to improve people's social support utilization, and forbearance strategies can be helpful for people to increase the FTF disclosure of depression in times of stress.

Keywords: self-disclosure; social support utilization; expressive forbearance

Identity Construction of Social Media Users from the Perspective of Liquid Modernity

— An Investigation based on WeChat Group of "Xiake Island"

Chen Zixin, Yan Yurong / 203

Abstract: The deepening of the separation of time and space in modern society makes the construction of identity face a crisis. The concept of liquid modernity avoids pursuing a stable identity and a stable community and provides a construction mechanism of identity different from communitarians' understanding. Cultural practice based on media information is an important component that constitutes information society activities and shapes people's lives, and it is a dual reflection of information flow and relationship flow. Based on the in-depth interviews and participant observations of the "Xiake Island" WeChat group, this paper suggests that social media usage affects identity construction, presenting the mechanism of stable and liquid identity construction. The liquid media use and its influence on identity have not eliminated the meaning of rational rules and emotional accumulation for individuals, and the media-mediated information interaction has not separated the relationship between individuals and the real society. This study expands the possibility of media practice, enabling information producers and users to achieve new resonance and coexistence in the common pursuit of rebalancing sensibility and rationality.

Keywords: social media; identity; liquid modernity; "Xiake Island"

《中国社会心理学评论》投稿须知

《中国社会心理学评论》是由中国社会科学院社会学研究所主办的学术集刊。本集刊继承华人社会心理学者百年以来的传统，以"研究和认识生活在中国文化背景下的人们的社会心理，发现和揭示民族文化和社会心理的相互建构过程及特性，最终服务社会，贡献人类"为目的，发表有关华人、华人社会、华人文化的社会心理学原创性研究成果，以展示华人社会心理学研究的多重视角及最新进展。

本集刊自 2005 年开始出版第一辑，每年一辑。从 2014 年开始每年出版两辑，分别于 4 月中旬和 10 月中旬出版。

为进一步办好《中国社会心理学评论》，本集刊编辑部热诚欢迎国内外学者投稿。

一、本集刊欢迎社会心理学各领域与华人、华人社会、华人文化有关的中文学术论文、调查报告等；不刊登时评和国内外已公开发表的文章。

二、投稿文章应包括：中英文题目、中英文作者信息、中英文摘要和关键词（3~5 个）、正文和参考文献。

中文摘要控制在 500 字以内，英文摘要不超过 300 个单词。

正文中标题层次格式：一级标题用"一"，居中；二级标题用"（一）"；三级标题用"1"。尽量不要超过三级标题。

凡采他人成说，务必加注说明。在引文后加括号注明作者、出版年，详细文献出处作为参考文献列于文后。文献按作者姓氏的第一个字母依 A－Z 顺序分中、外文两部分排列，中文文献在前，外文文献在后。

中文文献以作者、出版年、书（或文章）名、出版地、出版单位（或期刊名）排序。

例：

费孝通，1948，《乡土中国》，北京：生活·读书·新知三联书店。

杨中芳、林升栋，2012，《中庸实践思维体系构念图的建构效度研究》，《社会学研究》第 4 期，第 167~186 页。

外文文献采用 APA 格式。

例:

Bond, M. H. (ed.) (2010). *The Oxford Handbook of Chinese Psychology.* New York, NY: Oxford University Press.

Hong, Y. Y., Morris, M. W., Chiu, C. Y., & Benet-Martinez, V. (2000). Multicultural minds: A dynamic constructivist approach to culture and cognition. *American Psychologist*, 55, 709 – 720.

统计符号、图表等其他格式均参照 APA 格式。

三、来稿以不超过 15000 字为宜,以电子邮件方式投稿。为了方便联系,请注明联系电话。

四、本集刊取舍稿件重在学术水平,为此将实行匿名评审稿件制度。本集刊发表的稿件均为作者的研究成果,不代表编辑部的意见。凡涉及国内外版权问题,均遵照《中华人民共和国版权法》和有关国际法规执行。本集刊刊登的所有文章,未经授权,一律不得转载、摘发、翻译,一经发现,将追究法律责任。

五、随着信息网络化的迅猛发展,本集刊拟数字化出版。为此,本集刊郑重声明:如有不愿意数字化出版者,请在来稿时注明,否则视为默许。

六、请勿一稿多投,如出现重复投稿,本集刊将采取严厉措施。本集刊概不退稿,请作者保留底稿。投稿后 6 个月内如没有收到录用或退稿通知,请自行处理。本集刊不收版面费。来稿一经刊用即奉当期刊物两册。

中国社会心理学评论编辑部

主编:杨宜音

主办:中国社会科学院社会学研究所

联系电话:86 – 010 – 85195562

投稿邮箱: chinesespr@ cass. org. cn

邮寄地址:北京市东城区建国门内大街 5 号中国社会科学院社会学研究所中国社会心理学评论编辑部,邮编 100732

《中国社会心理学评论·社会变迁视角下困境儿童的积极心理》征稿启事

近年来，留守儿童、流动儿童、贫困儿童、孤儿、残疾儿童等与困境儿童相关的词语越来越频繁地在政府公文和新闻报道中被提到，从而更多地呈现在人们眼前。由于家庭、学校教育、社会经济文化等多方面的消极因素，困境儿童的生存和发展状况并不乐观。以往关于困境儿童的研究更多是基于问题/缺陷视角，关注的重心是这些儿童在学业不良和心理行为问题等消极方面。近年来，随着积极青少年发展视角的兴起，人们逐渐认识到，即使处于不利情境，儿童青少年仍具有积极发展的潜力，因此要注重对困境儿童的积极心理状态及其形成过程或作用机制进行探讨。儿童与困境各因素之间的心理关系更是值得注意，如何将这一关系放在社会变迁的视角下，在城市化、信息化、流动性的过程中来看待，成为社会心理建设的新议题。

秉持《中国社会心理学评论》关注中国时代发展背景下重大社会问题的一贯宗旨，本专辑将聚焦"城市化、信息化、流动性与儿童积极发展的理论研究""城市化、信息化、流动性等社会变迁对困境儿童积极发展的影响研究""基于困境儿童积极发展资源的干预研究"等内容，欢迎对以上处境不利儿童相关研究议题感兴趣的学者赐稿，分享您的原创成果，以展示我国社会心理与文化心理学界对此议题的最新进展与研究成果。

本专辑自即日起征稿，稿件格式要求参见《中国社会心理学评论》的《投稿须知》。投稿截止时间为2022年12月31日。

请发送符合《投稿须知》要求的稿件至：

张瑞平 flyrui@126.com

张春妹 zhangcm@whu.edu.cn

本期特约主编：张瑞平、张春妹

主编：杨宜音

图书在版编目（CIP）数据

中国社会心理学评论. 第 22 辑 / 杨宜音主编；张晓
辉本辑特约主编. -- 北京：社会科学文献出版社，
2022.6
ISBN 978 - 7 - 5228 - 0620 - 4

Ⅰ.①中… Ⅱ.①杨… ②张… Ⅲ.①社会心理学 -
中国 - 文集 Ⅳ.①C912.6 - 0

中国版本图书馆 CIP 数据核字（2022）第 157562 号

中国社会心理学评论 第 22 辑

主　　编 / 杨宜音
本辑特约主编 / 张晓辉

出 版 人 / 王利民
责任编辑 / 孙海龙　胡庆英
责任印制 / 王京美

出　　版 / 社会科学文献出版社 · 群学出版分社（010）59366453
　　　　　地址：北京市北三环中路甲 29 号院华龙大厦　邮编：100029
　　　　　网址：www.ssap.com.cn
发　　行 / 社会科学文献出版社（010）59367028
印　　装 / 三河市龙林印务有限公司

规　　格 / 开　本：787mm × 1092mm　1/16
　　　　　印　张：15　字　数：267 千字
版　　次 / 2022 年 6 月第 1 版　2022 年 6 月第 1 次印刷
书　　号 / ISBN 978 - 7 - 5228 - 0620 - 4
定　　价 / 99.00 元

读者服务电话：4008918866